INSTITUTO DE LÍNGUA E LITERATURA PORTUGUESAS
FACULDADE DE LETRAS

II JORNADAS CIENTÍFICO-PEDAGÓGICAS DE PORTUGUÊS

Coordenação
Cristina Mello
Isabel Pereira
Maria Helena Santana
Maria José Carvalho
Filomena Brito

APOIOS
Fundação para a Ciência e a Tecnologia
Instituto de Inovação Educacional
Faculdade de Letras da Universidade de Coimbra

II JORNADAS CIENTÍFICO-PEDAGÓGICAS DE PORTUGUÊS

5 e 6 de Novembro de 2001

Comissão Organizadora
Cristina Mello
Isabel Pereira
Maria Helena Santana
Maria José Carvalho
Filomena Brito

TÍTULO:	II JORNADAS CIENTÍFICO-PEDAGÓGICAS DE PORTUGUÊS
EDITOR:	LIVRARIA ALMEDINA – COIMBRA www.almedina.net
LIVRARIAS:	LIVRARIA ALMEDINA ARCO DE ALMEDINA, 15 TELEF. 239851900 FAX 239851901 3004-509 COIMBRA – PORTUGAL livraria@almedina.net LIVRARIA ALMEDINA – PORTO R. DE CEUTA, 79 TELEF. 222059773 FAX 222039497 4050-191 PORTO – PORTUGAL porto@almedina.net EDIÇÕES GLOBO, LDA. R. S. FILIPE NERY, 37-A (AO RATO) TELEF. 213857619 FAX 213844661 1250-225 LISBOA – PORTUGAL globo@almedina.net LIVRARIA ALMEDINA ATRIUM SALDANHA LOJAS 71 A 74 PRAÇA DUQUE DE SALDANHA, 1 TELEF. 213712690 atrium@almedina.net LIVRARIA ALMEDINA – BRAGA CAMPOS DE GUALTAR UNIVERSIDADE DO MINHO 4700-320 BRAGA TELEF. 253678822 braga@almedina.net
EXECUÇÃO GRÁFICA:	G.C. – GRÁFICA DE COIMBRA, LDA. PALHEIRA – ASSAFARGE 3001-453 COIMBRA E-mail: producao@graficadecoimbra.pt MAIO, 2002
DEPÓSITO LEGAL:	178609/02

Toda a reprodução desta obra, por fotocópia ou outro qualquer processo, sem prévia autorização escrita do Editor, é ilícita e passível de procedimento judicial contra o infractor.

APRESENTAÇÃO

Numa era que faz da Comunicação a pedra angular da construção da Identidade, repensar a centralidade da língua e da literatura nos espaços curriculares afigura-se-nos a preocupação primordial das instituições que têm a seu cargo a formação de professores de Português.

Na sequência das I Jornadas Científico-Pedagógicas de Português, realizadas em 1999 com assinalável participação, entendeu o Instituto de Língua e Literatura Portuguesas promover um segundo Encontro, onde pudesse partilhar com a comunidade docente alguma da investigação que tem vindo a ser desenvolvida.

Concebidas sob o signo da inovação, as II Jornadas Científico-Pedagógicas de Português procuraram trazer aos professores do ensino básico e secundário um contributo diversificado, que se desejou simultaneamente rigoroso e estimulante, dirigido, em particular, às gerações mais jovens. A par da actualização científica, incidindo nos novos paradigmas dos estudos linguísticos e literários, pretendemos promover um espaço de discussão que, sem descurar a reflexão de natureza epistemológica e metodológica, pudesse favorecer novas atitudes na prática lectiva. Procurando responder aos desafios culturais do nosso tempo, dedicámos uma atenção especial ao domínio das novas tecnologias e às suas possibilidades de aplicação a um ensino mais criativo e interactivo.

Na conferência de abertura, José Augusto Cardoso Bernardes ocupou-se de "História Literária e Ensino da Literatura", tendo apresentado o quadro actual da investigação em História Literária (sobretudo relativa ao século XX) e suas incidências nos diversos níveis de escolaridade. Numa apreciação exigente e fundamentada de um conjunto de programas de Português e de Literatura, Cardoso

Bernardes ponderou as principais concepções, objectivos e métodos do ensino do texto literário ao longo das últimas décadas. Ficou demonstrada a necessidade urgente de repensar os caminhos que vêm conduzindo à rarefacção da história literária no ensino e, por conseguinte, à rarefacção da própria literatura, uma vez que "passou o tempo em que a Literatura se impunha por si mesma". A interrogação – "como sobreviverá melhor a Literatura na Escola? Com a h.l. ou sem ela?" – a examinar por quantos se interessam pela literatura e pelo seu ensino nos diferentes níveis, impõe-se, pois, como central.

Na primeira mesa-redonda das Jornadas, subordinada ao tema **Novos paradigmas científicos e suas incidências no ensino da língua e da literatura portuguesas***, tiveram lugar duas intervenções da área da literatura e uma da linguística.*

Manuel Gusmão, com o texto "Da resistência à literatura", perspectivando as transformações de que tem sido alvo a área dos estudos literários, no que diz respeito ao seu "objecto de estudo", aos "instrumentos metodológicos e categoriais utilizados" e ainda às "estratégias teóricas ou epistemológicas", faz convergir o desaparecimento de narrativas teleológicas, que consagravam uma finalidade ao ensino da literatura, no seio de paradigmas que dominaram os estudos literários ao longo do século XX, com a chegada, no campo teórico, de narrativas que reiteram a "instabilidade constitutiva da literatura". Tal instabilidade deve ser equacionada no contexto da actual crise de legitimação da literatura que atinge também o seu ensino. Neste ponto, o autor traz à discussão um poderoso argumento sobre a resistência à literatura, que implicitamente carreia uma nota de desdramatização, encarando-a, por outro lado, segundo a natureza dialógica da linguagem: "A resistência à literatura é uma resistência à complexidade e à subtileza". Por isso, em contexto do ensino-aprendizagem da literatura, poderá ser muito positivo o enfrentar dessa complexidade e subtileza.

Questionando a redução do espaço dedicado ao texto literário em futuros programas de Português, a frase final do texto de Manuel Gusmão traduz uma condenação: "Será que uma maior proficiência no uso e na aprendizagem da língua materna (só) é possível pagando o preço de uma diminuição das oportunidades de encontro com o literário?".

Na sua comunicação, Osvaldo Silvestre, partindo da recente polémica em torno da revisão dos programas escolares que envolve os textos canónicos da literatura portuguesa (lembra que o ano de 2001 foi aquele em que "a Mensagem, *enfim, derrotou* Os Lusíadas*"), apresentou uma reflexão ousada, e a vários títulos política, do poema de Fernando Pessoa: "Mensagens & Massagens, Lda. Uma leitura (também) pós-colonial da* Mensagem *de Fernando Pessoa".*

Na comunicação são analisados os fundamentos simbólicos e políticos da apropriação cultural da Mensagem *em diversos estádios da cultura portuguesa do século XX, leituras realizadas em "clave mística", "nacionalista", autorizadas por aquelas que são as "coordenadas fúnebres" do poema: "a obra é pós-colonial porque Pessoa sabe que os heróis morreram, restando-lhe o seu epitáfio".*

A comunicação de Inês Duarte, "Complexidade sintáctica: implicações no ensino da Língua Materna", apresentou resultados de uma observação realizada com alunos do 3º ciclo do ensino básico que demonstraram dificuldades em lidar com a complexidade sintáctica no domínio da escrita. Os dados analisados revelaram também que as assimetrias sociais se reflectem ao nível da aquisição dos mecanismos sintácticos, no que respeita à resolução de anáforas, ao uso da pontuação e operações de conexão interfrásica. Inês Duarte defende que é função da escola assegurar que todas as crianças e jovens "possam desenvolver na sua plenitude as competências de falante letrado". O domínio da complexidade sintáctica deve ser, no seu entender, objecto de intervenção educativa, sugerindo, nesse sentido, um conjunto diversificado de actividades que poderão ser úteis ao professor de Português no planeamento das actividades de turma, uma vez diagnosticado o estádio em que os seus alunos se encontram.

*Na mesa-redonda sobre o **Ensino e a prática da Escrita** foi defendida, por José António Brandão Carvalho, a abordagem das tipologias textuais como meta a atingir na promoção de competências. Após uma breve reflexão sobre os textos programáticos e os manuais escolares, concluiu-se que as suas linhas norteadoras, ao privilegiar objectivos lúdicos, conduzem a situações de algum artificialismo no processo de escrita, que se deseja sobretudo objecto (de ensino-aprendizagem) e processo de construção, e não apenas um mero veículo de comunicação.*

Na mesma linha de pensamento, Luís Barbeiro apresentou alguns dados empíricos sobre a construção do texto em colaboração, que evidenciam a recorrência das operações de reformulação textual empreendidas pelo sujeito na sua relação com a linguagem, e a mobilização da consciência metalinguística que essas tomadas de decisão implicam.

A dimensão social da escrita foi valorizada pelos dois intervenientes, que (explícita ou implicitamente) apontaram a necessidade de ter em conta nesse processo o contexto de comunicação, atribuindo o mesmo estatuto aos textos literários e aos textos ditos "utilitários", na medida em que se desenha como prioritária uma formação com vista à intervenção e à participação sociais.

Esta sessão contou ainda com a presença da escritora Luísa Costa Gomes que desenvolveu uma reflexão sobre a prática de escrita em oficina com jovens estudantes, decorrente da sua experiência de dinamização de 'creative writing' em diversas escolas do país.

A terceira mesa-redonda foi dedicada a **Tecnologias Educativas e suas possibilidades de aplicação pedagógica.**

António Moreira, no seu texto "A aplicação BARTHES (Base de Aprendizagem Relacional Temática: Hermenêutica, Estilística e Simbologia)", apresenta o protótipo de uma ferramenta de suporte computorizado a ser usada no ensino (nomeadamente, na interpretação de textos). Esta aplicação apoia-se na Teoria da Flexibilidade Cognitiva e nos princípios pedagógicos da aprendizagem de acesso aleatório. O autor alonga-se na explicitação dos preceitos básicos da TFC, que assenta na concepção de que a aquisição do conhecimento complexo tem objectivos e natureza diferentes da aprendizagem de aspectos introdutórios no mesmo domínio. Tal facto implica que seja necessário encontrar abordagens de ensino adequadas a cada tipo de aquisição, que recorram mais a tarefas de reconhecimento e memorização, na aprendizagem introdutória, e à apreensão de relações estruturais, no conhecimento complexo. A aprendizagem assistida por computador pode ser vantajosa ao nível da aquisição de conhecimento complexo e o protótipo BARTHES pretende-se um instrumento útil neste domínio.

Em "Literatura e televisão: primeiras reflexões", Eduardo Cintra Torres tece algumas considerações sobre a relação entre *estas duas práticas culturais. Começa por evidenciar as características da televisão enquanto meio de comunicação que se inscreve na cultura oral: recorda que a linguagem televisiva decorre do seu suporte técnico e é determinada pelas potencialidades da electrónica, servindo essencialmente fins de entretenimento, frequentemente contrários aos objectivos educativos. Esta reflexão inicial conduz a uma problematização do que pode ser a relação entre literatura e televisão e conflui num programa reivindicativo para o sistema televisivo português.*

Na sua comunicação, intitulada "Inteligência artificial, texto automático e criação de sentido", Pedro Barbosa apresenta algumas reflexões sobre a questão do texto produzido por geração automática em computador e sobre a forma como a prática da síntese de linguagem pode levar a "perder a fé (...) no poder da linguagem como mediadora consistente da nossa relação com o real". Alimentada com um conjunto de sinais linguísticos e um sistema de regras, a máquina produz uma quantidade de combinações e, consequentemente, de sentidos que o homem não tem capacidade para produzir. A máquina surge, assim, como "um extensor de possibilidades, uma prótese mental, um telescópio de complexidade".

Pedro Barbosa teve ainda a oportunidade de dinamizar uma oficina sobre o mesmo assunto, onde pôs em prática a geração automática de texto com o programa SINTEXT-W.

O Encontro proporcionou também um contacto mais directo e informal aos participantes nas sessões de trabalho prático (oficinas).

Pretendeu-se, em duas das oficinas, empreender uma reflexão crítica sobre a presença da Gramática nos programas de Língua Portuguesa no ensino básico e secundário, denunciando, entre outras incongruências e omissões, a falta de sequencialidade ao nível da complexidade dos conteúdos (particularmente acentuada do 1º para os 2º e 3º ciclos), bem como a escassez, nos programas e manuais disponíveis, de conteúdos atinentes à Semântica, parte integrante da gramática da língua.

Dinamizada por Isabel Pereira, a oficina intitulada "A gramática no Ensino Básico" propôs uma reflexão sobre o perfil do professor de Português do ensino básico e sobre os instrumentos de

10   *Apresentação*

que dispõe para planificar o seu trabalho (programas e outros), não esquecendo de salientar os instrumentos de que não dispõe, nomeadamente uma terminologia gramatical oficial e uma sólida formação de base. Estas lacunas repercutem-se, naturalmente, no desempenho dos (jovens) professores de Português, e, não raras vezes, traduzem-se (lamentavelmente) na falta de confiança dos alunos no "Saber" do Professor e na consequente degradação das relações no processo de ensino-aprendizagem.

Ana Cristina M. Lopes ocupou-se de "Tópicos de Semântica frásica", centrando-se nas lacunas programáticas ao nível do ensino secundário. Recorrendo a termos e conceitos "não enfeudados a um paradigma teórico particular", foram lançadas algumas propostas de trabalho em torno de diversos subcomponentes na análise do valor semântico da frase: conteúdo proposicional, Tempo, Aspecto, Modalidade e Polaridade.

Foi, igualmente, objecto de atenção o "Ensino do Português como língua estrangeira", área de algum modo carenciada ao nível de infra-estruturas e não menos prioritária numa comunidade cada vez mais multilectal e multicultural como a portuguesa. O incentivo ao uso das novas tecnologias de informação como promotoras da auto-aprendizagem foi o novo desafio que os seus dinamizadores, Anabela Fernandes e Antonino Silva, lançaram ao público, que contou com a presença de dois professores de Língua Portuguesa numa zona espanhola fronteiriça.

Ocupando-se dos modos de abordagem do texto literário na aula de Português, sobretudo ao nível do 3º ciclo do ensino básico, Glória Bastos abordou a especificidade do texto dramático, da sua leitura e análise. Foram analisadas diversas propostas que podem ser concretizadas em inúmeros textos e situações de leitura, como a desmontagem textual, a atenção ao texto didascálico e ainda a leitura de falas isoladas de personagens com o objectivo de atingir a sua caracterização.

Na oficina "Leituras da obra literária e ensino da literatura. Processos simbólicos em Levantado do Chão*", Ana Paula Arnaut tomou por objectivo a leitura integral da obra literária, lançando à discussão um conjunto de conceitos acerca de práticas de leitura, muitas vezes de sinal contrário (umas que privilegiam o texto, ou-*

Apresentação 11

tras centradas na voz do professor), o que a conduziu a propor novos caminhos para o trabalho em sala de aula.

Ao dispender uma série de considerações sobre os conceitos de leitura e de texto, equacionou, de permeio, problemas como a falta de motivação para a leitura entre os jovens escolares e a necessidade de o professor assumir uma atitude criativa e produtiva na mediação entre a obra e o aluno.

Na conferência de encerramento das II Jornadas Científico--Pedagógicas de Português, a cargo de João Costa, foi apresentado o texto "Será que a linguística generativa pode ser útil aos professores de Português?". O autor pretende discutir a função que os modelos formais da linguística podem e/ou devem assumir na formação inicial e contínua dos professores de Português, assumindo à partida a utilidade de uma sólida formação em linguística teórica. Iniciando pela apresentação dos aspectos que distinguem diferentes modelos gramaticais – normativo, descritivo, explicativo –, o autor defende que, mais do que concorrentes, esses modelos são complementares, pois pretendem responder a questões de natureza diferente. Com o objectivo de mostrar que os modelos explicativos podem ter um papel relevante, mesmo em questões de tipo normativo, é apresentado um caso empírico exemplificativo. A finalizar, o autor propõe a introdução, ao nível do ensino secundário, de conceitos teóricos que exijam, por parte dos alunos, graus de abstracção mais elevados, recorrendo, para fundamentar a sua sugestão, à análise de programas de outras disciplinas, onde estão incluídos conteúdos de grande complexidade.

O volume que agora se publica constitui o resultado final do trabalho de alguns membros do Instituto de Língua e Literatura Portuguesas, sob proposta da sua Direcção. Dada a importância da formação contínua no espaço universitário, parece-nos desejável que uma nova equipa possa dar continuidade a esta iniciativa, lançando, num futuro próximo, as III Jornadas Científico-Pedagógicas de Português.

A COMISSÃO ORGANIZADORA

CONFERÊNCIA DE ABERTURA

HISTÓRIA LITERÁRIA E ENSINO DA LITERATURA[1]

José Augusto Cardoso Bernardes
Universidade de Coimbra

A ordem da história

Não há dúvida de que a história literária nasceu sob a protecção de uma boa estrela. Mal dá os primeiros passos, por meados de Oitocentos, é logo investida no desempenho de grandes missões: por um lado, afirma-se como suporte académico de uma área nova (os estudos literários, que chegam à Universidade pela sua mão); por outro, e quase em simultâneo, afirma-se como base inspiradora do ensino da Língua materna que, por finais do mesmo século, se vai emancipando do estro do Latim e da Retórica.

Revisitando hoje o projecto de investigação fixado pelos grandes nomes da história literária europeia (Gustave Lanson, De Sanctis, Menéndez Pidal ou, entre nós, Mendes dos Remédios), não podemos deixar de admirar a vastidão do que era proposto: edição de textos, biografias de autores, definição de quadros periodológicos, contextualização e dinâmica dos géneros, etc, etc. Já é menos surpreendente que os programas do Liceu tenham sido imediatamente atraídos pelo *ethos* de ordenação que concebia os autores através das fontes, dos quadros histórico-sociais, dos marcos biográficos, mais tarde das correntes e dos movimentos que supostamente os determinavam[2].

---

[1] Este trabalho foi produzido no âmbito do "Projecto Literacias. Contextos, Práticas, Discursos", (POCTI/33888/CED/2000), financiado pela FCT e comparticipado pelo FEDER.

[2] Criados em 1836, por Passos Manuel, os Liceus, integravam nos seus *curricula* (para além da Gramática Latina), a Poética e Literatura Clássica, "especialmente a

16 José Augusto Cardoso Bernardes

De facto, apesar da diferença de matizes, Romantismo e Positivismo convergiam na valorização de um projecto de Escola centrado em saberes indiscutíveis, que se estendiam, sem rupturas, da Primária à Universidade. A Língua ocupava lugar central nessa constelação e o seu ensino apelava essencialmente para o culto da Norma fixado pelas Gramáticas e ilustrado pelos clássicos. A Retórica (ou a Oratória) proporcionava modelos de análise descritiva, pretendendo-se ainda, em alguns casos, que dela resultasse uma noção da diversidade dos registos de discurso; e, até meados de 60, as palavras **propriedade, correcção** e **elegância** aparecem a cada passo nos documentos de proveniência ministerial, reflectindo, na Língua, a diferenciação social da época.

Os esboços e as indicações histórico-literárias aparecem desde os primeiros anos, sendo mais nítidas a partir do 2º ciclo (3º, 4º e 5º anos)[3] e confirmando-se nos complementares em níveis de grande minúcia e profundidade Em vigor durante anos e anos, as antologias do 2º e 3º ciclos, até à década de 50, insistiam sobretudo em autores anteriores ao século XIX, passando depois a acolher um cânone muito vasto que ia desde D. Dinis até à actualidade. Lá figuravam destacadamente as grandes estrelas: Gil Vicente (escolhido com cuidado muito especial), Camões, Eça, Camilo, Vieira e Pessoa. Mas também havia Rui de Pina, Amador Arrais, Frei Luís de Sousa, Luís António Verney, Feliciano de Castilho, Pinheiro Chagas, Loureiro Botas e muitos, muitos outros, hoje considerados de segunda ou terceira linha[4]. E não eram só textos que as selectas continham. A encimar os fragmentos literários (algumas vezes de extensão superior a uma página), estava o retrato do autor e um resumo biográfico, com o objectivo de ajudar mediatamente à explicação da obra[5]. Eram assim bastante extensas as selectas e delas se liam apenas

---

Portuguesa". Com essa mesma designação, o *Portuguez* surge pela primeira vez, como disciplina, em 1866 (Dec. de 31.12, do Ministério da Instrução Pública).

Para uma panorâmica do processo de emancipação curricular do Português, veja-se R. V. de Castro e M. de Lourdes Dionísio de Sousa, "O Português no Currículo. Uma abordagem diacrónica", in *Entre Linhas paralelas. Estudos sobre o Português nas escolas*, Coimbra/Braga, Angelus Novus, 1988, pp. 9-38.

[3] A distinção dos ciclos liceais (3 inicialmente e 2 depois) data da reforma de Rodrigues Sampaio (1860).

[4] Sobre os pressupostos e os critérios que ditavam a escolha e ordenação dos autores, veja-se, em Anexo, a elucidativa carta aos "Exmos colegas", que acompanha, em extra-texto, a 6ª edição da *Selecta Literária* (Vol. I, 3º ano), de Júlio Martins e Jaime da Mota.

[5] A este propósito, o modelo de maior projecção foi indiscutivelmente a selecta de André Lagarde et Armand Michard ("Du Moyen âge au XIX e siècle"), publicada pela

História literária e ensino da Literatura 17

na aula pequenas fracções, ficando o resto ao dispor do interesse dos alunos[6]. Mas as selectas não constituíam a única base de estudo. Textos mais longos, como *Os Lusíadas* ou vários autos de Gil Vicente foram, desde cedo, objecto de edições escolares que, embora expressamente destinadas ao ensino não universitário, eram, por vezes, organizadas por reputados Professores das Faculdades de Letras. E, se tivermos em conta a relativa exiguidade da nossa população escolar, não deixa de ser significativo o número de edições que então conheciam as histórias da Literatura ou manuais que funcionavam como tal[7].

---

primeira vez em 1949, reproduzindo claramente o panteão literário construído pelo republicanismo positivista.

Encontramos uma boa análise comparativa das orientações que enformam os manuais mais representativos de literatura francesa em Daniel Bessonat et allii, *Enseigner l'histoire littéraire* (Presses Universitaires de Rennes,1993) e, numa perspectiva mais alargada, no importante livro de Violaine Houdart-Merot, *La culture littéraire au lycée depuis 1880* (Presses Universitaires de Rennes, 1998).

Entre nós, o modelo francês de antologia teve repercussão nas selectas aprovadas oficialmente como livro único para os Liceus e Escolas técnicas, de que são exemplos marcantes: *Livro de Leitura*, de José Pereira Tavares (Livraria Sá da Costa, 1951), *Selecta Literária*, de Júlio Martins e Jaime da Mota (Livraria Didáctica Editora, 1959 – acompanhado de um inovador *Caderno de Português*, com questionário ideológico, gramatical e estilístico), *Alma Pátria, Pátria Alma*, de Domingos R. Pechincha e J. Nunes de Figueiredo, (Porto Editora, 1965).

Ao contrário do que sucede em outros países, não dispomos, para o caso português, de trabalhos sistemáticos de análise histórica do manuais. Ainda assim, é justo destacar um trabalho, de Justino Pereira de Magalhães, "Um apontamento para a história do manual escolar. Entre a produção e a representação", in *Actas do I Encontro Internacional sobre Manuais Escolares* (org. de Rui Vieira de Castro, Angelina Rodrigues, José Luís Silva e Maria de Lourdes Dionísio de Sousa, (Braga, Instituto de Educação e Psicologia/Centro de Estudos em Educação e Psicologia da Universidade do Minho, 1999), pp.279-301.

[6] No caso da Selecta *Alma Pátria, Pátria Alma* (a última a vigorar, como livro único, antes do 25 de Abril) verifica-se ainda a presença de alguns juízos de teor apreciativo, para além da reprodução de quadros célebres da pintura, da escultura e da arquitectura portuguesas, com o intuito de sinalizar a evolução periodológica.

[7] Refiro-me, concretamente, a livros como a *História da Literatura Portuguesa*, de Joaquim Mendes dos Remédios (que, editada pela primeira vez em 1898, chega à 6ª edição, em 1930), ou ao *Manual Elementar de Literatura Portuguesa* de Óscar Lopes e Júlio Martins (à época, ambos Professores efectivos do ensino liceal), que surge em 1940 e atinge a 6ª edição, em 1970. Por sua vez, a conhecida *História da Literatura Portuguesa*, de Óscar Lopes e António José Saraiva é editada, pela primeira vez, em 1953 conhecendo 17 edições até 1998. Compilei informação mais detalhada acerca desta matéria no artigo intitulado "História Literária em Portugal", que escrevi para *Biblos*. *Enciclopédia Verbo das Literaturas de Língua Portuguesa* (Lisboa, Editorial Verbo, 1997, vol. 2, pp.1029-1038).

18 José Augusto Cardoso Bernardes

E o que se fazia concretamente com os textos? Para responder a esta pergunta com um mínimo de segurança, seria necessário proceder à recolha sistemática de testemunhos de professores e alunos, compulsar livros de sumários (ao que parece, displicentemente queimados em muitos liceus, ao longo dos anos) e visitar com demora os arquivos do Ministério, para compulsar programas, circulares de orientação metodológica, enunciados de exames nacionais, relatórios de inspecção e de estágio, etc, etc. Enquanto entre nós se aguarda pela implementação dessa tarefa, tão trabalhosa como promissora, vamos registando, com curiosidade e impulso de comparação, os resultados entretanto divulgados por investigadores que trabalham em países onde os Ministérios têm arquivos (e até museus) bem organizados, conservando inclusivamente deveres de alunos célebres, com as classificações e as correcções dos professores[8]. Na ausência de elementos mais rigorosos, valem, por enquanto, alguns depoimentos (orais e escritos) de professores e alunos, os próprios materiais lectivos, a apontar para exercícios de memorização contextualizante (caracterização de períodos e géneros), a descrição de textos e dos seus fundamentos retóricos, a explicação de passos obscuros, o comentário ideológico e a dissertação ou redacção de base apreciativa, servida por uma adjectivação mais ou menos estereotipada[9].

Com a supressão da disciplina de Latim do Curso Geral dos Liceus, em 1947 (Decreto do ministro Pires de Lima), pretendia-se compensar os alunos com uma boa formação em Humanidades, servindo claramente a história literária como pedra de toque dessa intenção. O alargamento do cânone até ao século XX não deve ter sido uma batalha fácil de travar e de vencer. Se compararmos os programas do Liceu com os programas de

---

[8] Exemplo paradigmático a este respeito é, sem dúvida, o Musée National de L'Éducation (integrado na rede nacional francesa de museus científicos), sediado no centro histórico de Rouen, a sofrer actualmente importantes obras de requalificação. De resto, o citado museu, criado em 1983, incorpora o espólio do Musée Pédagogique, criado em 1879, por Jules Ferry. Para uma apresentação pormenorizada do Museu, veja-se o artigo de Marc Dupuis "Le Musée national de l'Éducation prépare sa rentrée", in Le Monde de l'Éducation, 283 (2000), pp. 26-28.

[9] De entre os primeiros testemunhos impressos, não resisto a salientar, pela sua autenticidade, as Tentativas Pedagógicas, de Alfredo Coelho de Magalhães (Porto, 1920), que incluem lições desenvolvidas, bibliografias comentadas e exercícios de alunos, essencialmente centrados na intuição estética e na crítica ideológica (v. excerto em Anexo). Por outro lado, os exercícios que constam do já citado Caderno de Português para o Ensino Liceal, de Júlio Martins e Jaime da Mota ilustram bem, na sua diversidade (ideológica, estilística e gramatical), o tipo de conteúdos, actividades e objectivos que pautavam o ensino do texto literário ao longo das décadas de 50 e 60.

Literatura da Universidade da mesma época, podemos mesmo concluir que essa batalha se venceu até com muito menor dificuldade no primeiro nível do que no segundo, onde as resistências foram decerto muito maiores. Naturalmente que esse acréscimo de resistência se deve a uma concepção patrimonialista da história literária, mais arreigada na Universidade, especialmente reticente a considerar como dignos de estudo e atenção os textos e os autores ainda não convalidados pelo teste indelével do tempo.

Mas a placidez burguesa das Letras viria a ser fortemente perturbada pelo final dos anos 60, na sequência dos movimentos de natureza social e ideológica que, como se sabe, atingiram então a Universidade no seu todo. A questão geral do **sentido** e a urgência de promover a sua democratização explicam de alguma forma a facilidade com que os textualismos de inspiração estilística, estrutural e semiótica penetraram na Universidade, primeiro e, logo depois, na Escola Secundária; e nesta batalha de afirmação não havia adversário melhor para abater do que a história literária. Dispenso-me agora de evocar os muitos episódios e protagonistas desse conflito, inevitavelmente extremado, que opôs os historicistas aos textualistas e que não pode ser resumida a uma simples luta entre gerações que disputavam entre si o poder simbólico das cátedras. O que interessa é sublinhar que esse conflito se saldou por uma derrota quase em toda a linha da história literária. O ataque ao autor e a sacralização do texto traduziram-se, desde logo, na falência da velha selecta, centrada no binómio autor/obra; de resto, a alteração via-se no próprio grafismo, uma vez que as páginas deixaram de incluir as efígies dos autores e os resumos das suas vidas. Na prática, era também a própria palavra ("Selecta") que importava exorcizar, até pelos ressaibos arcaizantes que continha. E é nesse contexto que se vulgariza o "Manual". Nesta nova versão do livro de Português, os autores são apresentados apenas com datas de nascimento e de morte; e os textos, até então apresentados em claro destaque gráfico, acompanhados de um glossário sucinto[10], diminuem em extensão e quantidade, sendo agora acompanhados de abundantes notas explicativas, sugestões de leitura e questionários interpretativos; quando ainda não havia "Livro do Professor", o manual passou também a apre-

---

[10] No 2º volume da selecta *Alma Pátria, Pátria Alma*, destinada a alunos do 2º ciclo dos Liceus (4º e 5º ano), que conta com um total de quase 500 páginas, não existem mais que 6 escassas páginas de "Glossário de algumas palavras desusadas ou de significação desusada, que aparecem nos textos até à época clássica"...

20 *José Augusto Cardoso Bernardes*

sentar enumerações de actividades e estratégias, mais ou menos imaginativas.

Era o tempo em que na Universidade, primeiro, e logo depois no Ensino Secundário, que então reproduzia as atitudes da primeira a curta distância (4 a 5 anos), a teoria da literatura destronava a tradição filológica[11]. A Estilística (recuperada dos anos 30), a Narratologia, a Semiótica de matriz greimasiana e a Linguística de inspiração saussuriana e jakobsoniana passaram a constituir, em conjunto, a referência dos programas e das aulas em todos os níveis de ensino, abrangendo também agora níveis mais recuados, como o chamado Ciclo Preparatório, instituído em 1968. Os que por essa altura contactaram com esse nível de ensino, na condição de alunos ou professores, lembram-se bem da hegemonia caudalosa da análise orientada para a detecção de factores e funções da linguagem, discriminação de tipos de ponto de vista, níveis narrativos, etc, etc. Mesmo o texto lírico, claramente mais rebelde a este tipo de práticas, era muitas vezes pretexto para exercícios semelhantes, com recurso asssíduo à teoria dos quatro estratos de Ingarden, estilisticamente mesclada com a identificação de figuras de estilo do domínio da sintaxe, da semântica ou da lógica.

Entretanto, a h.l. hibernava nas suas cavernas tradicionais (os Departamentos das Universidades mais conservadoras) ou aparecia pouco em público, até para não ser alvo de chacota[12].

Nos anos 80, a velha Fénix dá mostras de querer renascer. Pela mão do marxismo, às vezes, outras recuperando o tónus filológico, ainda outras ensaiando alterações de perspectiva como a que resulta da "estética da recepção". Só que, desta vez, as águas não se separam com tanta facilidade no plano teórico e institucional. É verdade que a disciplina voltou a ganhar

---

[11] Como é sabido, a emergência do paradigma teórico, por volta de 1965, verifica-se na sequência do conflito académico entre "critics" e "scholars". Para uma caracterização desse mesmo dissídio no mundo académico do Ocidente veja-se, por exemplo, de G. Craft, *Professing Literature. An Institutional History*, Chicago and London, Un. of Chicago Press, 1989, pp.247 e ss. Interessante e promissor seria estudar as formas de que esse dissídio se revestiu na Universidade portuguesa e, bem assim, as importantes sequelas que dele subsistem.

[12] Mesmo entre nós, onde os trabalhos de erudição produziram resultados bem modestos (quando comparados com os de outros países) era então costume depreciar as análises ditas "pré-textuais", evocando, por exemplo, o historicismo de Anselmo Braamcamp Freire (a propósito da identidade de Gil Vicente) ou o biografismo psicanalítico e romanceado de João Gaspar Simões aplicado a Eça de Queirós e Fernando Pessoa.

algum espaço, aumentando significativamente a bibliografia sobre o tema, os encontros, as actas, as revistas temáticas, mais tarde os projectos de investigação sediados em universidades prestigiadas. Mas não voltou a ser hegemónica. A Retórica, a Teoria, a Hermenêutica, a Linguística não foram desalojadas dos planos de estudo. E basta olhar para o enunciado dos programas de graduação e passar os olhos pelas teses de Mestrado e Doutoramento dos últimos 20 anos para concluir que o panorama é hoje mais compósito do que nunca.

Desordens e Dilemas

Nesta situação, complicou-se muito a tarefa de quem hoje tem a responsabilidade de estabelecer programas, métodos e objectivos para o ensino da Literatura, a nível pré-universitário. Depois de durante muitos anos ter podido recorrer a paradigmas credibilizados pelo ensino superior, em plano de clara supremacia, os colegas que hoje desempenham essa ingrata tarefa vêem-se obrigados a opções, a compromissos; a assumir riscos, enfim, desde logo no plano teórico.

Podemos inclusivamente imaginar alguns dos seus dilemas: não parece sensato postergar de todo a história literária, justamente num momento em que ela voltou a beneficiar de claro prestígio. Mas como conciliar os seus fundamentos com outras bases teóricas? E, sobretudo, como fundi-las a todas, em planos de harmonia e adequação pedagógica?

A todas estas intersecções veio entretanto juntar-se o imperativo de repensar a disciplina de Língua Materna, de fazer dela uma matriz estruturante na consecução de objectivos gerais de cada nível de Ensino. Desta forma, não importa apenas discutir métodos. Quase sem darmos por isso, já entrámos na discussão dos próprios conteúdos.

Todos sabemos que as raízes do conflito são mais profundas e remetem para a oposição entre a Escola de saberes (republicana e burguesa) e a Escola de competências (democrática e popular): a primeira centrada nos saberes canónicos e a segunda na promoção das competências multidisciplinares, ao serviço da "educação para a cidadania". Ao contrário do que pode parecer, esta oposição está longe de estar sanada, em Portugal como na Europa, em geral, e não há dúvida de que, sempre que se fala em reformas, o conflito emerge, em forma de acção ou de reacção.

É também a esta luz que tem de ser apreciada a presença da h.l. nos programas de Português. Passados os entusiasmos mais extremos da vaga teórica, e depois de um regresso mitigado, que marcou os programas da década de 80[13], a história literária reforça-se com a Reforma Curricular Fraústo da Silva (Dec.-Lei 286/89 e outros diplomas normativos), tornando-se visível, não apenas na ordenação do *corpus*, mas também nos princípios expressos.

Repare-se, a título de exemplo, num dos critérios de leitura que figuram nos programas das Áreas A e B:

> "No final do Ensino Secundário, o aluno deverá ter, numa perspectiva diacrónica e sincrónica, a visão panorâmica clara da Literatura Portuguesa que lhe permita distinguir e caracterizar, nas suas linhas mestras, épocas, períodos e correntes da nossa história literária e nesta situar os autores e obras lidos com fundamento estético-literário, ideológico e histórico-cultural"[14].

Não se conclua, porém, que estamos perante um simples retorno. Pelo contrário: são, desde logo, indisfarçáveis algumas inflexões: ao invés da articulação cronológica convencional, ensaiam-se agora critérios de organização temática das leituras, agregadas em torno de núcleos como "a expressão dos sentimentos", "a relação com a realidade exterior", "o homem e a sociedade", "a reflexão sobre a condição humana", "a reflexão sobre o mundo", ao mesmo tempo que se alarga o *corpus* de leituras a autores estrangeiros de língua portuguesa e não portuguesa. Nessa mesma linha, as "Orientações de gestão" dos programas (Fevereiro de 1996) recomendavam que o estudo dos textos antigos se fizesse com recurso a poemas do século XX, tendo em vista o estabelecimento de "uma interacção profícua". Nessa base, se promoviam já aproximações que contrariavam o ordenamento histórico-literário, sugerindo que se trouxesse Natália Correia, Ary dos Santos e José Régio até à Idade Média. Num plano mais ousado (e muito mais discutível), tratava-se também de propor a comparação entre realidades estéticas tão afastadas como a *Barca do Inferno* e a Ilha dos Amores camoniana[15].

---

[13] Refiro-me aos programas do 10º ano (Áreas ABCE), do 10º e 11º (Área D), homologados por Despacho do SEEBS de 14/8/79 e do 11º ano (Áreas ABCE), homologado por Despacho do SEE de 21/8/80.

[14] Cf. Programas de Português (A e B), 3ª ed. revista, 1993.

[15] As razões justificativas desta aproximação aparecem assim formuladas: "Como forma de completar a mundividência do século XVI, parece-nos oportuno o recurso ao *Auto da Barca do Inferno*, de Gil Vicente, por permitir um complemento da mundividência do século XVI (como já referimos), através da comparação entre os prémios atribuídos numa e noutra obras (*Os Lusíadas*, episódio da Ilha dos Amores vs *Auto da Barca do Inferno*) em função de "uma vida de virtude" – Programas de Português B, Julho de 1996, p. 7.

Passaram menos de 5 anos sobre estas afirmações e vem agora acrescentar-se uma outra reticência à fundamentação histórica dos programas: diz-se que os programas são extensos e que não cumprem sequer um dos requisitos essenciais da disciplina: a de fomentar o hábito e o gosto pela leitura. Este último argumento foi, aliás, sempre invocado pelos adversários do historicismo nos programas de Português[16], estimando-se nomeadamente que ficavam secundarizadas as práticas de análise textual, de composição escrita e, sobretudo, a leitura integral de obras literárias, dando-se de barato que este tipo de leitura, devidamente orientado, instaurava a simpatia pelo livro e convertia o aluno num leitor sistemático e fruitivo, num cidadão culto.

Os pressupostos desta posição são claros. Na medida em que se não destina apenas a transmitir saberes consolidados, a Escola de hoje tende a ser menos constritiva e mais dada a actividades de prazer. Nessa medida, a tentativa de transformar a leitura literária em puro gozo é, decididamente, um dos iscos pedagógicos mais insistentes do nosso tempo e parece radicar no preconceito de que as humanidades, em geral, só servem para isso mesmo ou, pelo menos, não são tão importantes que justifiquem, em si mesmas, um grande esforço de aprendizagem. E também aí se receia que a h.l. funcione como fantasma dissuasor. Afinal, e apesar de todas as reconversões entretanto operadas, a h.l. ainda não deixou de andar associada ao conhecimento factual e objectivo: no mínimo, são datas, características de géneros, de períodos, autores antigos, difíceis de entender à primeira. Assim se explicam, por exemplo, as insistentes precauções que constam dos novos programas do 10º ano: no programa de Língua Portuguesa (Cursos Gerais e Tecnológicos), ao tratar da questão do estudo do Contexto e da eventual repercussão dissuasora que este poderá ter no processo de Leitura do texto literário:

> "A leitura do texto literário pressupõe informação contextual e cultural e a teoria e terminologia literárias, que deverão ser convocadas apenas para melhor entendimento dos textos, evitando-se a excessiva referência à história da Literatura ou contextualizações prolongadas..." (p. 23)

---

[16] De facto, o argumento da inexequibilidade dos programas, repetidamente evocado em declarações públicas pelos autores dos novos programas surge, por exemplo, no Preâmbulo da Reforma de Carneiro Pacheco, em 1936, destinada a simplificar o currículo do ensino secundário, combatendo o "excesso de disciplinas" e o "peso dos programas" (*Apud* Lourdes de Sousa e Vieira de Castro, p. 26 e ss.).

Sintomaticamente, a prevenção é ainda mais clara no programa de Literatura Portuguesa (Curso Geral de Línguas e Literaturas):

> "Quanto à informação contextual sobre autores, contextos históricos e sociais, correntes literárias, universos de referência aludidos nos textos ou a ele subjacentes, deve ser convocada sobretudo com o texto e depois do texto, para que se não crie uma visão enciclopédica, cujos conceitos se centrem exaustivamente na historiografia literária." (p. 11)

É necessário dizer que estas prevenções fazem todo o sentido no plano metodológico, uma vez que é nele que se derime a difícil questão de contextualizar com sensatez, pertinência e eficácia, evitando a convocação digresssiva de quadros vagos e heterogéneos que nada dizem sobre o texto ou o autor a estudar ou de simplificações redutoras e espartilhantes que coagem abusivamente qulquer processo de interpretação. Mas a h.l. – pelo menos a h.l. modernamente concebida, não inspira nenhuma destas situações. E, por isso, esta prevenção, que parece mais doutrinal do que metodológica, afigura-se algo descabida e preconceituosa. Na ânsia de desimpedir o caminho para a sedução das competências, é tido por conveniente o exorcismo de todos os fantasmas perturbadores, nomeadamente daqueles que supostamente assombram o imaginário sob as vestes do saber positivo, perceptível e avaliável como tal.

Mas não se trata apenas disso. Existe, pelo menos, outro factor de peso que concorre nos nossos dias, para o recuo da história literária nos programas de Português: é que o nome declinava-se antes no singular, sabia-se exactamente o que era. Hoje não. Consulte-se um artigo actualizado de enciclopédia e essa ideia unitária logo se desfaz. Fala-se em tudo o que se falava antes, mas agora também em h.l. "narrativa", "enciclopédica", "Nova História Literária", "Pós-colonialismo", etc, etc. Isto é: o quadro teórico parece hoje substancialmente mais complexo e indefinido e, por via disso, menos susceptível de inspirar programas, menos fácil de transpor para níveis de ensino que não a Universidade, onde, aliás, quase apenas obtém acolhimento a nível da pós-graduação.

Assim se chegou a uma situação inusitada: algumas vezes acusada de apenas proporcionar aos alunos um saber demasiado simplificado e distorcido, a h.l. está hoje do lado dos saberes complexos. Sabe-se (e pelos vistos, recusa-se) o que seja o estudo de Gil Vicente através do quadro genológico que o concebe como herdeiro e transformador das grandes formas do drama medieval; ou o estudo de Camões, situado na senda do confessionalismo petrarquista. Mas é difícil imaginar o que seria, antes da Universidade, estudar um e outro autor na perspectiva da poética cultural (*New Historicism*) ou pós-colonial. Aquilo que na perspectiva tradicional constitui uma meta já de si difícil, seria agora apenas um ponto de partida; importaria não tanto o estudo dos textos e autores, em si mesmos, mas o estudo das trocas de energia (*negociations*) verificados entre estes e outras formas de produção de sentido, no plano cívico, político, social, económico, etc. Admite-se este modelo como projecto de investigação universitária e dele têm resultado já, aliás, excelentes revisões e alargamentos, sobretudo no que toca à literatura renascentista; mas a sua repercussão nos conteúdos programáticos de outros níveis está condenado a ser sempre mediato e indirecto. Como, pela força das circunstâncias, serão, por enquanto, esbatidas as consequências das leituras pós-coloniais do Renascimento[17].

Resistir ou Desistir?

Confrontados com a perda de influência da sua disciplina nos programas, os devotos da h.l. encontram-se hoje sujeitos a dois tipos extremos de tentação: a de resistir e a de desistir. Quem resiste, entrincheira-se muitas vezes em posições revivalistas, defendendo o regresso a soluções do passado. São os nostálgicos do "saber" e os desdenhadores das "competências". Os seus argumentos resumem-se ao tópico do *ubi sunt*: "Antigamente sabia-se e hoje não se sabe". E há os outros: os que desistem, confusos ou melancólicos, descrentes na mudança, mas também sem convicções suficientes para pugnar pelo *status quo*. Por detrás das suas diferenças, os dois grupos acabam por partilhar uma visão apocalíptica da Escola. Declarem-no ou não, temem o fim de um mundo e com ele receiam o fim da literatura ou mesmo do livro, cada vez mais entendido como produto descartável de supermercado, destinado a alguns gulosos incorrigíveis, que ainda não conseguem passar sem ele. Mas o livro, o grande livro que educa e religa gerações, o livro que se lê e estuda não apenas por prazer mas por obrigação de vasto alcance, que ensina coisas de Língua, de Arte e de Vida tende para ser arredado da Escola. Não apetrecha os alunos para aquilo que hoje se revela mais necessário: competir e triunfar. Se ao menos os divertisse, mas nem isso é garantido. Nesta pers-

---

[17] É, entre muitos outros, o caso de Walter Mignolo, autor de *The Darker Side of The Renaisance. Literacy, Territoriality & Colonization*, Ann Arbor, The Un. of Michigan Press, 1995.

pectiva, conclui-se que o máximo da sensaboria e da inutilidade é estudar autores que escreveram há séculos e requerem glossário. Sem coragem para a rasura pura e simples, acode então a ideia de os reservar para os poucos que perseveram no direito galhardo de um dia estudar Literatura na Faculdade[18]. Não se lhes pode retirar esse direito, de repente; mas pode--se sinalizar-lhes o caminho, de forma prática e ominosa: se estudam por gosto aquilo de que ninguém precisa, espera-os uma vida de consolação interior, mas de ócios intermináveis.

O registo de descrença pode ainda ir mais longe. Professores iminentes, em fim de carreira, escrevem pungentes autobiografias intelectuais, sempre sob o lema "Apogeu e Queda da Literatura"[19]. Nos Estados Unidos, os Departamentos de há muito passaram a recrutar essencialmente especialistas em estudos culturais e já não em estudos literários e, para sobreviver na sua área, muitos vêem-se obrigados a deixar de ensinar Dante, Cervantes, Shakespeare, Milton, Racine ou Goethe. Reconvertem os programas e refugiam-se em seminários (com pouco público, apesar de tudo) consagrados a autores contemporâneos, escolhidos quase sempre em função da sua notoriedade política, étnica ou sexista. Não é essa ainda exactamente a situação por cá, mas são cada vez mais abundantes as similitudes ...

Embora por via indirecta, o relativo descaso em que a h.l. é hoje tida, resulta também destas notas de crepúsculo. Passou o tempo em que a Literatura se impunha por si mesma. Pela primeira vez desde há pelo menos trezentos anos, é necessário justificá-la, tornar evidente a sua utili-

---

[18] Por muitos desmentidos que possa haver, só pode ser esse o alcance efectivo da redução dos conteúdos literários na disciplina de Língua Portuguesa e da criação da disciplina de Literatura Portuguesa no Ensino Secundário.

[19] De entre os numerosíssimos testemunhos que vão neste sentido, destaco alguns dos mais recentes: Danièle Sallenave, *Lettres mortes. De l'enseignement des lettres, en général et de la culture générale, en particulier*, Paris, Ed. Michalon, 1995; John M. Ellis, *Literature Lost. Social Agenda and the Corruption of The Humanities*, New Haven/London, Yale Un. Press, 1997; Robert Scholles, *The Rise and Fall of English. Reconstructing English as a Discipline*, Yale /Un. Press, 1998; Carlos García Gual, *Sobre el descrédito de la literatura*, Barcelona, Ediciones Península, 1999; Eugene Goodheart, *Does Literary Studies have a Future?*, Un. of Wisconsin Press, 1999.

De entre os trabalhos que entre nós têm versado o mesmo problema, saliento a análise impressiva e bem informada de Fernando Vieira Pimentel: "Universidade, Literatura e Ensino da Literatura", in *Literatura Portuguesa e Modernidade*, Coimbra, Braga, Angelus Novus, 2001, pp. 13-85.

dade perante as esferas políticas. É um combate que tem de ser travado por todos os que ainda acreditam nela, por todos os que estão convencidos da sua utilidade na Escola. Mas ainda aqui, a questão não é linear, não colocando sequer do mesmo lado todos os que defendem a Literatura como tal. De facto, pode sempre perguntar-se: como sobreviverá melhor a Literatura na Escola? Com a h.l. ou sem ela?

É verdade, repito, que o historicismo que sustentava os programas até à década de 70 não é recuperável, em si mesmo. Em primeiro lugar, porque alguns dos excessos que lhe foram assacados são limitações reais: a menorização do texto e da sua dimensão estética, a narratividade simplificada, os esquemas causais de inteligibilidade entre autor e obra, contexto e texto, a escassa produtividade que daqui deriva em termos de escrita, quase reduzida a um ensaísmo incipiente que devolve apontamentos. E depois, naturalmente, porque os alunos de hoje são bastante diferentes, em termos de proveniência social, de expectativas e de necessidades, sempre prontos a questionar a necessidade do que aprendem, sobretudo se a esse respeito, como é o caso, forem já portadores de preconceitos.

É bom, portanto, assentar na ideia da inviabilidade da h.l. em figurino convencional[20]; mas isso não significa que se não continue a discutir o interesse de uma outra versão mais ajustada aos nossos dias, embora mantendo a indexação a um dos projectos educativos mais antigos e duradouros do Ocidente: o projecto holístico gerado pelo Humanismo italiano do século XV, cientificamente suportados pela grande Filologia europeia e institucionalmente ancorado pela Universidade humboldiana e pela Escola republicana e positivista de Jules Ferry. Perguntemos pois: o que pode hoje salvar-se desse projecto, concebido para uma elite? O que resta dele, agora que a catedral foi profanada, que a Escola se abriu à diversidade do multiculturalismo? Como pode contribuir o Português (Língua e Literatura) para a consecução deste novo tipo de desi-derato que, apesar de tudo, recupera o nome (republicano e positivista) de "cidadania"?

Não é realmente fácil responder a estas perguntas e a outras que a este respeito venham a formular-se. Tanto mais que todas as que venham

---

[20] A necessidade de reconfigurar o ensino da História, enquanto disciplina, tem vindo a suscitar pesquisas e debates que podem repercutir-se no Português (designadamente nos conteúdos literários que lhe andam associados). Sobre o assunto veja-se de Maria Cândida Proença (coordenadora), *Um século de ensino da História*, Lisboa, Colibri, 2001 (em particular o ensaio de José Mattoso "A História hoje: que História ensinar?", pp. 223-236).

28   *José Augusto Cardoso Bernardes*

a encontrar-se requerem não apenas coerência, mas também exequibilidade prática e aferição empírica. Tentemos, ainda assim, avançar algumas respostas provisórias.

Profissão de fé

Depois do que até aqui afirmei, é já claro que sou dos que ainda acreditam nas possibilidades da h.l., não apenas como projecto de investigação universitário, mas também como modelo inspirador de práticas educativas em todos os graus de ensino. Acredito pelo menos, "até prova em contrário", tanto mais que, em Portugal, se não testaram ainda as soluções flexíveis que, dentro deste quadro, prevalecem em alguns países europeus. Longe de implicar uma atitude de acomodação, porém, esta crença obriga a esforços acrescidos de ajustamento. E é nesse sentido que me atrevo a evocar alguns argumentos e a sugerir algumas propostas.

a. defendo, em primeiro lugar, a necessidade de versatilizar a metodologia de análise dos conteúdos literários que integram os programas, reforçando a componente hermenêutica, que a h.l. dos nossos dias acolheu e valorizou e da qual se pode extrair um rendimento pedagógico acrescido em termos de expressão escrita, de desenvolvimento da sensibilidade e do espírito crítico; neste sentido, revela-se indispensável promover o encontro dos alunos com o texto, respeitando (filologicamente se quiserem) a identidade do objecto de análise e não cedendo à tentação do anacronismo tão frequente nos manuais, que transporta as cantigas de amigo ou o *Auto da Índia* para os nossos dias, na vã e demagógica tentativa de seduzir os alunos, e entendendo assim os textos literários como uma duplicação precária da realidade. É necessário lembrar que um dos maiores sortilégios da Literatura reside na vocação para reinventar e não para reproduzir. Muito ganharão os adolescentes se, tanto quanto possível, os levarmos ao encontro dos textos antigos e modernos, em vez de os transformarmos a todo o custo em realidades que podem ser "acessíveis", mas são também incaracterísticas e acrónicas. Desta atitude de alteridade resulta, bem entendido, um claro acréscimo de trabalho e os riscos de dispersão lectiva são ainda maiores; mas existe, pelo menos, a garantia de que estamos a habituar o aluno a ir ao encontro do desconhecido e a aproveitar as potencialidades transformadoras que ele encerra.

b. Outro ponto sensível tem a ver com a questão dos textos e dos quadros em que se integram: devemos partir dos primeiros para os segundos, ou deveremos proceder inversamente? Um dos ataques mais menoscabantes de que a velha h.l. era alvo, consistia justamente no esquecimento dos textos. E com razão. Hoje não pode cair-se nesse erro. O texto é a base privilegiada do conhecimento literário; mas nada nos obriga a ficarmo-nos por ele. Há outros níveis de análise, além dele, que alargam o seu entendimento e obrigam a que ele se regresse. E quando falo em **texto**, incluo obviamente a ideia de **obra**, concebida na sua integralidade. O problema não está (provavelmente até nunca esteve) no espaço que os quadros histórico-literários roubam ao contacto lectivo com o texto; estará mais nas metodologias que mastigam e remastigam o objecto de análise, muitas vezes explicado a cada passo, segundo esquemas de paráfrase que lembram a ingestão de papa láctea. Estou em crer que um dos grandes inimigos do sucesso da leitura integral de romances, autos ou mesmo contos reside na saciedade que provocam a lentidão da leitura e as notas explicativas que dela se desprendem, quase sempre autoritárias, quase sempre castradoras da descoberta pessoal do aluno. Deste modo, o lamentável descaso da h.l. em relação à obra integral pode converter-se, de facto, num outro erro extremo: o de induzir nos alunos uma sensação de absoluta exaustividade, castradora da leitura dialogal e sincopada (a mais natural) e do desejo de revisitação que sempre se deve incutir no leitor não profissional.

Entre o temor reverencial, que antes se acatava, deixando o texto muitas vezes intocável em termos de diálogo afectivo e a sua assumpção como pretexto para exercitar modelos inespecíficos de análise, há que descobrir termos intermédios. Talvez tudo esteja em revalorizar alguns aspectos menos prezados nos últimos anos, quase sempre dominados pela mística da forma, com o sistemático esquecimento dos conteúdos: lembro a questão dos valores, por exemplo.

Não se trata de uma dimensão nova, ao contrário do que possa parecer e talvez tenham sido alguns abusos no passado que conduziram à radical postergação a que se assistiu nos últimos decénios. Mas começa hoje a ser claro para todos que, a par das práticas de análise formal, é possível tirar partido do plano axiológico dos textos. Gil Vicente, Camões, Eça, Pessoa escreveram em torno de valores, numa perspectiva de referência ou de questionação. Descrever a forma como o escritor incorpora e desconstrói esses valores é realmente importante; mas não deixa de ser decisivo aprofundar o conhecimento do que está em causa a esse nível: e fazê-lo com sentido histórico, é, sem dúvida, um promissor exercício de alteridade formativa.Está fora de causa voltar à h.l. linearmente narrativa, onde todos os autores são fontes dos que se lhe seguem, num abuso de simplificação, destituído de valor intelectual[21]; mas será ainda pior suprimir a ideia dos grandes quadros, indutora de uma cronologia e de uma periodologia coerentes e integradoras. Existem vantagens que se traduzem, desde logo, em pura inteligibilidade; mas existe ainda a possibilidade muito positiva de esses planos mais abrangentes virem a constituir nexos de transporte para outro tipo de realidades, artísticas ou não. Sem os quadros que a história literária constrói, essas e outras relações são muito mais difíceis (se não inviáveis) e o trabalho com os textos resulta ensimesmado e virtualmente menos propiciador de encontros novos.

c. Outra questão que importa clarificar tem a ver com a amplitude desses quadros. Quando se fala em h.l. pensa-se restritamente na realidade portuguesa. Parece utópico pretender que os alunos pudessem reter também os grandes quadros da literatura europeia. E, no entanto, tudo aconselha a que se faça qualquer coisa nesse sentido. Aconselham-no, desde logo, as tendências da investigação. Já é muito difícil encontrar trabalhos sobre autores portugueses que não recorram à realidade europeia, chegando a encontrar nela, por vezes, bases de reapreciação absolutamente decisivas. Assim vem acontecendo com a poesia trovadoresca, com Gil Vicente, Camões, Vieira, Eça, Fernando Pessoa e assim há-de acontecer com outros, que vêem reforçada a sua identidade com este tipo de aproximações. Como dar conta disto na Escola? Haverá margem para falar de Zola, Flaubert e Clarín ao estudante de Eça, das farsas francesas a quem lê Gil Vicente e de Petrarca e Garcilaso a quem analisa textos de Camões? Atrevo-me a pensar que sim. Não se trata evidentemente de fazer disso um objectivo ou sequer um conteúdo; trata-se tão somente de uma estratégia tendente a gerar no aluno a ideia certíssima de que, por detrás das suas especificidades, a produção literária portuguesa não se desliga das gran-

---

[21] É sem dúvida este (julgo que não pode ser outro) o sentido fundo das afirmações de Aguiar e Silva, quando afirma no decurso de uma estimulante reflexão " É urgente, é terapeuticamente urgente que os programas de Português do Ensino Secundário, nas diversas áreas, deixem de impor o ensino abrangente da história da literatura portuguesa, desde a poesia trovadoresca até ao romance de Vergílio Ferreira ou à poesia de Manuel Alegre. Não é com o ensino de uma esquelética, esquemática e dogmática história literária que se seduzem e formam leitores e que se educa o gosto estético-literário" , Cf, "Teses sobre o ensino do texto literário", in *Diacrítica*, 13/14 (1998/99), Tese IV, p. 27.

des orientações modelares que em cada época marcaram e continuam a marcar a escrita europeia e mundial.

Numa perspectiva de maior ambição, pretende-se lançar sementes de futuro que possam germinar e dar azo à leitura diferida de autores que não estão nos programas. Nessa linha, convém cimentar a noção de que a h.l. se traduz também num devir e não se limita a uma simples rememoração.

Não vale a pena esconder que, na sua génese, a h.l. era portadora de uma visão cristalizada da obra literária, nomeadamente do livro dito canónico, construído segundo regras e apenas legível em função delas, a solicitar ao leitor um saber e não tanto uma sensibilidade. E também não se pode esquecer que essa hermenêutica, de pendor contextualista, era essencialmente uma prerrogativa do professor. O aluno aplicado limitava--se a incorporar esse saber e a devolvê-lo intacto nos exercícios de avaliação. É óbvio que esta atitude redutora é indefensável e não subsiste nenhum motivo para que a h.l. continue a ser acusada por uma falta que há muito expiou. Pelo contrário: os nomes mais representativos da nova h.l. assumem-se como discípulos de Heidegger e têm por certo que a tradição se constrói, se redescobre sem cessar, em função das coordenadas epocais de quem lê. Por isso, e dentro do registo histórico-literário, se vêm suce-dendo novas leituras dos clássicos.

d. Num outro plano, não pode esquecer-se que o método histórico--literário permite, melhor do que qualquer outro, verdadeiras aproxi-mações interdisciplinares, sempre entendidas como necessárias e profí-cuas. Enquanto portador de um vasto correlato humanístico, este método induz à travessia controlada de pontes para a Filosofia e a História, pelo menos. Nunca se deixou de proclamar a excelência deste propósito, que emerge nos programas da década de 80 e se reforça significativamente nas alterações de 96. Mas é necessário lembrar que a implementação destas práticas não se decreta. Carece, desde logo, de uma adequada revitalização da h.l. também nas instituições que formam professores. E sobretudo, naquelas que teimam em formá-los dentro de uma estreiteza disciplinar (disfarçada sob o nome de especialização) perfeitamente obsoleta[22].

---

[22] Pese embora a circunstância de o processo de reconversão curricular em curso ter resultado essencialmente de imperativos legais (a criação do INAFOP e a subsequente necessidade de ajustar os planos de cursos para formação de professores a determinados requisitos), sou dos que pensam que estamos perante uma boa oportunidade para, pelo menos, flexibilizar as combinatórias disciplinares.

Conclusão

De entre as litanias mais frequentes dos professores de Português – sobretudo daqueles que entraram já na fase dos quarenta (para estes, os contrastes a este respeito são talvez mais vivos) há duas especialmente frequentes: a incapacidade dos alunos para ler e escrever com correcção e versatilidade e a sua falta de gosto pela leitura. E já nem sequer se questiona a insensibilidade perante os autores antigos. Mesmo os escritores contemporâneos deixaram de cativar as turmas. Apesar de não serem novas, estas queixas requerem a identificação de bodes expiatórios e à consequente vontade de perpetrar execuções. E parece fora de questão que um dos responsáveis a abater é a história literária. Perguntemos, no entanto, com clareza: a supressão ou a descaracterização da disciplina como substrato inspirador dos programas garante a solução de algum destes problemas?

Permito-me duvidar de que assim venha a ser. Grande parte das causas do estado actual das coisas é de carácter exógeno, não tem a ver directamente com os professores, os programas e a Escola. Mesmo no que toca a esses parâmetros, o problema situa-se muito mais nos objectivos e estratégias do que nos programas. Como é sabido, só há relativamente pouco tempo o Ministério começou a gastar algum papel com o esclarecimento útil dos objectivos da disciplina de Português[23]. Importa muito que se prossiga e aprofunde este caminho. Parece fácil, desde logo, estabelecer as metas gerais que resultam da pedagogia do texto literário e que passam sempre pelo desenvolvimento das competências de comunicação e da sensibilidade estético-literária. Mas é necessário especificar e hierarquizar. Por outras palavras: é muito conveniente equacionar o que pode ser feito com os textos em proveito da consecução de objectivos educativos gerais e específicos. Com os textos literários e não tanto com a Literatura abstractamente considerada, uma vez que, concebido a esse nível, o conceito pode conduzir a equívocos perigosos.

Essa tarefa fundante requer a colaboração entre os agentes dos vários níveis de ensino. E bem sabemos como essa colaboração é difícil. Há desconfianças e reservas. E há também – tem havido – falta de mediadores

---

[23] A este propósito, parecem da maior importância os esforços no sentido de estabelecer as "Competências essenciais" a alcançar nos diferentes níveis de ensino. Para já, veio a público um documento de 240 páginas intitulado "Currículo Nacional do Ensino Básico – Competências Essenciais no cumprimento do novo decreto-lei sobre o Currículo (D.L.6/2001).

qualificados. Entre a investigação de ponta, que se consubstancia em teses de doutoramento e as sebentas, que apresentam ansiolíticos e edulcorantes aos colegas menos experientes (e também aos menos empenhados) há todo um deserto a povoar, com trabalhos de colaboração entre docentes dos dois níveis de ensino, que traduzam, em simultâneo, os resultados do trabalho de quem investiga e o senso prático de quem tem de motivar e ensinar quase *ab ovo*. Claro que não faltará quem repute de utópico este desígnio. Mas há um argumento poderoso a favor da sua exequibilidade: é que esta prática tem dado bons frutos em outros países. É corrente em França, por exemplo, com observatórios de professsores dos vários níveis de ensino, trabalhando permanentemente e em conjunto para reajustar programas (mais do que para os reformar na íntegra de cada vez que lhes pegam) e para intervir na produção de manuais e outros materiais auxiliares de ensino.

Não há dúvida de que a hegemonia da h.l. acabou. E, em abono da verdade, deve dizer-sse que não acabou por vontade e determinação das equipas que elaboraram agora os novos programas de Português. Acabou há muito na própria Universidade, onde a disciplina tem hoje de conviver e dialogar com um conjunto crescente de outras áreas, convencionais e emergentes.

Trata-se, aliás, de uma transformação esperada, neste tempo poligonal em que vivemos. Mas não deve esquecer-se a circunstância de a h.l. ter resistido a muitos ataques vindos de dentro e de fora da Universidade, o que indicia uma capacidade incomum de resistência, em termos de sedimentação de saber e em termos de potencial formativo.

Em matéria de educação, as ideias são boas não apenas quando são plausíveis, mas quando conduzem a resultados eficazes. Ora, justamente por ignorar a necessidade de articular estes dois critérios, a história da dinâmica curricular está cheia de execuções sumárias e de inflexões radicais. Sem dúvida que o ensino das línguas e literaturas requer ajustamentos de perspectiva. Mas creio bem que, quanto aos programas e ao lastro histórico-cultural que os sustenta, o trabalho a fazer é de outra natureza: é necessário, em primeiro lugar, submetê-los ao processo aferidor que resulta da investigação; só depois se justifica maleabilizá-los em termos de extensão; mas, para tanto, não é necessário destruir os seus fundamentos. Esse seria mais um erro a corrigir no futuro. Com custos elevados, como de costume.

ANEXOS

A – A propósito dum serão vicentino (Relatório apresentado ao Exm° Reitor do Liceu de Rodrigues de Freitas, no ano lectivo de 1912-1913)

Como director da sexta classe de Letras, pensei em realizar uma excursão a Aveiro que interessaria, especialmente, ao ensino das disciplinas de Geografia e História, pois fazia parte do programa uma visita demorada à Ria e ao Museu de Arte Regional, recentemente organizado naquela cidade. Para o bom êxito desta minha iniciativa, contava com o valiosíssimo auxílio do erudito professor Joaquim de Vasconcelos que, em certa altura do ano, se licenciou, ficando eu privado do seu indispensável concurso, e desistindo, por isso, de executar o meu projecto. Procurei, no entanto, compensar, dalgum modo, esta falta, levando os meus alunos ao *Serão Vicentino* que se realizou no teatro Sá da Bandeira, na noite de 18 de maio do corrente ano[1].

Iniciava-se, exactamente, no curso de literatura portuguesa, cuja regência estava a meu cargo, o estudo de Gil Vicente, quando vi anunciado que ia repetir-se no Porto aquela verdadeira festa de Arte, já realizada em Lisboa. Resolvi, logo, não perder o melhor ensejo de despertar nos meus alunos interêsse e admiração pelo Teatro Vicentino, e para que eles pudessem assistir, inteligentemente, à interpretação das admiráveis criações de Mestre Gil,[2] aproveitei alguns dias de aula para um trabalho preparatório que me pareceu indispensável: dizer-lhes da vida de Gil Vicente, da época e dos meios em que viveu, quanto suponho necessário para poder compreender-se o valor da sua obra.

Depois de ter procurado caracterizar o período de transição da idade-média para a idade-moderna, e de haver estudado as condições em que, na segunda metade do século XV, se encontrava Guimarães, terra da naturalidade do criador do teatro nacional, que aí passou alguns anos em contacto íntimo com o povo, acentuei o facto de ele pertencer a uma família humilde mas tam notável na arte de ouriversaria que a sua fama chegou até á Côrte onde o futuro poeta deu entrada, talvez, em 1493[3]. Estudei, a seguir, o novo meio em que Gil

---

[1] Constituiu este *serão* uma das mais belas e nobres festas de Arte a que tenho assistido: nele recitou Afonso Lopes Vieira uma das mais notáveis conferências sobre Gil Vicente, hoje publicada em *A Campanha Vicentina* (Lisboa, 1914), pag. 97 a 123.

[2] Confundi aqui, como a muitos tem acontecido, Gil Vicente com Mestre Gil. Esta confusão resultou de se supor que as trovas de Mestre Gil que aparecem no *Processo de Vasco Abul* (*Cancioneiro Geral*, de Garcia de Resende, ed. do Dr. Gonçalves Guimarães, Vol. V, pag. 249 a 267) eram de Gil Vicente que, aliás, colaborou nêsse *processo*, emitindo o parecer de pag. 261 a 264. Hoje parece estar averiguado que o referido Mestre Gil foi cirurgião mor do reino e físico do Duque de Viseu. (Vidé o estudo de Anselmo Braamcamp Freire – *Gil Vicente, trovador, mestre da balança* – na *Revista de História*, ano VI. n.º 21, pag. 41 e 42).

[3] Entendo que o professor, no ensino secundário, não deve preocupar-se com o estudo e discussão dos vários problemas que se acham postos sobre a vida de Gil Vicente, embora, sumáriamente,

História literária e ensino da Literatura

Vicente aparecia e, entre outros elementos subsidiários importantes para esse estudo, aproveitei a leitura, feita na aula, do drama de Garrett – *Um Auto de Gil Vicente*.

Entretanto, foi publicado o programa do espectáculo, e passei a ler tudo o que me pareceu difícil, se não [de] impossível compreensão, não sendo préviamente explicado. Dêste modo, tive ocasião de confrontar o original do *Auto da Visitação* com a tradução justalinear do grande poeta Afonso Lopes Vieira, e de fazer o que poderei chamar a história do auto, aludindo às suas origens e aos factos de a côrte de D. Manuel I que com êle estão intimamente relacionados. Além dalgumas passagens do *Pranto de Maria Parda*, do *Auto da Lusitânia* e da *Exhortação da Guerra*, li também a adaptação que o mesmo Poeta fez do *Auto da Barca do Inferno*, confrontando-o, igualmente, com o original, e referindo-me à interessante questão que o terceiro verso dêste auto provocou e sôbre o qual se pronunciaram algumas das mais ilustres autoridades do nosso país em estudos filológicos e literários, entre elas a Senhora D. Carolina Michaelis de Vasconcelos[Refere-se às interpretações díspares do verso "Ora venha o carro à ré", que opuseram, entre outros, H. Lopes de Mendonça e Carolina Michaelis de Vasconcelos].

A leitura do *Auto da Barca do Inferno* pareceu-me ter deixado nos alunos uma impressão de entusiasmo, e quási poderia dizer de assombro, pelo espírito de audácia, de verdade e de justiça, que Gil Vicente nele revela, impressão que necessáriamente se tornou mais intensa diante da interpretação realizada pelos nossos melhores artistas, entre outros, Adelina Abranches e Augusto Rosa. Estas minhas palavras estão confirmadas por trabalhos escritos, que todos os alunos me apresentaram e de que vou transcrever algumas passagens, não lhes fazendo a mais leve alteração.

Do aluno Elisio da Silva Matos:

"Êste [*Auto da Barca do Inferno*] dá-nos bem uma ideia segura e firme da concepção exacta que Gil Vicente tinha àcerca da sociedade no seu tempo, pondo a descoberto todos os seus males e vícios, e apresentando como juiz supremo a julgar os delitos dos que morrem – o Diabo. Um diabo justiceiro – que vem a ser

---

dê conta das soluções propostas. Assim pensava já, em 1912, tendo então aproveitado, principlmente, as hipóteses que Teófilo Braga apresenta no seu livro Gil Vicente e as origens do teatro nacional (Pôrto, 1898) e que, hoje, precisam de ser rectificadas eem face de trabalhos mais recentes, como seja o de A. Braamcamp Freire citado na nota anterior.

Então, como agora, peocupava-me, especialmente, o interêsse de acentuar o facto, que me parece incontroverso, de Gil Vicente haver vivido em dois meios bem diferentes: junto do pôvo e na côrte. E continuo ainda a supôr que foi em Guimarães que o Poeta recebeu as primeiras impressões da alma popular, não obstante a maniera sugestiva como aubrey bell chama a atenção para a circunstância de êle "se mostrar conhecedor de tudo que diz respeito á província da Beira" (*Revista de História*, ano V, nº 18, pag. 141 e 142).

o próprio Gil Vicente – castigando desapiedadamente a vaidade do fidalgo, a usura do avarento, a corrução do juiz, a astúcia da alcoviteira e a devassidão do frade. Todos êtes tipos são o puro e fiel retrato da vida social na época. Eis o alto valor moral da obra vicentina: – Mostrar todos os defeitos e enfermidades do seu tempo, através duma crítica desapiedada e mordaz, porêm bem sincera e justa. O fidalgo, o onzeneiro, o corregedor, a alcoviteira, o sapateiro, o frade e o enforcado teem como prémio das suas injustiças e ilegalidades – as penas do Inferno. O Parvo pela sua inconsciência e boa fé, os cavaleiros pelos seus feitos em prol da pátria e da religião gosam em paga – as delícias do Paraíso. Eis a moral deste auto que jazia esquecido ha 394 nos no pó das bibliotecas, donde só os eruditos o tiravam de vez em quando..."

Do aluno António Ernesto Maria da Fonseca

"...Terminou esta festa (o *Serão Vicentino*) com o *Auto da Barca do Inferno*, adapatado por Afonso Lopes Vieira, que lhe deu uma nova forma, reduzindo--o muito e chegando mesmo a cortar alguns personagens com o intuito naturalmente de não maçar o público [...] Este auto foi representado, como diz Gil Vicente, "para consolação da muito católica e santa Rainha D. Maria, estando enferma do mal que faleceu, na era do Senhor de 1517". O sr. Dr. Afonso Lopes Vieira, no prólogo que compôs para este auto, diz que "a voz que nêste auto se encontra (*escuta*) foi a única (a *última*) que falou alto e claro em Portugal. É a voz dum jogral que é também um filósofo profundo" – Gil Vicente castiga a alcoviteira, a figura mais repugnante de todo o auto, o onzeneiro, o juiz, o clérigo, etc., mandando-os para o país infernal; mas, ao passo que Gil Vicente envia êstes para o inferno, também sabe favorecer com o paraíso o parvo e os cavaleiros de Cristo, aqueles que tam fervorosamente se arrojaram ás terras de África, combatendo em prol da fé christã. Este auto foi belamente desempenhado no *Serão Vicentino*, destacando-se os actores Augusto Rosa, no papel de Diabo, que interpretou dum maneira engraçadíssima, Carlos de Oliveira, no desempenho do Frade, e Henrique Alves no papel de Parvo [...]

Do aluno Manuel Moreira Rodrigues de Carvalho

"... Do *Auto da Barca do Inferno* restam-me também óptimas impressões, porque via-se ali claramente como Gil Vicente condena toda a mulher que desce á ignóbil vilania de alcoviteira, o procedimento dos juízes naquella época que. mediante qualquer peita, deixavam de fazer justiça, e o procedimento do clero. Parecia estarmos em pleno século XVI. O teatro que desde o princípio do século XVII parecia ter deixado de existir reapareceu nesse dia..."

Os trabalhos a que aludi e de alguns dos quais acabo de fazer transcrições não me revelam apenas que os alunos se interessaram pelo Serão Vicentino e que aproveitaram alguma coisa, indo assistir a êle, mas também que, à excepção de uma pequena minoria, não tinham o desenvolvimento necessário para o compreender, o que atribuo, em grande parte, a um defeito no ensino da disciplina de português na 4ª e 5ª classe, defeito que procurarei acentuar.

O processo de ensino, que segui relativamente a Gil Vicente e à su obra e deixei ligeiramente esboçado, apliquei-o ao estudo de outros escritores, como Fernão Lopes, Camões, Damião de Góis, João de Barros, D. Francisco Manuel de Melo e Frei Luís de Sousa. Esta orientação, porém, só poderia ser fecunda, tendo os alunos adquirido, nos dois anos anteriores, algumas noções sobre a evolução da literatura nacional, pelo estudo dos factos literaários, coordenado com o dos sociais e políticos. Só assim; mas eu encontrei no curso vários alunos, chegados de outros liceus, que me declararam não haver passado na 5ª classe da análise gramatical e dos princípios da estilística, exigindo-se-lhes apenas, pelo que diz respeito à história da literatura, que soubessem "os nomes dos principais escritores".

Alfredo Coelho de Magalhães, *Tentativas Pedagógicas*, Porto, 1920, pp. 51-58

B – [Carta] Aos Exmos Colegas

Ao apresentarem uma nova edição desta SELECTA LITERÁRIA, entenderam os organizadores não haver motivos que aconselhassem profunda remodelação da mesma – salvo uma ou outra alteração ditada pela experiência – na convicção de que ela tem satisfeito os interesses do ensino e de que se mantêm válidas as intenções que presidiram à organização inicial. Essas intenções poderão resumir-se no seguinte:

1 – <u>Critério relativo à quantidade e à qualidade dos textos</u>:

a – Os textos são em número superior às necessidades de leitura da aula.

Porque um livro desta natureza não se destina a ser lido e comentado nas aulas da primeira à última página, ao professor deve deixar-se ampla margem de escolha dos passos e autores que, em sua opinião, lhe pareçam mais representativos e melhor se prestem ao comento ideológico, ao estudo do vocabulário, à análise gramatical e à apreciação estética. Mas os trechos relegados, escolhidos como os outros, não deixarão, por certo, de ser lidos pela maioria dos alunos, a quem proporcionarão um contacto com os nossos escritores, do qual poderá resultar o estímulo para leituras complementares. Esta iniciação é sobretudo vantajosa para os alunos que não prosseguem estudos ou se destinam a cursos de Ciências. Por outro lado, os que vão frequentar estudos de Letras poderão recorrer à selecta literária do 2° ciclo, como recomendam as observações aos programas do 3° ciclo:

"Não se esquece, porém, que o aluno se prepara para um curso superior, em que lhe pode ser útil a notícia de certos factos literários, de que, sem estudo aprofundado, lhe vão fornecer informação suficiente as leituras aconselhadas. Estas podem, muitas vezes, limitar-se a trechos da selecta, do curso geral, quando o programa dê menor relevo aos autores, como António Ferreira, Diogo Bernardes, Samuel Usque ou Mendes Pinto."

De qualquer modo, porém, não se excederam as rubricas do programa. Este o motivo por que, no século XV, se não foi além de Fernão Lopes.

b – Seleccionaram-se os passos mais característicos de cada autor.

Ao fazê-lo, estiveram sempre presentes as necessidades dos alunos de um curso geral, os quais, na sua grande maioria, não mais terão oportunidade de estudar com demora os grandes vultos da nossa literatura. A esses se destinam os passos mais característicos, ainda que por demais conhecidos dos professores, passos que lhe permitirão fixar a índole, a escola, o estilo, as ideias básicas dos melhores autores.

c – Finalmente, e sem prejuízo das demais exigências do trabalho escolar desta disciplina, foi preocupação dominante, a par do critério estético, o objectivo de formação moral. Supomos que foi conseguida a conciliação do critério com o objectivo. De qualquer modo, não poderíamos alhear-nos do critério de valor literário e estético, já que o impõem as recomendações programáticas, quer na indicação do livro (Selecta literária), quer ainda de forma mais directa: "... os textos escolhidos segundo o critério estético e graduados pelos anos sucessivos da frequência". Quer dizer: as recomendações legais impõem os textos escolhidos segundo o critério estético, embora proscrevam, como é natural, os textos susceptíveis de prejudicar a boa formação moral do aluno. Donde se conclui, ao que parece, que uma selecta que não ofendesse a boa formação moral já poderia satisfazer aos requisitos oficiais, desde que a escolha dos textos se subordinasse a um critério estético.

Mas os organizadores não se limitaram a esta como que "neutralidade" e tiveram bem presentes, ao que supõem, a finalidade educativa do livro, no qual se incluíram textos literários exaltadores das melhores virtudes humanas.

2. Critério relativo à seriação dos autores:

Foi a ordem cronológica a que se preferiu em ambos os tomos. Em ambos os tomos, porque nada permite concluir da liberdade de critérios diferentes.

Com efeito, há apenas uma selecta literária – uma só obra – para o 2º ciclo, muito embora dividida em dois tomos, ambos subordinados, portanto, a um mesmo critério. No tomo I, os textos escolhidos são, naturalmente, mais acessíveis do que no tomo II e mais conformes com a sensibilidade e o desenvolvimento mental e crítico dos alunos que iniciam o segundo ciclo. Mas nem por isso deixam de representar a escola ou tendência literária da época ou do autor. E esta razão explica que se tenha posto de parte a arrumação de textos por centro de interesse, processo aconselhado para o primeiro ciclo, isento ainda de preocupações de história literária.

Pelo que respeita ao tomo II, agruparam-se os autores, de harmonia com uma tradição cujos méritos ainda não puderam ser abalados por épocas e tendências literárias; as subdivisões aparecem, sempre que a variedade de motivos ou de géneros parece justificá-las ou mesmo impô-las. As notas bibliográficas, de acordo com as indicações programáticas, fornecem os indispensáveis elementos complementares.

A estes critérios se subordinou a organização desta Selecta Literária, de que hoje se apresenta nova edição. Aos prezados colegas, a cuja apreciação agora se submete o tomo I, será oportunamente enviado o tomo II, que se encontra nos prelos.

Os autores

(Folha solta que apresenta a 6ª edição da *Selecta Literária*, Volume I, 3º ano, 1966)

1.ª MESA REDONDA

NOVOS PARADIGMAS CIENTÍFICOS
E SUAS INCIDÊNCIAS NO ENSINO DA LÍNGUA
E DA LITERATURA PORTUGUESAS

DA RESISTÊNCIA À LITERATURA

MANUEL GUSMÃO
Universidade de Lisboa

1. Ao longo de mais de um século, a evolução "interna", histórica e genealógica, dos estudos literários – que constitui um campo de fronteiras particularmente porosas e instáveis – decorre em interacção muito próxima quer com as transformações no campo das Humanidades e das ciências humanas, quer no quadro da diferenciação das esferas da cultura. A minha primeira sugestão é a de que essa evolução pode ser rastreada em três planos, fortemente interdependentes: (a) no que se refere à definição dos seus objectos de conhecimento (ou seja à construção, mais ou menos explícita, do que seja a literatura e daquilo que nela é estudável); (b) no que diz respeito aos principais meios e instrumentos metodológicos e categoriais utilizados; e ainda (c) no que concerne as estratégias teóricas ou epistemológicas que governam as operações que constituem a actividade que designamos por "estudos literários".

A evolução quanto à definição dos objectos de estudo (que implica os outros dois planos referidos) tem sido por vezes apresentada através de narrativas que nos podem ajudar na determinação de diferenças de paradigma. Algumas são narrativas de declínio, outras dotam-se frequentemente de um final feliz que tende a coincidir com o presente de quem as conta, ou com o anunciado futuro próximo. Deter-me-ei nestas, porque se apresentam como mais optimistas quanto aos adquiridos disponíveis ou aplicáveis e, simultaneamente, tornam mais nítido o contraste com o nosso efectivo presente. Assim, por exemplo, segundo S. J. Schmidt (1978), teria havido um "predomínio sucessivo" (da construção) de objectos parcelares em relação ao que ele próprio designa como "a comunicação literária": o autor e/ou o pano de fundo da história das ideias, a obra tomada isoladamente, o receptor. À insuficiência manifestada nesse carácter parcelar somar-se-ia a inexistência de "um método unanime-mente aceite para a interpretação e valorização dos textos literários" e de "uma metodologia da compreensão [...] racionalmente fundada e aplicá-vel" (subl. meus,196). Aliás, o programa que Schmidt apresenta, respon-sabiliza a hermenêutica, nas suas diferentes variantes, pela inexistência de uma ciência da literatura que tomasse como fundamento uma teoria, "não positivista", da ciência.

Por sua vez, Darío Villanueva (1994:20) reconstrói "uma sequência histórica" que recobriria os últimos cento e cinquenta anos: a uma con-centração sobre problemas de génese e logo sobre o autor e o seu contexto, ter-se-ia seguido uma atenção centrada sobre o texto [ou sobre o sistema de que o texto é uma instância estrutural ou sistémica] e "por fim, a con-sideração da Literatura a partir do último elemento da estrutura comunica-tiva que a sustenta: o receptor ou leitor" (id. ibid.). Neste caso, a narrativa desemboca na aceitação de um pluralismo crítico que valoriza o papel activo do leitor e, ao mesmo tempo, pode ser visto como uma resposta adequada à complexidade dos objectos de estudo.

Tais narrativas podem aparecer como sedutoras e apresentar alguma plausibilidade, ou verosimilhança, desde logo na medida em que parecem arrumar a evolução histórica do campo disciplinar como se se tratasse da disposição no tempo de um processo lógico, mas não deixam de ser regi-das por aquele tipo de teleologia que marca a ilusão presentista, segundo a qual o nosso presente corresponderia a um fim, que realizaria, de forma mais ou menos hegeliana, uma essência: todos os factores antes separados se reuniriam agora de forma integrada. Entretanto, a sequencialidade só aparece como tal, do ponto de vista de uma problemática linearização e da redução das diferenças, no espaço, no tempo e na cultura, dos programas dominantes. Se observarmos o que se passa ao nível dos dois outros planos a que aludi, verificamos que há mutações categoriais e metodológicas que têm a ver com a importância relativa dos vocabulários e das orientações da poética, da retórica, da hermenêutica e da história; mutações que em larga medida provêm de disciplinas próximas, e se traduzem em diferentes car-tografias do próprio campo multidisciplinar dos estudos literários.

O que encontramos é assim historicamente mais complexo e irregu-lar, ou incerto, e, desde logo, porque não linear. Se admitirmos distinguir alguns paradigmas fundamentais – filológico, formalista e pragmático – podemos verificar que qualquer deles pode diversificar-se e evoluir; que podem coexistir vários num mesmo corte temporal; e que são susceptíveis de contaminação mútua. Podemos, por exemplo, verificar que o que designámos como paradigma formalista se processa de forma distinta no

Da Resistência à Literatura

formalismo russo, no estruturalismo checo, no *new criticism* anglo-americano e na técnica de *close reading*, ou no estruturalismo europeu dos anos 60 (e aqui poderemos distinguir, por exemplo, entre a semiótica francesa e a italiana). Assim também, a tematização do leitor e da leitura não é nem uma descoberta absoluta da teoria da recepção (antes pode ser relacionada com o estruturalismo checo e nomeadamente com Vodicka ou com um autor como Roman Ingarden), nem é idêntica em autores como Jauss ou Iser, Barthes ou Eco, Riffaterre, Schmidt, de Man ou Fish. Como um último exemplo, agora, de contaminação, podemos ainda rastrear uma espécie de paradigma comunicacional, que reuniria as diferentes tentativas de dotar a semiótica de uma dimensão pragmática.

Ora, não deixa de ser curioso, e talvez instrutivo, reparar na relativa proximidade cronológica entre este final supostamente feliz (anunciado sobretudo por Schmidt) tomado como um momento de reconstituição (ou de síntese) da totalidade da comunicação literária, que superaria as investigações parcelares e a agudização da consciência de uma crise efectiva dos estudos literários, tal como se exprime na ideia ou nas propostas de dissolução de um qualquer ser especificável da literatura; no assumido cepticismo onto-gnoseológico da pós-modernidade, ou na emergência dos estudos culturais enquanto resposta ou alternativa à perda de centralidade cultural da literatura e do seu estudo.

Não incluo a desconstrução no elenco dos paradigmas, porque julgo dever ser económico no uso, aliás algo informal, que faço da noção de "paradigma" e, fundamentalmente, porque penso que se trata antes de um conjunto de procedimentos, diferentemente integrados e em trânsito entre paradigmas e, por vezes, rigorosamente nas suas margens. Isto permite-me por outro lado aludir a alguns autores fascinantes, que se movem como nómadas que trabalham entre as fronteiras disciplinares; não se estabilizam num "modelo aplicável"; e só podem ser reunidos por ténues "semelhanças de família". Falo, por exemplo, de Walter Benjamin ou de Mikail Bakhtine, de Blanchot e de algum Barthes, de Jacques Derrida ou Paul de Man.

2.

O paradigma formalista, nas suas diferentes configurações concretas, foi provavelmente o mais longamente poderoso no séc. XX, e carreou "grandes esperanças", nomeadamente, a crença na possibilidade de uma especificação, meta-histórica ou pura e simplesmente a-histórica, da literatura, através de um conjunto de traços de natureza formal, estrutural ou linguística. Um dos seus casos mais fortes encontra-se no trabalho de

Roman Jakobson e, designadamente, no seu texto "Linguistics and Poetics" (1960), que pode ser tomado como um emblema maior do paradigma que, entretanto, aí se aproximava já do seu esgotamento. Muito sumariamente admitirei que essa esperança falhou, o que tal como o argumenta Jonathan Culler não significa que as diferentes definições de *literariedade* tenham sido inúteis, enquanto orientações concretas para os estudos literários. Entretanto, o relativo falhanço a que me refiro, mesmo nos casos em que a semiótica é compensada por uma prótese pragmática, contribuiu para a descrença na possibilidade de qualquer tipo de especificação da literatura no universo dos discursos, e coloca-nos perante o que Gumbrecht designa como a "perda de coerência da noção de literatura" (1993, 165), ou dito de outro modo, perante uma instabilização ou uma instabilidade da ideia de literatura que, tal como Silvina Rodrigues Lopes, aceitarei em larga medida, ser consubstancial à própria "literatura".

Põe-se então um problema de certo modo grave: "como ensinar algo que nem sequer se sabe bem se existe ou como existe?" Julgo que com essa instabilidade, estamos também perante uma **resistência da literatura** a certos modos dominantes de a conceber, de lidar com ela, e de a conter ou reduzir numa definição essencialista. Compreende-se sem dificuldade que uma tal resistência **da** literatura não deixe então de alimentar uma múltipla **resistência à literatura**, para a qual confluem argumentos heterogéneos, se não mesmo contraditórios.

(i) Por um lado, dizem-nos que a literatura é uma coisa do passado ou que perdeu a centralidade cultural, ou a "aura cultural" (Gumbrecht, 1993) que teria tido.

(ii) Por outro lado, somos frequentemente lembrados que o uso da palavra "literatura", com uma extensão semelhante à que tem hoje, data apenas da 2ª metade do séc. XVIII e de que o ensino da literatura, enquanto tal, é coisa ainda mais recente, "não anterior aos finais do séc. XIX", segundo por exemplo Paul de Man, num texto significativa mas equivocamente intitulado "O Regresso à Filologia". A consequência que quem tal nos lembra quer extrair é a de que não haveria grande perda se uma coisa tão recente acabasse por desaparecer, ou por dissolver-se no proteico e nivelado mundo da cultura.

(iii) Confortados quer pela posição daqueles que, no quadro do paradigma formalista, tenderam a considerar a literatura como um **tipo** de linguagem, e no limite como **desvio** ou **linguagem desviante**, construída contra ou à margem da linguagem dita comum, supostamente utilitária e pobre, quer pela posição vinda da teoria dos actos de fala de que a literatura seria um uso de linguagem "parasitário" ou "não-sério", encon-

Da Resistência à Literatura

tramos hoje com frequência aqueles que consideram que o uso de textos literários só atrapalha o ensino da língua materna, ou aqueles que, defendendo drásticas reduções do ensino desses textos, fazem entretanto questão de dizer que a literatura é objecto de um "elevado consumo espiritual". Curiosamente, há também aqueles que, numa posição desencantada, reactiva e aristocrática, a remetem para a ordem da experiência privada.

(iv) Finalmente – mas o elenco das posições e argumentos poderia ser maior – a literatura, sobretudo enquanto cânone, seria fatalmente a expressão e a reprodução de uma dominação social, eurocêntrica e masculina, e estaria demasiado afastada do mundo da experiência de uma população escolar crescentemente desigual do ponto de vista social, cultural e étnico.

3.
Procurarei agora sugerir algumas respostas a estas posições e argumentos não necessariamente pela ordem em que os apresentei.

3.1. A instabilidade constitutiva da literatura é formal e histórica e não nos deixa obrigatoriamente prisioneiros de definições de tipo pragmático ou convencionalista, antes nos abre o caminho a uma poética histórica (ou seja, de relativização histórica) que não abandona o terreno de uma especificação ontológica e gnosiológica da literatura, e que inclui a possibilidade de integrar na historicidade do literário aquele tipo de permanências variantes e de retornos intermitentes que são da ordem do trans-histórico, sem que se tenha de supor uma natureza humana para sempre já dada, que aí se exprimiria.

Tomemos um pequeno caso: o slogan "I like Ike", uma vez perdida ou esquecida a função apelativa que, segundo Jakobson, nele subordinava a "função poética", não se transforma por isso em poesia. Mas, inversamente, textos rituais, mágicos ou religiosos, e até mesmo textos que funcionaram como portadores de uma eficácia simultaneamente simbólica e prática podem ser trazidos até à poesia. As versões de textos desse tipo produzidas por Herberto Helder e por ele integradas em *Poesia Toda* são um exemplo fulgurante dessa operação que os torna contíguos à invenção poética contemporânea, e constituem uma particular forma de instabilizar, por suplementação e "anacronismo", o que a poesia foi sendo, e de nela inscrever uma razão da sua longevidade que se pode articular com a sua dimensão antropológica. Este argumento admite um outro, de outra forma inverso: quando um muito jovem adolescente africano se junta com um amigo branco da mesma idade, num subúrbio de Lisboa, e ambos inventam para o ritmo de um *rap* uma história de humilhação e morte, estamos também perante a possibilidade da poesia.

3.2. É certo que a literatura não é o cânone nem é redutível a um cânone. Mas o cânone e os processos da sua formação são não apenas um objecto investigável, mas também um espaço e uma ocasião de controvérsia científica, de conflito hermenêutico e de disputa cultural e política; um terreno marcado por determinadas relações de força simbólicas e sociais. O abandono desse espaço, ou a abertura irrestrita do cânone, por um lado, não fariam cessar os procedimentos de canonização, antes os enviariam para mais longe e mais acima, ou para o espaço heterónomo do mercado, que é hoje a personagem de curiosas prosopopeias. Por outro lado, a "indiferença à questão do valor", que António Sousa Ribeiro e Maria Irene Ramalho (1999) associam a "uma sociologia da cultura pós-moderna", tende a esconder o próprio processo de formação e reprodução dos valores e, tal como argumentam, "arrasta consigo uma perda da dimensão crítica", que simultaneamente restringe, acrescento eu, as condições de possibilidade do que designarei como o *exercício do direito à preferência*. Um tal direito supõe a criação de condições para o seu exercício (designadamente o conhecimento do diferente), e não visa a formatação homogénea de uma sociedade transparente ou, digamos, achatada; mas sim a criação de comunidades livres e heterogéneas, estruturadas por diferentes preferências que podem ser parcialmente sobreponíveis ou simplesmente contíguas.

A crise que acima referi, e que é também uma crise de legitimação, atinge os vários graus de ensino e é a manifestação de uma resistência à literatura, que específico sumaria e grosseiramente.

(i) Ela faz parte de uma resistência ao escrito e à *escrita*, à disjunção e diferimento que estruturalmente implicam; e é, em particular, uma recusa da unidade desequilibrada da escrita-e-da-leitura. O desequilíbrio vem aqui de que se ninguém escreve sem ter lido, se escrever pode ser também uma forma particularmente activa de ler (ler por escrito), a escrita é entretanto o pólo mais forte, na medida em que pudermos aceitar que a produção produz também o consumo; ou dito ainda de outro modo: ninguém pode ler o que ainda não foi escrito.

(ii) A resistência à literatura é uma resistência à complexidade e à subtileza; a uma imaginação que não é apenas reprodutora, mas produtiva e, ao mesmo tempo, ao que pode ser pensável como uma *imaginação rigorosa*.

(iii) É ainda a manifestação de uma resistência ao caracter dialógico da linguagem em acção e uma submissão a uma concepção monológica da racionalidade, que tende a reduzi-la à "razão instrumental", uma razão que poupa demasiado nas perguntas, nos objectivos e finalidades possíveis, e tende a decalcar-se na racionalidade económica dominante.

3.3. Passo a algo que julgo ser um núcleo duro desta questão. A possibilidade da literatura radica no haver linguagem e é um horizonte da capacidade humana de linguagem. Explicito-o, seguindo propositadamente, por razões de respeito intelectual e num gesto de captação da sua benevolência, formulações de um estudo de que a minha colega Inês Duarte é co-autora (1997). A linguagem humana, "sistema de que cada língua natural é uma realização particular", é **um sistema combinatório discreto** e dessa sua especificidade decorre que "as línguas naturais têm a propriedade da **recursividade**, pelo que fazem um uso infinito de meios finitos (1997:15, 16 e segs). Para além de outras propriedades (que no seu conjunto "permitem que, funcionalmente, os falantes usem criativamente a sua língua") aqui reside já a condição de possibilidade da poesia e/ou da literatura. O que é decisivo compreender é que, enquanto trabalho e não-trabalho na linguagem, e com a linguagem, a poesia não constitui um tipo de textos linguisticamente especificáveis, antes é um conjunto de usos que envolve procedimentos e convenções de natureza translinguística, cultural, histórica e transhistoricamente diferentes.

Os textos literários podem ser pensados (1) como modos formal e historicamente diferentes de mimese, representação ou ficção, de construção de "versões de mundo" (cf. N. Goodmann,) através de processos de simbolização; (2) como marcas, sintomas ou vestígios de acções e comportamentos; (3) como partes ou fragmentos de situações diferenciadas de comunicação (cf. Gumbrecht, 1985).

Estas noções podem ainda ser pensadas através do recurso às noções de *jogo de linguagem* e de *forma de vida* em Wittgenstein (1958). Independentemente do grau da nossa aceitação da teoria da significação que estas noções integram, elas podem servir-nos para o que aqui nos interessa. Devo desde já deixar claro que tomo a noção de *jogo(s) de linguagem* como não redutível à noção de *actos de fala*, designadamente se seguirmos a indicação de Wittgenstein sobre a "multiplicidade dos jogos de linguagem" e os exemplos que dá desses "jogos" (1958: §§23 e 24). O modo como este autor usa esta expressão tem aliás uma fluidez ou flexibilidade que justamente nos interessam mais do que uma estrita enumeração e catalogação de actos de fala. Num dos momentos em que caracteriza aquilo a que chama "jogos de linguagem", anuncia que chamará "também ao todo formado pela linguagem com as actividades com as quais ela está entrelaçada o «jogo de linguagem»" (§7, p.177). Fica assim aberta a possibilidade de aquilo a que chamamos hoje, e retroactivamente, "literatura" ser **um jogo** de linguagem que comporta **uma multiplicidade de jogos** de linguagem. Por outro lado, aquele entrelaçamento entre "o todo da linguagem" com "actividades" é formulado por Wittgenstein de duas maneiras que nos interessam. Por um lado, quando escreve que "Conceber uma linguagem é conceber uma forma de vida" (§19, p. 183) e, sobretudo, no momento em que se refere à multiplicidade de jogos de linguagem:

> "Mas quantas espécies de proposições há? Talvez asserção, pergunta e ordem? Há um número incontável de espécies: incontáveis espécies: incontáveis espécies diferentes da aplicação daquilo a que chamamos «símbolos», «palavras», «proposições». E esta multiplicidade não é nada de fixo, dado de uma vez por todas; mas antes novos tipos de linguagem, novos jogos de linguagem, como poderíamos dizer, surgem e outros envelhecem e são esquecidos. [...]
> "A expressão jogo de linguagem deve aqui realçar o facto de que falar uma língua é uma parte de uma actividade ou de uma forma de vida". (§23, p. 189)

3.4. Tenho em várias circunstâncias insistido em que se existe uma autonomia da literatura em relação às esferas do conhecimento e da ética, num quadro que remonta às três Críticas de Kant, essa autonomia é relativa, indica uma distinção ou a possibilidade de uma especificação, e não deve ser entendida como uma separação. Quero com isto dizer que a literatura produz efeitos cognitivos e modela ou questiona valores.

Hoje, apenas insistirei em que, jogando-se a partir da faculdade da linguagem, que é antropogenética, a literatura participa, enquanto técnica ou arte, da configuração do humano; é um factor da sua plasticidade.

A sugestão vem já em Aristóteles quando apresenta a mimese poética como aquilo que podemos qualificar como uma dupla disposição antropológica:

> Ao que parece, duas causas, e ambas naturais, geraram a poesia. O imitar é congénito no homem (e nisso difere dos outros viventes, pois, de todos, é ele o mais imitador e, por imitação, apreende as primeiras noções), e os homens se comprazem no imitado. (1448b.4-8)

Mas esta reclamação de uma função ou efeito antropológico ressoa longamente, sob formulações muito diferentes, em poéticas autorais e teorias críticas. Num salto, decerto vertiginoso, referirei, por exemplo, um autor como Paul de Man que, no seu singular cepticismo, escreve no fim do ensaio "Semiologia e Retórica":

> A literatura tal como a crítica - sendo a diferença entre elas enganadora – está condenada a (ou tem o privilégio de) ser sempre a mais rigorosa e, consequentemente, a mais incerta linguagem nos termos da qual o homem <u>se nomeia e transforma</u> a si próprio" (1979, 9; subls. meus).

Conjunto aberto de "jogos de linguagem", "formas de vida" e "versões de mundo", a literatura enquanto escrita-e-leitura é um fazer, uma *poiesis* que ilimita a finitude da nossa condição, e pela qual reconhecemos, produzimos e elaboramos a nossa "alteridade histórica"; uma experiência da possibilidade (e da invenção das figuras) do humano, que não é apenas compensatória, catártica ou terapêutica, antes enriquece os nossos sentidos e participa do processo da nossa própria transformação naquilo que somos.

"... desde que somos um diálogo" e uma vez que "Rico em méritos, é no entanto poeticamente que o homem habita nesta terra" – vem em Holderlin.

3.5. Se o que vos propus é aceitável, será então compreensível que retirar ou diminuir drasticamente a presença da literatura no espaço público específico que é o da escola, pode representar um efectivo desastre, tanto maior quanto aconteceria num país como o nosso que, marcado por atrasos acumulados e, nomeadamente, pela fragilidade e falta de continuidade histórica das suas instituições culturais, entrou entretanto num comboio de alta velocidade.

Esta questão não é apenas matéria de controvérsia científica, é também uma questão política, ou de política. Em circunstâncias históricas profundamente diferentes das nossas, o longo requisitório de Platão contra os poetas, nomeadamente no Livro X da *República*, lidava com problemas de ontologia, de epistemologia e de ética, mas implicava também um problema de política e de disputa do poder simbólico.

Não estou a imputar intenções. Não recuso a procura de melhores maneiras para usar textos literários na aprendizagem do português, e para ensinar a aprender literatura portuguesa. Por outro lado, podeis sempre dizer que falo de um lugar interessado (ou seja que defendo "interesses"); que ocupo uma posição profissionalmente impura, uma vez que pratico aquilo mesmo que estudo, facto que uma certa tradição (positivista) tende a considerar que me retira "objectividade". Podeis mesmo sugerir que pretendo transformar um vício privado numa virtude pública. Conheço essas reservas. Mas deixo-vos algumas perguntas: quereremos nós que a escola participe na redução das possibilidades de encontro com a literatura, para milhares de jovens e designadamente para aqueles que saem do sistema educativo antes de cumprida a escolaridade obrigatória, durante ou após o secundário? Será que quem defende tal redução pondera bem os seus efeitos? Será que uma maior proficiência no uso e na aprendizagem da língua materna (só) é possível pagando o preço de uma diminuição das oportunidades de encontro com o literário?

REFERÊNCIAS BIBLIOGRÁFICAS

ARISTÓTELES, 1992, *Poética*, Lisboa, IN-CM.

DUARTE, Inês, SIM-SIM, Inês e FERRAZ, Maria José, 1997, *A Língua Materna na Educação Básica*, Lisboa, Ministério da Educação, Departamento de Educação Básica.

GOODMAN, N. (1976), *Languages of Art*, Indianapolis, Hackett Publishing Company,1985;

GOODMAN, N. (1978), *Ways of Worldmaking*, Indianapolis, Hackett Publishing Company, 1985;

GUMBRECHT, H.N.U., 1985, "History of Literature - Fragment of a Vanished Totality?", in *New Literary History*, XIV, 3, Spring; 467-479.

GUMBRECHT, H. U. (1993), "O Futuro dos Estudos de Literatura", in *Corpo e forma*, Rio de Janeiro, Editora da Universidade Estadual do Rio de Janeiro, 1998.

JAKOBSON, R. (1960), "Linguistics and Poetics"; ed. ut.: "Linguistique et poétique", *Essais de linguistique générale*, Paris, Minuit, 1963; 209-248.

MAN, Paul de, 1979, "Semiology and Rhetoric", in *Allegories of Reading*, New Haven and London, Yale U.P.; 3-19.

MAN, Paul de (1986), "O Regresso à Filologia", in *Da Resistência à Teoria*, Lisboa, Edições 70, 1989.

RIBEIRO, António de Sousa e RAMALHO, Maria Irene (1999), "Dos Estudos Literários aos Estudos Culturais?", *Revista Crítica de Ciências Sociais*, n.º 52-53 Novembro 1998/ Fevereiro 1999.

SCHMIDT, S. (1978), "La Comunicación literaria" in José A. Mayoral (org.), *Pragmática de la Comunicación literaria*, Madrid, Arco/Libros, 1987.

VILLANUEVA, Darío, 1994, "Pluralismo crítico y recepción literaria", in Villanueva (ed.), *Avances en la Teoria de la Literatura*, Univ. de Santiago de Compostela.

WITTGENSTEIN, L. (1958) *Philosophical Investigations*, ed. ut.: *Tratado Lógico- -Filosófico. Investigações filosóficas*, Lx, F. C. Gulbenkian, 1987; (sobretudo §§1-27).

MENSAGENS & MASSAGENS, LDA
Uma leitura (também) pós-colonial
da *Mensagem* de Fernando Pessoa

OSVALDO MANUEL SILVESTRE
Universidade de Coimbra

Um poeta épico de grandezas idas – é um poeta arqueológico.
JOÃO GASPAR SIMÕES

1. Como é sabido – ou melhor: como sabem os professores que aqui se encontram – o ano de 2001 ficará inscrito nos anais dos programas e métodos de ensino da literatura portuguesa como aquele ano em que a *Mensagem*, enfim, derrotou *Os Lusíadas*, no termo provisório de um embate longamente premeditado, recalcado e enfim tornado público por Fernando Pessoa em 1934, ano de edição da sua magra epopeia. De acordo com as últimas directrizes do Ministério da Educação, aliás apoiadas publicamente pelo nosso maior camonista actual[1], a forma correcta de leccionar *Os Lusíadas* consistirá na sua leitura em contraponto à *Mensagem*, o que é uma maneira de sugerir que a viagem do Gama só poderá alcançar as desencantadas Índias das salas de aula se realizada com um pé em cada uma das nossas duas remanescentes barcas épicas. Não custa perceber que este gesto pressupõe que a singularidade simbólica d'*Os Lusíadas*, isto é, a sua indexação metonímica, em regime de exclusividade, ao significante «Portugal» para efeitos retóricos e patéticos (e desde há muito bem mais retóricos que patéticos) nas salas de aula ou nos anfiteatros do poder, essa

---

[1] Refiro-me ao texto de Vítor Manuel Aguiar e Silva, «O 'naufrágio' de *Os Lusíadas* no ensino secundário», *Público*, 1 de Setembro de 2001. Sobre a polémica desencadeada por aquilo a que o Ministério da Educação chamou «revisão participada do currículo» do ensino secundário, é fundamental ler Rui Vieira de Castro (2002).

singularidade simbólica, dizia, passou a ser partilhada, quando não cooptada, desde há décadas, pela *Mensagem*. E enfim, não custa mesmo nada perceber que o fim da nossa relação monogâmica com *Os Lusíadas* (fosse ela passional ou de conveniência) é, a mais de um título, o fim, não d'*Os Lusíadas*, obviamente, mas da nossa relação com eles, tal como ela se naturalizara em nós.

Desiludindo talvez os apreciadores de uma História marcada pelo vermelho das cesuras, gostaria de sugerir que tal processo não é mais uma das consequências de Abril de 74, sendo ao invés atribuível ao complexo cultural (Eduardo Lourenço chamar-lhe-ia «mítico», seguramente) do Estado Novo, o tal regime que premiou e não premiou o poema de Pessoa. O poema, de acordo com o conveniente regulamento do Prémio Antero de Quental, do então SPN, era demasiado magro em número de páginas para o primeiro prémio, pelo que António Ferro, insuspeito de escassez de admiração, e menos ainda de inimizade em relação a Pessoa (o que talvez já não fosse o caso de Mário Beirão e outros membros do júri, no que toca a questões de admiração literária), resolveu a pendência com um prémio de «segunda categoria», forjado *ad hoc* para Pessoa. Bem vistas as coisas, o júri estava certo: o poema era magro e mesmo, na sintomatologia delineada da Pátria, algo raquítico, senão tuberculoso. Salvar-se-ia, em matéria de saúde, a segunda parte, «Mar Português», que as pessoas de várias gerações, incluindo ainda a minha, foram por isso obrigadas a engolir na escola, como se se tratasse do óleo de fígado de bacalhau que por aqueles anos era a amarga poção mágica dos raquíticos. A questão do raquitismo da Pátria, ou mesmo da sua infecção pelo tão tempestivo bacilo de Koch (António Nobre, que para Pessoa seria uma dobradiça entre o ontem e o amanhã da literatura pátria, aí estava para o lembrar ao seu curiosamente enternecido descendente literário), é obviamente fundamental para se ler a *Mensagem*, e a ela voltarei mais adiante. Mas gostaria de, por agora, chamar a atenção para dois pontos: 1) O facto, no mínimo surpreendente, de a pátria de Pessoa, cerca de 350 anos depois, ser quase exactamente sobreponível à pátria de Camões, no elenco como na estrutura actancial, se me é permitido o uso metafórico desta arcaica palavra que só como metáfora se aplica à *Mensagem*, do seu enredo e personagens. De facto, Pessoa esquece – e este esquecimento, articulável com o antes referido raquitismo, não pode não ser o dado prévio de qualquer leitura da obra – esses 350 anos que o separam de Camões, buraco negro que o autor, em fase preparatória, supôs poder colmatar com um poema dedicado a... Sacadura Cabral, poema entretanto piedosamente esquecido. Contudo, e eis-nos no ponto 2), o ser o pessoal praticamente o mesmo não faz dele na *Mensagem* senão um muito radical Outro daquele que encontramos n'*Os Lusíadas*. Digamos, para abreviar, que esse mesmo pessoal em Camões está vivo (na sua exemplar memória) e em Pessoa está mais que morto: ou melhor, não cessa de morrer.

Eis porque a apropriação do poema pelo Estado Novo (ou da parte intermédia do mesmo, a única a permitir esse estado noivo), pôde sempre parecer excessiva ou deslocada em relação às coordenadas fúnebres que são, em rigor, as do texto de Pessoa. Convirá todavia não esquecer que a partir de finais da década de 50, o mesmo é dizer, a partir da publicação de *Um Fernando Pessoa*, de Agostinho da Silva, em 1959 (obra aliás recebida com um especial entusiasmo crítico por Eduardo Lourenço[2]), toda uma linha interpretativa da *Mensagem*, provinda do horizonte da Filosofia Portuguesa e, mais remotamente, ainda que variamente sobreponível àquele, do pensamento da saudade como essência da «Alma Portuguesa» – e poderemos alinhar aqui nomes como os de António Quadros ou Dalila Pereira da Costa – se empenhará em ler a obra em clave mística, ainda que, por isso mesmo, reforçadamente nacionalista. Com essas leituras, a *Mensagem* torna-se um outro nome para «Alma Portuguesa», em tempos em que essa alma necessitava de um suplemento de misticismo (um «suplemento de alma») para se compensar da iminência de uma drástica redução do alcance extensional do nome «Portugal». 1958-59, 1961, 1968 e finalmente 1974-75 são datas que anunciam não apenas o estertor de um regime (com o qual, aliás, Agostinho da Silva não simpatizava especialmente), mas um estádio final no processo de raquitismo de uma

---

[2] Refiro-me ao texto «Um extra-ordinário Fernando Pessoa» (Lourenço, 1983), sobre cujas vicissitudes editoriais nos esclarece uma nota de rodapé: «Enviado para publicação na página literária de *O Comércio do Porto* (1960?), dirigida por Costa Barreto, este artigo foi proibido pela censura. Agostinho da Silva, então no Brasil, era considerado *persona non grata*». O texto de Lourenço inicia o seu elogio da obra em pauta por palavras muito significativas, na forma como traçam o panorama intelectual português da época: «Para a árida e medíocre mistura de empirismo e racionalismo que constitui a substância da mais comum meditação portuguesa, um livrinho tão singular como o de Agostinho da Silva deve parecer uma pura aberração. Para a recente vaga de analogismo e profetismo das jovens gerações, as mesmas páginas terão um sabor de insofismável triunfo. O seu mérito, todavia, reside na efectiva superação dessas duas atitudes por uma harmonia de que conhecemos poucos exemplos nas letras portuguesas contemporâneas» (id.: 233). Início revelador, que muito nos diz, como aliás todo o texto, sobre o perfil da crítica cultural de Lourenço e a sua posição ex-cêntrica em relação ao racionalismo quer de Sérgio e seareiros, quer do de ascendência neo-realista, situando-o embora numa posição «complicada» em relação àquilo que na cultura portuguesa moderna se (re)activa com Pascoaes, e a que Agostinho da Silva dá um impulso decisivo com a obra em pauta.

58   *Osvaldo Manuel Silvestre*

pátria que Pessoa, nisso muito devedor dos homens de 70, considerava póstuma desde 1580 (e a que o Estado Novo, nos seus tempos mais pletóricos, apenas conseguirá simbolicamente reagir propondo Salazar como novo Viriato, isto é, propondo uma narrativa de refundação, proposta que, embora em termos assaz diversos, será também a de Pessoa na *Mensagem*).

Sabemos demasiado bem qual o fundamento simbólico e político desta operação: a partir do momento em que a Pátria, traduzida cartográfica e retoricamente em Império, entra num processo de avassalamento e aviltamento pelos impérios fácticos dos séculos XIX e XX, ou seja, a partir do momento em que «Império» é um nome a que não corresponde uma realidade real, mas antes uma realidade imaginária – ou, se se preferir, uma realidade remendada, na exacta proporção da extensão insuficiente de um cobertor que não consegue cobrir esse corpo teratológico alongado do Minho a Timor –, o apelo do nome «Império» vai-se sublimando em realidades incomensuráveis com qualquer vestígio do século em que esse mesmo Império justificara o seu nome. Esta operação é legível na substituição, por parte do autor, do título *Portugal* pelo definitivo *Mensagem*. Ou melhor: na anedota produzida, com um certo grau de necessidade, por Pessoa, para legitimar um título que substituiria um título anterior – *Portugal* – demasiado gasto por publicidade a marcas de sapatos. Como o seu amigo Da Cunha Dias esclarecedoramente lhe perguntara, «Quer v. pôr o título do seu livro em analogia com "portugalize os seus pés"?» (Pessoa, 1978: 179). Desistir de «portugalizar os pés» é desistir de Portugal enquanto realidade fenomenal, transferindo o caminho, e sobretudo o caminhar dessa entidade que é Portugal, agora sem pés, ou sem chão, para esse plano transcendental em que a *Mensagem* é justamente a «Alma Portuguesa», e a Alma Portuguesa, desprovida enfim das irregularidades da calçada portuguesa, pode ser apenas e só Mensagem. Parafraseando McLuhan, diríamos com Pessoa que «A Alma é a Mensagem». Todavia, e como se vai percebendo, a alma é mensagem porque já não consegue ser Império e porque já não consegue ter os pés inteiramente no chão. Por outras palavras, é no seu devir-mensagem que a Alma se vai também tornando *massagem*. Esta massagem, a um corpo dorido e tão mortificado como esse a que se retirou profilacticamente o nome Portugal, é a verdadeira política de Pessoa na *Mensagem*, uma política tão transcendental quanto o corpo místico da pátria e do seu Cristo-Sebastião. Mas, ponto importante embora algo temível, essa é também a política nacional reconhecível em todos aqueles leitores do Pessoa da *Mensagem* empenhados em dele extraírem uma homeopatia para tempos de raquitismo, homeopatia que em Pessoa levaria o nome de Quinto Império (o que quer dizer, se me permitem a nota clínica, que Quinto Império, antes de ser o fármaco, é a doença). Significa isto, pois, que de 1934 aos nossos dias, mas com especial agudeza de 1959 a 1975, o número de accionistas da firma *Mensagens & Massagens, Lda* cresceu exponencialmente, entrando em refluxo a partir de 1984, data de adesão de Portugal à então CEE e data também em que as nossas desvantagens competitivas (e, em consequência, a nossa necessidade compensatória de *mensagens*) foram sendo atenuadas pela política pouco transcendental do betão (e mais tarde, ainda que episodicamente, dos «recursos humanos», essa versão romantizada, digamos, do betão).

2. Posto isto, e para retomar a epígrafe deste texto, diria que se o Pessoa da *Mensagem* é um poeta arqueológico, na medida em que poeta sobre grandezas defuntas, isso se deve ao facto de, a mais de um título, a *Mensagem* ser uma obra pós-colonial (e uso aqui a expressão em sentido literal). Desde logo, a obra é pós-colonial porque, como vimos já, se edifica sobre o pressuposto de que a história portuguesa está concluída e o império, correlato épico dessa história, desfeito: «Cumpriu-se o Mar, e o Império se desfez»[3], reza um dos seus muitos slogans em verso («O Infante»). Do período de 350 anos que medeia entre a gesta que dá origem aos *Lusíadas* e a publicação da *Mensagem* nada se diz porque, dentro da lógica imperial e colonial que anima a epopeia camoniana, e da suposta releitura que Pessoa dela produz, nada há a dizer: o Império, à míngua de Gamas e Albuquerques, não se engrandeceu, mas meramente foi gerindo a sua sobrevivência temporal. O Império, digamos, secularizou-se na rotina da sua administração impossível, rotina que o burocrata-Pessoa sabe ser avessa ao *epos*. Neste sentido ainda, a obra é pós-colonial porque Pessoa sabe que os heróis morreram, restando-lhe o seu epitáfio[4]. A fase colonial da história de Portugal parece-lhe, como é manifesto em vários dos seus textos em prosa, terminada nas suas potencialidades políticas e simbólicas. A *Mensagem* é pois uma obra em que este estado de coisas é ratificado por um dispositivo mortuário em que a prosopopeia lançada sobre as personagens da nossa história não ressuscita esses mortos, antes evidenciando,

---

[3] Uso a edição da *Mensagem* da responsabilidade editorial de António Apolinário Lourenço (Pessoa, 1994).

[4] É de Óscar Lopes a decisiva leitura da *Mensagem* enquanto epitáfio. Nas suas palavras, trata-se «da maior sequência de epitáfios pessoanos, panteão imaginário das mais convencionais glórias pátrias que não foi possível concentrar nos Jerónimos ou em Santa Engrácia» (Lopes, 1986: 24).

60   *Osvaldo Manuel Silvestre*

à luz espectral do além-túmulo, o abismo infranqueável entre o tempo da epopeia – que é o tempo de Camões – e o tempo da elegia pela epopeia impossível, que é o de Pessoa. E vimos como, em consequência, essa incomensurabilidade empurra o poeta de Portugal para a sua Mensagem.

Por outro lado, a *Mensagem* é um texto pós-colonial na medida em que, como podemos perceber pelas reflexões dispersas de Pessoa sobre Portugal, o país se encontra, em seu entender, numa fase em que de colonizador se transformou em colonizado das grandes potências europeias e, desde logo, da potência imperial por antonomásia, a Inglaterra. O tema, perfeitamente rastreável nos homens de 70 e em especial no último Eça, é glosado por Pessoa nos termos de uma desnacionalização posterior a Pombal: «O que Pombal criou, porém, sumiu-se com as invasões francesas. Depois delas, a nossa desnacionalização teve o seu período abísmico: só o nome da nossa independência nos ficou» (id:107). Num dos textos mais interessantes sobre a questão, Pessoa articula a questão da desnacionalização com o processo já referido de raquitismo dos paradigmas épicos coevos, usando para tal uma estratégia retórica contrapontística: «Um exemplo – mais dolorosamente flagrante pela sua constância e pela sua inconsciência – é o modo como na linguagem da tribuna e da imprensa se empregam, para elogio dos contemporâneos de relevo mínimo, os nomes maiores da nossa história. Qualquer Afonso Costa (e há tantos!) é o Marquês de Pombal do século XX. Qualquer Couceiro é um Nun'Álvares» (id.:89). Para concluir reveladoramente, em plena denúncia da nossa situação colonial: «A reles entrada na guerra europeia que fizemos, como serventuários da Inglaterra e lacaios da França – que é o que com efeito somos, e por isso estava certo – trouxe comparações relembrando os descobridores e os homens que escreveram o nome português a sangue eterno de leste a oeste do Mundo» (id.:89-90).

Portugal, enfim, que no século XIX fora por largos períodos um protectorado britânico, sofrendo humilhações várias, do *Bill* de Palmerston ao Ultimatum, surge aos olhos de Pessoa, no virar do século, como um ex--Império agora colonizado pelo maior dos impérios da história, esse império de que Pessoa é aliás a mais de um título filho, se não cultural ao menos literário, e que tanto alimenta, ainda que reactivamente, os seus sonhos de um renovo do imperialismo português. Nesse sentido, o pós--colonialismo da *Mensagem* é uma estratégia hermenêutica que visa superar a fase colonial (perceba-se: a fase de colónia) do Portugal pós--imperial, o que só pode ser conseguido, algo paradoxalmente, renunciando ao Império colonial (em intervenção famosa, Pessoa denunciou a irrelevância das colónias, e mesmo o seu peso-morto, para o seu Portugal futuro, de teor místico).

É aqui que o gesto refundador da *Mensagem* ganha todo o seu alcance, e é ainda aqui que a amnésia patente na obra a respeito de 350 anos da nossa história se revela necessária para a legitimação psicanalítica, simbólica e política desta poesia arqueológica. De facto, a *Mensagem* é um texto pós-traumático, enredado na típica pulsão repetitiva, e, a seu modo, regressiva, da experiência do trauma. Em rigor, a *Mensagem* é uma «escrita do trauma»[5], que se manifesta nela, por exemplo, na compulsão à repetição patente nas evocações da figura de D. Sebastião – essa personagem à qual se dedica um poema na primeira parte, outro na segunda e toda a terceira, e que evidencia um trabalho de luto inacabado e desembocando na melancolia, ou identificação com o objecto perdido. Em ponto nenhum da *Mensagem*, e em ponto nenhum da obra de Pessoa, essa incapacidade de matar o morto está tão patente como no poema «Nevoeiro», que encerra a obra, todo ele uma excelente representação daquilo a que Freud, a propósito do seu enigmático conceito de «pulsão de morte», chamou o estado anorgânico a que todo o ser vivo aspira regressar. A definição negativa de um «Portugal a entristecer» – «(...) fulgor baço da terra», «Brilho sem luz e sem arder», «Tudo é incerto e derradeiro. / Tudo é disperso, nada é inteiro», etc – equivaleria aqui a esse estado anorgânico que, de acordo com uma tradição interpretativa, antingiria a promessa do seu *principium individuationis* no último verso: «É a Hora!». Não é necessário perfilhar uma semântica auto-referencial para se concluir que este verso inconclusivo nos permite todas as dúvidas sobre o seu efectivo poder performativo. De facto, e no quadro de uma sintomatologia do trauma, «É a hora!» poderia ser perfeitamente descrevível como um *acting out* que não garante saída para fora do círculo mágico da sua compulsão repetitiva. O verso nada garante quanto à realização do que parece desejar, desde logo porque a semântica da obra que aparentemente remata lhe atribui uma modalidade próxima do «desejar poder querer» com que, no poema «Tormenta», 4º a contar do fim, se predica a vontade – a «inquietação» – de Portugal[6].

Por um daqueles estranhos efeitos de desleitura, tão atribuíveis ao autor como aos seus leitores encartados, tem-se lido o último poema da

---

[5] Sobre esta matéria, cf. La Capra (2001).

[6] Sobre o valor semântico da expressão «É a Hora», bem como sobre a predilecção pessoana pelo lexema «hora», é fundamental ler as reflexões dispersas que à questão dedicou Óscar Lopes (1986: 28-29; 1987: 489).

Mensagem em perfeito desrespeito pela sua posição na sintaxe actancial, cronológica e histórica, da obra. Digamos que nenhum leitor que se dê ao respeito pretenderá ler, por exemplo, em «O Mostrengo», uma encarnação de pesadelos seculares posteriores como, sei lá, os polícias de Pina Manique, os soldados de Napoleão ou os esbirros de Salazar. O mostrengo, apesar da sua roupagem simbólica, parece ser de difícil tradução histórica. Contudo, o «Nevoeiro» que encerra a obra, esse já seria não apenas histórico mas, pela via travessa do sebastianismo, tão transhistórico como a pátria sobre que agora se abate. E todavia, este gesto – que seria parte decisiva da mensagem endereçada por Pessoa ao seu leitor – esquece, por um momento, o fundamento arqueológico desta colecção de epitáfios, dando assim um salto por sobre os 350 anos que Pessoa até aí tanto se esforçara por saltar, mas no sentido inverso. Não se percebe muito bem por que razão o leitor deve agora ceder à chantagem do autor, nos termos irrecusáveis em que este lhe propõe que seja tão inteligente quanto ele, autor, e perceba o alcance alegórico deste nevoeiro sem história. O que Pessoa tenta fazer, no último poema da *Mensagem*, é uma espécie subtil de batota, aquela batota que agrada a todo o leitor, justamente porque o coloca sob o espectro reconfortante da interpretação ilimitada, vale dizer, do seu poder ilimitado de leitor – o qual, muito nitidamente, é um mero avatar da autoridade deste autor tão hábil nas artes da manipulação que se permite mudar as regras ao findar do jogo. Por outras palavras, o que Pessoa faz no poema «Nevoeiro» é transformar (ou pelo menos tentar) a arqueologia – que é uma arqueologia *de Portugal* – em mensagem. Do sucesso desta transformação, que é o de toda uma deslocação tropológica, todos conhecemos os efeitos palpáveis, do discurso cívico à oratória política. Contudo, a operação é aceitável *ou não*, e sobretudo não põe em causa a possibilidade, justificada aliás por 43 dos 44 poemas da obra, de esta ser lida como um texto arqueológico cujo verdadeiro título seria então *Portugal*. Neste caso, poderá ocorrer-nos, a nós, leitores literais deste texto epigráfico, que a «Hora!» invocada no termo dessa obra intitulável como *Portugal* seria a hora pós-1580 que, entre outras coisas, nos devolveria o Império perdido e, com ele, as colónias (e há decerto, como sempre houve, leitores que se revêem nesta leitura tão historicista quanto correcta). Tal Hora seria assim invocada por um enunciador arqueológico e de que um dos heterónimos se chamaria seguramente Sebastião – se não antes Camões, pois não se vê o que esta epopeia retro, em que Pessoa seria o Pierre Ménard de Camões, acrescentaria aos *Lusíadas*.

Aquele heterónimo Sebastião, porém, e como antes vimos, é bem o tropo do trauma na *Mensagem*. Como diria Freud a propósito da compul-

Mensagens & Massagens, Lda 63

são à repetição, e como nós o diríamos a propósito de D. Sebastião, «... o que permaneceu incompreendido retorna; como uma alma penada, não tem repouso até encontrar resolução e libertação» (Freud, *apud* Laplanche e Pontalis, 1985:126). Digamos então que D. Sebastião é na *Mensagem* o trauma e a sua terapêutica repetitiva. Nesse sentido, «É a Hora!» é um enunciado disponível para todas as repetições terapêuticas necessárias à cicatrização do trauma, sendo certo que esta Hora, justamente porque sem hora, nos pode acontecer a qualquer hora e em qualquer lugar desse não--lugar que na *Mensagem* é Portugal. Significa isto que na obra a que o poema «Nevoeiro» oferece o título de *Mensagem*, a «Hora!» invocada, ao contrário da «Hora!» invocada na obra intitulável *Portugal*, situa-se por 1934, cerca de 350 anos após Alcácer-Quibir, isto é, cerca de 350 anos após a hora solar do Império. Para esta Hora, a questão colonial é parte do morto que não acaba de morrer nesse anorgânico do qual emergirá, após a boa recepção da Mensagem, um novo Portugal. Para essa Hora, enfim, D. Sebastião anuncia o Portugal do Quinto Império, isto é, o Portugal pós-colonial.

3. Como se sabe, a deslocação tropológica mais bem sucedida da questão nacional em Pessoa é aquela que, por intermédio de Bernardo Soares (mas de um Bernardo Soares algo amputado), nos diz que a Pátria é a língua. Esta deslocação sofre em Pessoa, em variados lugares, a sobreposição de uma outra que, remontando a um Nebrija, por exemplo, nos diz «a língua companheira do império»[7]. Nas reflexões de Pessoa sobre a questão da língua, que são indissociavelmente reflexões sobre o império (melhor: que *são* reflexões sobre o império), é possível ainda encontrar expressões como «um imperialismo de poetas» e «um imperialismo de gramáticos», imperialismos sobre cujas virtudes respectivas me abstenho de tecer comentários. E na *Mensagem*, Pessoa, sempre predisposto a aproximar língua de império, refere-se a António Vieira, uma das personagens-escritores da obra, como «Imperador da língua portuguesa».

Não vou demorar-me sobre as minúcias da escolástica com que Pessoa discrimina, nas suas reflexões fragmentárias sobre a questão, os 3 imperialismos que reconhece: o de domínio, o de expansão e o de cultura. O Quinto Império, na sua concepção, seria um caso radical de um imperialismo de cultura, visando «não dominar materialmente, mas

---

[7] Sobre a questão, veja-se o texto fundamental de Ana María García Martín (1998).

influenciar; dominar pela absorção psíquica («É um imperialismo de expansão espiritual – A França é o grande exemplo)» (Pessoa, 1978: 222). Este novo imperialismo, que dispensaria as colónias e, em larga medida, o poder material de que Portugal não voltaria previsivelmente a dispor em data próxima, apoiar-se-ia na cultura e essencialmente na língua, «meio material do Império», na própria expressão de Pessoa. A leitura que tradicionalmente se faz deste império espiritual, e portanto exterior à lógica de dominação e subjugação dos impérios, esquece que o próprio Pessoa foi bem explícito ao afirmar que «não se deve de esquecer que um imperialismo, embora cultural, é sempre um imperialismo, isto é, que, embora uma política cultural, é sempre uma política» (id.: 232). Um dos pontos centrais dessa política cultural, vale dizer, dessa política de língua, residiria para Pessoa na unificação linguística, «porque não há império sem unificação» (id.: 232). E daí o seu empenho na unificação ortográfica, já que em seu entender «Não há separação essencial entre os povos que falam a língua portuguesa. Embora Portugal e o Brasil sejam politicamente nações diferentes, não são nações diferentes, contêm num sistema uma direcção imperial comum, a que é mister que obedeçam» (Pessoa, 1997: 152-153).

Num curioso passo, Pessoa afirma que «o sistema ortográfico português é, e é natural que seja, talvez o mais perfeito que se conhece. (...) É bem o sistema que, como por milagre, representa e se ajusta à missão histórica de Portugal: a um tempo, e num só todo, nacionalista e universalista, ele duplica, na expressão externa da linguagem, os feitos dos Descobridores, cujo supremo nacionalismo se consubstanciou com a sua obra de darem ao mundo a universalidade dos mares» (id.: 51). Ou seja: não é por ser um imperialismo espiritual que o Quinto Império pessoano deixa de ser um sonho imperial. Mas sobretudo, e à luz destas palavras, percebemos que a *Mensagem* é afinal uma obra em que nacionalismo e universalismo, o mesmo é dizer, nacionalismo e imperialismo *cultural* vão a par. No momento em que se processa aquele deslocamento tropológico antes referido da pátria para a língua (uma outra versão daquela passagem, antes recenseada, de Portugal para a Mensagem), o carácter falhado deste deslocamento torna-se bem patente se articulado com a posição de quem dispensa as colónias como vestígios demasiado materiais de uma pátria recodificada enquanto puro espírito. Isto porque, pura e simplesmente, desejando-se ou não a manutenção das colónias, a língua portuguesa só pode ser o meio material do Império porque nessas colónias, ou ex, se pratica esse vestígio da colonização que é a língua portuguesa. Por outras palavras, o Quinto Império só existirá se estiverem asseguradas as fundações que o império português de 500 – o Império retratado na *Mensagem*, já recodificado contudo pela óptica mística do Quinto – decisivamente edificou pelo mundo[8]. E assim, o carácter místico do Quinto Império não pode deixar de ser entendido como um acto falhado de um sujeito, individual e colectivo, que mais uma vez desejaria substituir Portugal por uma Mensagem, ou uma pátria por uma língua, esquecendo que tais entidades nem coincidem nem são permutáveis, mas esquecendo sobretudo que um império, ainda que de cultura, pressupõe colonização, com ou sem colónias de direito. A *Mensagem* é pois o local em que todas estas aporias metapolíticas, aporias de uma metapolítica que não consegue contudo (ao invés do desejado por Pessoa) ser uma política transcendental, vêm à tona.

Digamos, para concluir, que a *Mensagem* não consegue pois rasurar *Portugal*, que é como quem diz, não consegue ir além de uma arqueologia fantasmática da pátria. No saldo final, falhado o sonho de uma comunidade política transcendental – falhada a mensagem e falhada a massagem –, resta a constatação melancólica, ainda que saborosa, do próprio Pessoa: «Temos de pactuar com a realidade. Não podemos fazer da língua portuguesa o privilégio da humanidade» (Pessoa, 1997: 150). Mas se temos de pactuar com a realidade – a realidade da incapacidade da língua portuguesa para se transformar no universal indispensável ao império (ainda e sempre, «a língua companheira do império») –, para quê ler a *Mensagem*?

BIBLIOGRAFIA

1.

PESSOA, Fernando

(1978) Sobre Portugal. Introdução ao Problema Nacional, Recolha de textos de Maria Isabel Rocheta e Maria Paula Morão, Introdução e organização de Joel Serrão, Lisboa, Ática.

(1994) Mensagem, Quadros cronológicos, Introdução, Texto anotado por António Apolinário Lourenço, Braga-Coimbra, Angelus Novus, Editora.

(1997) A Língua Portuguesa, edição de Luísa Medeiros, Lisboa, Assírio & Alvim.

---

[8] Acrescente-se ainda que em ponto algum das suas reflexões sobre o Quinto Império Pessoa põe em causa a ideia reguladora do imperialismo e colonialismo ocidentais de que a História do Ocidente é a História do mundo, tanto mais que, como diria Hegel, a Civilização move-se historicamente para Ocidente: de facto, o Império em causa seria meramente o Quinto dos impérios ocidentais.

2.

CASTRO, Rui Vieira de
(2002) «A 'Questão' de *Os Lusíadas*. Acerca das Condições de Existência da Literatura no Ensino Secundário», texto policopiado.

GARCÍA MARÍN, Ana María
(1998) «'La Lengua Compañera del Imperio' em Fernando Pessoa, in *Revista USP*, nº 39.

LACAPRA, Dominick
(2001) Writing History, Writing Trauma, Baltimore and London, The Johns Hopkins University Press.

LAPLANCHE, J. e PONTALIS, J.-B.
(1985) Vocabulário da Psicanálise, Lisboa, Moraes.

LOPES, Óscar
(1986) «Fernando Pessoa», in *Os Sinais e os Sentidos. Literatura Portuguesa do Século XX*, Lisboa, Caminho.
(1987) Fernando Pessoa», in *Entre Fialho e Nemésio. Estudos de Literatura Portuguesa Contemporânea*, II, Lisboa, IN-CM.

LOURENÇO, Eduardo
(1983) «Um extra-ordinário Fernando Pessoa», in *Poesia e Metafísica. Camões, Antero, Pessoa,* Lisboa, Sá da Costa Editora.

COMPLEXIDADE SINTÁCTICA:
IMPLICAÇÕES NO ENSINO DA LÍNGUA MATERNA

INÊS DUARTE
Universidade de Lisboa

1. Introdução

Qualquer falante nativo interpreta instantaneamente frases como (1)[1],

(1)   Porcos e coelhos não voam.

atribuindo-lhe correctamente a interpretação parafraseada por (2a) e não a indicada em (2b):

(2)   a.   Tanto porcos como coelhos são animais que não voam.
      b.   Porcos são animais que voam e coelhos são animais que não voam.

A maneira como computamos os significados mentalmente é determinada por princípios gerais de organização sintáctica e por regras específicas da sintaxe da língua, que definem o modo como as palavras se combinam em unidades sintácticas superiores às palavras, os sintagmas, como estes, por sua vez se organizam em frases, e como estas, finalmente, se combinam com outras frases para formar frases complexas. Por esta razão, qualquer falante do Português sabe intuitivamente que a frase (1) se analisa sintacticamente nas unidades indicadas em (3a), pelo que lhe atribui a interpretação (2a), e não nas indicadas em (3b), o que o impede de lhe atribuir a interpretação (2b):

(3)   a.   [Porcos e coelhos] [não voam].
      b.   [Porcos [e coelhos não] voam].

---

[1] O exemplo é de Fodor (1995: 209).

A eficiência do analisador sintáctico de que os seres humanos dispõem radica substancialmente na estrutura e especificidade do sistema de conhecimento da língua materna: somos membros de uma espécie biológica pré-programada para desenvolver conhecimento linguístico e para lidar com a complexidade dos objectos produzidos por esse sistema.

Os resultados de estudos experimentais desenvolvidos a partir da década de 70 mostram que as crianças vão adquirindo progressivamente os conhecimentos relativos aos vários aspectos envolvidos na complexidade sintáctica. Assim, por exemplo, o domínio da Teoria da Ligação não se atinge em geral senão depois dos 6 anos[2] e a aquisição das construções passivas demora também vários anos, passando pelos estádios: passivas curtas de verbos de acção < passivas curtas de outros verbos < passivas com agente da passiva expresso[3].

Até aqui, falei de um tipo de complexidade sintáctica que caracteriza o conhecimento da língua de qualquer falante, alfabetizado ou não, e que se desenvolve espontaneamente, como resultado do processo de aquisição da língua materna. Por outras palavras, referi-me a um aspecto do conhecimento da língua que os falantes põem em uso quando compreendem e quando produzem enunciados no modo oral (informal), aspecto esse que não é resultado de aprendizagem formal e que não é afectado por variáveis como o estrato social ou a qualidade do *input* linguístico a que estão expostos em crianças.

Mas há outro tipo de complexidade sintáctica, característico do modo escrito e dos géneros formais do oral, que é sensível às variáveis estrato social e qualidade do *input* linguístico e que, por isso, deve ser objecto de ensino e de treino na escola..

Simplificando bastante e como todos sabemos, o modo oral (informal)[4], dada a co-presença dos participantes no discurso e a consequente

---

[2] Cf., entre outros, Otsu (1981), Jakubowicz (1984, 1991), Roeper *et alii* (1985), Solan (1987), Wexler & Manzini (1987).Todos estes estudos mostram que o princípio que regula a distribuição dos pronomes (Princípio B) só se adquire depois do que regula a distribuição das anáforas, i.e., simplificadamente, dos pronomes reflexos e recíprocos (Princípio A).

[3] Cf., entre outros, Maratsos *et alii* (1983), Berwick & Weinberg (1984), Borer & Wexler (1987).

[4] Não vou aqui referir-me aos géneros formais do oral, mais próximos, em muitos aspectos, do modo escrito do que do oral informal.

dependência da situação, a co-direcção da actividade conversacional e o planeamento *on line*, caracteriza-se pelas seguintes propriedades, que podemos organizar em quatro categorias[5]:

(4) **Propriedades características do modo oral informal**

(i) **Não fluência**

Pausas preenchidas, repetições, falsas partidas, rupturas gramaticais, ...

(ii) **Monitorização**

Indicações de que estamos a seguir o interlocutor (*é*, *sim*, *estou a ver*), fórmulas que chamam a atenção do interlocutor (*sabes, estás a ver?*, *percebes?*); ...

(iii) **Interacção**

Uso de pronomes pessoais e outras expressões dêicticas; uso de interrogativas directas, imperativas, exclamativas, ..., que exigem uma resposta do interlocutor; interrupções e sobre-posições entre os interlocutores; grande informalidade, para evitar perder o interesse e a cooperação do interlocutor; ...

(iv) **Construção**

Frases curtas, predomínio da coordenação, ...

Pelo contrário, no modo escrito, dada a ausência do interlocutor e a impossibilidade de dependência da situação, é necessário fornecer ao leitor mais orientação informativa. Daqui decorre a utilização de estratégias de síntese da informação (*e.g.*, nominalizações, elipses, ...) e de organização do desenvolvimento do assunto (*e.g.*, estruturas de subordinação). Por outro lado, dado que se trata de uma actividade linguística com tempo de planeamento, os níveis de expectativa quanto ao produto escrito são mais elevados, pelo que o vocabulário utilizado é normalmente mais preciso e diversificado, e a variedade sintáctica é também privilegiada.

Na parte restante desta comunicação, vou referir dados de alunos do 3.º ciclo do Ensino Básico, que mostram dificuldades em lidar com complexidade sintáctica na leitura e na escrita.

---

[5] Cf. LINC: 263-264.

2. Resolução de anáforas: um caso de complexidade sintáctica na leitura

Num estudo que constitui parte da sua tese de mestrado, a apresentar proximamente, Fátima Santos aplicou um teste de resolução de anáforas a dois grupos de 20 alunos do 7.º e do 9.º anos de escolaridade[6]. Utilizando o texto que a seguir se transcreve, formulou dez questões envolvendo a resolução de anáforas sob a forma de itens de resposta fechada. Apenas comentarei os resultados de oito, as que incidem sobre os pronomes assinalados a negrito:

(7) **A vida secreta da sujidade**

1 Pó, poeira, sujidade, porcaria – chame-**lhe** o que quiser, mas mesmo a casa mais limpinha tem quilos e quilos de tudo isso e muito mais. Felizmente o que não vemos incomoda-**nos** pouco e, de qualquer maneira, já estamos habituados a esta fauna porque o nosso próprio organismo está cheio de enti-
5 dades invisíveis, como micróbios, bactérias e outras que tais, que podem não primar pela estética mas **nos** ajudam a manter saudáveis. Mas lá que lá estão, estão, como pode ver nestas fotografias que **lhe** revelam a vida secreta da sujidade. Por isso, já sabe, se vir a sua sogra entrar em casa com um microscópio electrónico, corra imediatamente com ela. Depois de ela se ir embora, pode sentar-se confortavelmente no seu sofá com a
10 família e o seu gato sem pensar que os pêlos do gato são uma das causas mais comuns das alergias humanas. Em todo o caso, fica feliz porque, ao observar o seu gato, constata que ele **se** lava frequentemente, pois está sempre a lamber-**se**. Na televisão vê que as pessoas que têm gatos são mais felizes pois, quando **se** encontram na rua, têm muitas experiências para partilhar. É com imenso entusiasmo que **se** cumprimentam diariamente!

---

[6] Ambos os grupos eram constituídos por 10 rapazes e 10 raparigas, alunos da Escola Mestre Domingos Saraiva (Algueirão). No grupo do 7.ª ano de escolaridade, todos os sujeitos faziam 12 anos até ao final de 2000, e no do 9.º ano todos perfaziam 14 anos também até ao final de 2000. Todos eles têm o Português como língua materna e todos eles tinham obtido aprovação na disciplina de Português no 2.º ciclo.

As respostas correctas envolveriam a identificação dos seguintes antecedentes, por vezes eles não iniciais de cadeias referenciais mais complexas:

Linha	Pronome	Uso anafórico
1	chame-**lhe** o que quiser	antecedente: **pó, poeira, sujidade, porcaria**
3	o que (-) não vemos incomoda-**nos** pouco	antecedente: **suj** (subent.) (referente: escritor+leitor)
5	mas **nos** ajudam a manter saudáveis	antecedente: **suj** subent. de **não vemos** cadeia referencial: (-), **nos, nos**
6	como (-) pode ver nestas fotografias que **lhe** revelam	antecedente: **suj** (subent.) (referente: você (leitor))
11	ao observar o seu gato, que ele **se** lava frequentemente	antecedente: **ele** cadeia referencial: **o seu gato, o seu gato, ele, se**
12	pois (-) está sempre a lamber-**se**	**suj** (subentendido) cadeia referencial: **o seu gato, o seu gato, ele, se**, (-), **se**
13	as pessoas que têm gatos são mais felizes pois, quando (-) **se** encontram na rua,	**suj** (subentendido) cadeia referencial: **as pessoas que têm gatos**, (-), **se**
14	que (-) **se** cumprimentam diariamente	**suj** (subentendido) cadeia referencial: **as pessoas que têm gatos**, (-), **se**, (-), (-), **se**

Quadro 1

Os resultados obtidos por cada um dos grupos na correcta atribuição do antecedente aos pronomes referidos foram os seguintes:

Linha	Pronome	Grupo 1 (7º ano)	Grupo 2 (9.º ano)
1	chame-**lhe** o que quiser	80%	55%
3	o que não vemos incomoda-**nos** pouco	35%	55%
5	mas **nos** ajudam a manter saudáveis	10%	30%
6	nestas fotografias que **lhe** revelam	15%	60%
11	que ele **se** lava frequentemente	10%	10%
12	pois está sempre a lamber-**se**	15%	5%
13	quando **se** encontram na rua	30%	55%
14	que **se** cumprimentam diariamente	40%	65%

Quadro 2

Foi a seguinte a percentagem de respostas incorrectas em que não foi identificado o antecedente nem nenhum dos elos da cadeia referencial em causa:

Linha	Pronome	Grupo 1 (7º ano)	Grupo 2 (9.º ano)
1	chame-**lhe** o que quiser	**20%**	**45%**
3	o que não vemos incomoda-**nos** pouco	**65%**	**45%**
5	mas **nos** ajudam a manter saudáveis	**90%**	**70%**
6	nestas fotografias que **lhe** revelam	**85%**	**40%**
11	que ele **se** lava frequentemente	5%	0%
12	pois está sempre a lamber-**se**	5%	0%
13	quando **se** encontram na rua	10%	0%
14	que **se** cumprimentam diariamente	10%	0%

Quadro 3

Complexidade sintáctica: implicações no ensino da língua materna   73

Estes resultados mostram que existe um número significativo de sujeitos em ambos os grupos que ainda tem problemas no estabelecimento de relações de **co-referência** (i.e., de relações de identidade referencial permitidas mas não exigidas pela gramática da língua), enquanto a atribuição de antecedentes a pronomes obrigatoriamente anafóricos como os reflexos e os recíprocos, exigida pela gramática, já se faz sem grandes problemas (mais precisamente, os sujeitos são capazes de identificar um dos elementos da cadeia referencial apropriada, mesmo que esse elemento não seja tecnicamente o antecedente). Ora sabemos que nas competências envolvidas no estabelecimento de relações de co-referência estão em jogo conceitos relativos à estrutura hierárquica das combinações de palavras[7], quando tais relações se estabelecem internamente a frases complexas, e o conceito correlativo de saliência sintáctica, expresso, por exemplo, através da relação gramatical de sujeito.

A dificuldade acima referida constitui um obstáculo na leitura. Assumindo que o processo de leitura envolve a construção de um **conjunto contextual**[8], e que este pode ser concebido como uma base de informação, dotada de organização interna, que vai sendo construída à medida que se vai processando a informação escrita, a reconstituição do significado do texto fica comprometida, por impossibilidade de armazenar nas entradas referenciais apropriadas as proposições relativas a cada um dos referentes introduzidos nos vários pontos do texto[9].

Eis então uma área que deve ser objecto de intervenção educativa, exigindo que o professor desenhe actividades que estimulem e desenvolvam no aluno as competências de identificação de expressões co-referentes num texto, ou, de uma forma mais geral, as competências envolvidas na identificação de cadeias referenciais.

---

[7] Cf. o conceito de c-comando, proposto originalmente por T. Reinhart, na sua tese de doutoramento datada de 1976, cuja definição é a seguinte:

Um constituinte *a* c-comanda um constituinte *b* sse as três condições seguintes se verificarem: (i) *a* é distinto de *b*; (ii) *a* não domina *b*; (iii) o primeiro nó ramificante que domina *a* domina *b*.

[8] O conceito de conjunto contextual de um discurso/texto num dado ponto *n*, originalmente proposto por Stalnaker (1978), designa o conjunto de proposições aceites como verdadeiras nesse ponto do discurso/texto.

[9] Sobre este assunto, veja-se Reinhart (1982).

3. Complexidade sintáctica e escrita: pontuação e combinação de frases

Consideremos agora questões de complexidade consideradas do ponto de vista da produção. De um *corpus* constituído por J. Rebelo, para a sua dissertação de mestrado, extraí os seguintes textos produzidos por dois sujeitos monolingues do mesmo sexo e sensivelmente com a mesma idade, alunos da mesma escola de 2.º e 3.º ciclo[10], e produzidos com o mesmo "gatilho"[11].

Aluna	Idade	Texto
Marta C.	11.07	Era uma vez uma fêmea muito bonita que estava no seu ninho com as suas crias, saido para ir a buscar comer, passa por ali um gato que estava com vontade de ir para o ninho, então resolveu subir já estava quase lá em cima quando passa por ali um cão. Vendo subir o gato surrateiramente, e apanhou o gato pelo rabo, e mesmo nesse momento vinha a fêmea trazendo na boca a comida para as suas crias o cão puxando, puxando, o gato caiu mas não ficou lá ou pé do cão desatou a fugir como um gato que estava aflita e foi assim que acabou a historia do cão, do gato e da femea.
Íris R.	11.05	Era uma vez um passarinho que estava a tomar conta dos seus filhos. De repente lembra-se que tem de lhes ir buscar comida e voa à procura de comida. Mas nesse momento andava o gato Bolinha à procura de comida porque estava cheio de fome. De repente olha para cima e vês um ninho com passarinhos e diz: ⁻ Ainda bem que já tenho almoço! O Bolinha tenta trepar para a árvore só que o cão Tobias andava por ali e viu o gato a tentar apanhar os pobres dos passarinhos. O Tobias começa a ladrar e a tentar tirar o gato dali. Mas o passarinho chegou a tempo com a comida para os seus filhos. O gato cai da árvore e o cão enxotao dali correndo atrás dele. E assim viveram felizes para sempre com o seu novo amigo o cão.

Quadro 4

---

[10] Os textos encontram-se a páginas 149 (Íris R.) e 199 (Marta C.) da referida dissertação de mestrado, e os dados sobre os sujeitos que os produziram na tabela constante do Anexo 3.1.

[11] Uma sequência de seis gravuras descrevendo a história de um gato que se prepara para subir a uma árvore para comer passarinhos recém-nascidos que se encontram num ninho, aproveitando o facto de a mãe ter voado para procurar comida. Os passarinhos são salvos da gula do gato por um cão, que morde a cauda do gato e o obriga a pôr-se em fuga.

Na análise linguística destes textos, vou limitar-me a considerar dois aspectos que envolvem questões de complexidade sintáctica: pontuação e conexão interfrásica (seja ela inter-proposicional ou não).

Comecemos por questões de pontuação. Contrariamente ao que se afirma normalmente nas gramáticas do Português, o sistema de pontuação em vigor na nossa língua regulamenta o uso de alguns sinais de pontuação com base em critérios sintácticos e não prosódicos. É o que se passa com a vírgula, que não pode separar constituintes sintácticos principais, embora os mesmos sejam muitas vezes separados por pausas na oralidade (cf. proibição de vírgula entre o sujeito e o predicado, entre o verbo e os seus complementos). Por outro lado, a vírgula deve ser usada para assinalar alterações opcionais da ordem directa de palavras (i.e., deve-se colocar uma vírgula à direita de constituintes antepostos) e para assinalar o estatuto parentético de constituintes, mesmo quando estes não são assinalados com pausas na oralidade (cf. obrigatoriedade de vírgulas assinalando as fronteiras esquerda e direita de apostos e de relativas apositivas)[12]. Finalmente, a vírgula é aconselhada para assinalar a fronteira esquerda das orações subordinadas adverbiais que não são comutáveis com adjuntos adverbiais de tempo, causa ou fim (i.e., das orações condicionais e concessivas).

O texto de Marta C. mostra que ela não domina as regras essenciais da pontuação. Assim, para assinalar a fronteira entre períodos, utiliza a vírgula (*e.g.*, *Era uma vez uma fêmea muito bonita que estava no seu ninho com as suas crias, saido para ir a buscar comer*), ou não utiliza qualquer sinal de pontuação (*e.g.*, *então resolveu subir Ø já estava quase lá em cima*). Subindo na hierarquia das unidades textuais, o seu texto mostra igualmente que não tem consciência do papel do parágrafo como pista, que o escritor fornece ao leitor, para a identificação das grandes unidades temáticas em que o texto está organizado.

Já o texto de Íris R. revela um bom domínio das regras de pontuação, o que constitui antes de mais um indício da consciência das unidades sin-

---

[12] Em Freitas (1990), apresentam-se os resultados da análise acústica de um teste de leitura de relativas restritivas e apositivas realizado por falantes nativos do Português Europeu. De acordo com estes resultados, em cerca de 42% dos casos, os falantes produziram relativas restritivas com pausa e relativas apositivas sem pausa.

tácticas que o constituem, embora ainda existam problemas na utilização do parágrafo (*e.g.*, *O Tobias começa a ladrar e a tentar tirar o gato dali.* § *Mas o passarinho chegou a tempo com a comida para os seus filhos.*) e da vírgula, na função de assinalar constituintes antepostos (*De repente olha para cima*) e na de indicar o estatuto parentético de um constituinte (*com o seu novo amigo o cão*).

Consideremos agora o problema da conexão interfrásica. No texto de Marta C. predominam a justaposição e a coordenação, sendo pouco utilizados processos de formação de frases complexas por subordinação (ocorrem no texto três relativas, uma completiva não finita, uma temporal finita e uma clivada). Talvez por influência dialectal (a mãe nasceu no Alentejo), há várias ocorrências de orações gerundivas de valor adverbial (*e.g.*, *Vendo subir o gato surrateiramente*), estranhamente coordenada com a subordinante) e de valor predicativo (*e.g.*, *vinha a fêmea trazendo na boca a comida para as suas crias*). São também escassos os conectores interfrásicos que exprimam a diversidade de nexos semânticos que se estabelecem entre as frases e os períodos (para além de *e*, uma única ocorrência de *então*, *quando*, *mas*, *como*).

Pelo contrário, o texto de Íris R. revela um domínio razoável dos processos de conexão interfrásica. Há uma utilização equilibrada de processos de justaposição, coordenação e subordinação (várias completivas, uma finita e as restantes infinitivas canónicas e preposicionadas, uma relativa, uma adverbial causal finita e uma gerundiva de valor predicativo), sendo de salientar a existência de frases complexas com vários níveis de encaixe (*e.g.*, [*viu* [*o gato a tentar* [*apanhar os pobres dos passarinhos*]]]) e a existência de subordinação interna a uma coordenação de complementos de um verbo auxiliar aspectual (*O Tobias começa* [[*a ladrar*] *e* [*a tentar* [*tirar o gato dali*]]]). Há igualmente recurso a discurso directo devidamente introduzido e assinalado e variação nos tipos de frase utilizados (cf. a exclamativa que exprime a fala do gato).

Em síntese, os textos mostram que, nos aspectos que aqui destaquei, o nível de proficiência atingido pelos dois sujeitos é muito diferente: enquanto o primeiro sujeito se encontra ainda numa fase muito inicial do processo de composição de um texto escrito, o segundo sujeito domina já razoavelmente esse processo, sendo clara a sua consciência da especificidade do modo escrito relativamente ao modo oral. Utilizando a profissão dos pais como indicador de estrato sócio-cultural, verificamos que é pos-

Complexidade sintáctica: implicações no ensino da língua materna   77

sível correlacionar o nível de mestria atingido pelos dois sujeitos com o estrato sócio-cultural[13]:

Aluna	Idade	Profissão pai	Profissão da mãe
Marta C.	11.07	Pintor	Empregada de limpeza
Íris R.	11.05	Informático	Secretária

Quadro 5

A escola não pode permitir que este tipo de assimetrias se mantenha, já que, no que respeita à língua materna, a democratização do ensino visa exactamente assegurar que as crianças e os jovens oriundos de meios sócio-culturais mais desfavorecidos possam desenvolver na sua plenitude as competências de falante letrado.

3. Complexidade sintáctica e intervenção educativa

Todos sabemos que a aprendizagem da leitura e da escrita são processos longos, que exigem planeamento diversificado de actividades, em função do nível em que se encontra o aprendiz, e constante supervisão por parte do professor.

Assim, actividades de vários tipos orientadas para a compreensão da complexidade sintáctica na leitura e para a manipulação sintáctica de estruturas devem ser propostas aos alunos de uma forma regular e com a progressão exigida pelo estádio de desenvolvimento linguístico em que cada um deles se encontra.

Com efeito, resultados de investigação têm mostrado que actividades de natureza sintáctica como o treino de combinação de frases, de alargamento da frase, de substituição de frases por outras com interpretação semelhante, de selecção da frase mais apropriada a inserir num dado contexto[14]:

• trazem à atenção consciente formatos sintácticos

---

[13] Esta correlação é válida para todo o *corpus* de J. Rebelo.
[14] Cf., entre outros, Hunt (1983), Beaugrande (1984), Perera (1984), Hillocks (1986).

- fornecem uma estratégia de revisão
- promovem a confiança dos estudantes
- aumentam a familiaridade com padrões sintácticos
- aumentam a fluência da escrita a nível frásico
- promovem a variedade frásica
- permitem uma maior densidade informacional por frase
- integram a sintaxe com outros níveis de processamento do discurso.

Em particular, este tipo de treino tem as seguintes consequências no desenvolvimento da expressão escrita[15]:

- aumento do uso de adjectivos
- aumento da complexidade nominal
- aumento do uso de modificadores (opcionais)
- aumento do uso de advérbios frásicos
- aumento do uso de orações relativas
- aumento do uso de orações subordinadas adverbiais finitas
- maior variação da ordem de palavras
- aumento do uso das passivas
- aumento do uso de sujeitos nominais complexos
- maior domínio da gama de formas temporais e modais
- diminuição do uso de expressões nominais simples.

É, portanto, desejável planear actividades como as que a seguir se propõem exemplificativamente:

ACTIVIDADES ORIENTADAS PARA A COMPREENSÃO DA COMPLEXIDADE SINTÁCTICA

A Detecção de ambiguidades absolutas

Trata-se de actividades de compreensão de frases cuja estrutura permite mais do que uma interpretação, podendo ou não os nossos conhecimentos sobre o mundo ou o contexto situacional levar-nos a excluir uma das interpretações possíveis:

1. Quando soube que tinha sido premiada, a minha irmã **andou na Lua** mais de um mês.

---

[15] Cf., entre outros, Hillocks (1986), Perera (1984), Witte & Cherry (1986).

2. Neil Armstrong **andou na Lua** em 1969.

3. O juiz condenou o assassino a morrer na cadeira eléctrica pela segunda vez.
   Int. 1: *o juiz condenou pela segunda vez...*
   Int. 2: *o juiz condenou o assassino a morrer pela segunda vez...*

4. Ninguém ficou ferido pela explosão, que foi atribuída ao sobre-aquecimento de uma botija de gás por um polícia.
   Int. 1: *um polícia atribuiu a explosão ao sobre-aquecimento...*
   Int. 2: *o sobre-aquecimento da botija foi provocado por um polícia...*

5. Os pintores impressionistas gostavam de pintar os modelos nus.
   Int. 1: *"nus" modifica "modelos"*
   Int. 2: *"nus" modifica "pintores impressionistas"*

6. O rapaz entrou no edifício gelado.
   Int. 1: *"gelado" modifica "edifício"*
   Int. 2: *"gelado" modifica "rapaz"*

7. Quem viu o João?
   Int. 1: *"Quem" é o sujeito*
   Int. 2: *"Quem" é o complemento directo*

8. A quem é que a Maria disse que ia oferecer esse livro?
   Int. 1: "A quem" é o complemento indirecto de "oferecer"
   Int. 2: "A quem" é o complemento indirecto de "disse"

9. A: Nunca tive relações sexuais com a minha mulher antes do casamento. E tu?
   Int. 1: *E tu (tiveste relações sexuais com a tua mulher ...?)*[16]
   Int. 2: *E tu (tiveste relações sexuais com a minha mulher ...?)*
   B: Não sei. Qual era o nome dela de solteira?

---

[16] Esta interpretação baseia-se na possibilidade de interpretação de constituintes elididos assente numa identidade imperfeita (*sloppy identity*); neste caso, a parte não idêntica do constituinte elidido é o determinante possessivo: *minha* na afirmação de A/*tua* na parte elíptica da pergunta de A.

B Detecção de ambiguidades temporárias

Trata-se de actividades de <u>compreensão de frases</u> que, até um determinado ponto da estrutura, são consideradas ambíguas pelos falantes, mas cuja ambiguidade é resolvida quando se termina o seu processamento[17]. Nos exemplos que se seguem, assinalo com uma barra oblíqua a negrito o ponto da estrutura da frase até onde a mesma é processada como ambígua.

10. Os Chineses descobriram a pólvora com a ideia de um país – dois sistemas.
Int. 1: *interpretação de "descobrir a pólvora" como uma combinação livre de palavras*
Int. 2: *interpretação de "descobrir a pólvora" como uma expressão fixa*
"com a ideia de um país – dois sistemas" permite a eliminação da interpretação 1

11 Achei o quadro esborratado que foi roubado do CAM.
Int. 1: *Na minha opinião, o quadro está esborratado*
Int. 2: *Encontrei o quadro esborratado*
"que foi roubado do CAM" permite a eliminação da interpretação 1

12. O João telefonou-lhe a dar-lhe os parabéns, masvocê já tinha saído.
Int. 1: *...telefonou-lhe a ele a dar-lhe a ele ...*
Int 2: *... telefonou-lhe a si a dar-lhe a si*
"você já tinha saído" permite a eliminação da interpretação 1

13. Pedimos aos miúdos para jogar "Trivial" com eles.
Int. 1: *...para os miúdos jogarem "Trivial"*
Int. 2: *...para nós jogarmos "Trivial"*
"com eles" permite a eliminação da interpretação 1

---

[17] Frases com ambiguidades temporárias podem incluir-se nas chamadas 'frases labirínticas' (*garden-path sentences*). O termo indica que, durante o seu processamento, os falantes se "perdem no caminho", como acontece nos labirintos formados com sebes, nos jardins. Sobre este assunto, veja-se o estudo experimental pioneiro de Ferreira & Clifton (1986).

Complexidade sintáctica: implicações no ensino da língua materna 81

ACTIVIDADES DE MANIPULAÇÃO DE ESTRUTURAS SINTÁCTICAS

C Combinação de frases

Trata-se de uma actividade já clássica. Não deve, contudo, perder-se de vista, que o seu objectivo é encontrar <u>o maior número possível</u> de processos para formar uma frase complexa, salvaguardando a informação expressa pelas frases simples de partida.

14. Está frio.
15. O João não levou casaco.
16. O João constipou-se.

O João não levou o casaco e, como está frio, constipou-se.
O João constipou-se porque está frio e ele não levou o casaco.
O João constipou-se porque não levou o casaco, apesar de estar frio.
Embora esteja frio, o João não levou o casaco e, por isso, constipou-se.
....

D Alargamento da frase

Trata-se de uma actividade também já clássica. Contudo, ela pode tornar-se mais interessante, se for acompanhada de instruções precisas (*e.g.*, alarga a frase: tornando mais complexo o sujeito/ o complemento directo/...; acrescentando-lhe modificadores do predicado/ da frase).

17. O rapaz encontrou o livro.
  Sujeito
  O rapaz **distraído** encontrou o livro
  O rapaz distraído **que é meu companheiro de carteira** encontrou o livro.
  Complemento directo
  O rapaz encontrou o livro **de Matemática**.
  O rapaz encontrou o livro de Matemática **que tinha perdido**.
  Modificadores do predicado
  O rapaz encontrou o livro **debaixo da cama**.
  O rapaz encontrou o livro debaixo da cama **há uma semana**.
  Modificadores da frase
  De facto, o rapaz encontrou o livro.

Resultado final

De facto, o rapaz distraído que é meu companheiro de carteira encontrou debaixo da cama o livro de Matemática que tinha perdido há uma semana.

E Substituição de frases por outras com interpretação semelhante

Trata-se de uma actividade que explora as <u>relações de paráfrase</u> que se podem estabelecer entre frases com estruturas sintácticas diferentes. De novo, o objectivo é encontrar o maior número possível de paráfrases, procurando que os alunos se familiarizem com famílias de estruturas a que podem recorrer na composição de um texto, de modo a garantir que o mesmo apresente variedade sintáctica.

18. Muda de vida ou arrepender-te-ás.

    Se não mudares de vida, arrependes-te.
    Arrependes-te, se não mudares de vida.
    Caso não mudes de vida, arrependes-te.
    Arrependes-te, caso não mudes de vida.
    Não mudando de vida, arrependes-te.
    .....

19. Gosto desse realizador, mas não fui ver o último filme dele.

    Embora não tenha ido ver o último filme dele, gosto desse realizador.
    Gosto desse realizador, embora não tenha ido ver o último filme dele.
    Apesar de não ter ido ver o último filme dele, gosto desse realizador.
    Gosto desse realizador, apesar de não ter ido ver o último filme dele.
    Embora não tendo ido ver o último filme dele, gosto desse realizador.
    ...

F Selecção da frase mais apropriada para inserir num dado contexto

Trata-se de uma actividade que constitui uma variante dos exercícios de *cloze*, que obriga os alunos a tomarem decisões que lhes permitirão desenvolver sensibilidade relativa às propriedades de coesão e coerência textuais.

20. A Maria fez anos. _____. A mãe ofereceu-lhe um CD.

(a) Um ramo de flores foi a minha prenda para ela.
(b) A minha prenda para ela foi um ramo de flores.
(c) Um ramo de flores foi-lhe oferecido por mim.
(d) Eu ofereci-lhe um ramo de flores.

Em síntese: saber lidar com os vários aspectos envolvidos na complexidade sintáctica é um factor decisivo no processamento de texto escrito, tanto ao nível da compreensão como da produção. Compete ao professor de Português, uma vez diagnosticado o estádio em que os seus alunos se encontram, planear as actividades de turma, de grupo e individuais que permitam que cada um deles possa desenvolvê-la e usá-la com sucesso na leitura e na escrita compositiva.

BIBLIOGRAFIA

BEAUGRANDE, R. de (1984). *Text Production: Toward a Science of Composition*. Norwood, N. J.; Ablex.

BERWICK, R. & A. Weinberg (1984). *The Grammatical Basis of Linguistic Performance: Language Use and Acquisition*. Camb, Mass.: The MIT Press.

BORER, H. & K. Wexler (1987). The Maturation of Syntax. In Roeper & Williams (orgs.): 123-172.

FERREIRA, F. & C. Clifton (1986). The Independence of Syntactic Processing. *Journal of Memory and Language*, 25: 348-368.

FODOR, J. D. (1995). Comprehending Sentence Structure. In Gleitman & Liberman (orgs.). *An Invitation to Cognitive Science. Language*. Camb., Mass.: The MIT Press: 209-246.

FREITAS, M. J. (1990). *Estratégias de Organização Temporal da Fala em Português*. Faculdade de Letras da Universidade de Lisboa: Dissertação de Mestrado.

GRABE, W. & R. B. Kaplan (1996). *Theory and Practice of Writing*. Londres: Longman.

HILLOCKS, G. (1986). *Research on Written Composition*. Urbana, IL: National Council of Research in English.

HUNT, K. (1983). Sentence Combining and the Teaching of Writing. In Martlew (org.) *The Psychology of Written Language. A Developmental Approach*. Nova Iorque: J. Wiley: 99-125.

JAKUBOWICZ, C. (1984). On Markedness and Binding Principles. *NELS*, 14: 154-182.

JAKUBOWICZ, C. (1991). L'Acquisition des Anaphores et des Pronoms Lexicaux en Français. In Guéron & Pollock (orgs.) *Grammaire Générative et Syntaxe Comparée*. Paris: Editions du CNRS: 229-252.

LINC (1989-1992). *Materials for Professional Development*. Londres: DES.

MARATSOS, M. P., D. E. C. Fox, J. Becher & M. A. Chalkley (1983). *Semantic Restrictions on Children's Early Passive*. Universidade de Minnesota: Ms.

OTSU, Y. (1981). *Universal Grammar and Syntactic Development in Children: Toward a Theory of Syntactic Development*. MIT: Dissertação de PhD.

PERERA, K. (1984). *Children's Writing and Reading: Analysing Classroom Language*. Oxford: Blackwell.

REBELO, J. L. P. (2000). *A Produção de Orações Relativas no Português Europeu em Narrativas Escritas por Crianças dos 10 aos 15 anos*. Lisboa: Universidade Aberta.

REINHART, T. (1982). *Pragmatics and Linguistics: An Analysis of Sentence Topics*. Bloomington, Indiana: IULC.

ROEPER, T., M. Rooth, L. Mallis & A. Akiyama (1985). *The Problem of Empty Categories and Bound Variables in Language Acquisition*. Universidade de Massachusetts: Ms.

ROEPER, T. & E. Williams (1987) (orgs.). *Parameter Setting*. Dordrecht: Kluwer.

SANTOS, M. F. N. (em preparação). *Os Pronomes Átonos no Português Europeu. Problemas Detectados no 3.º Ciclo e Proposta de Actividades Didácticas*. Universidade de Lisboa: Dissertação de Mestrado.

SOLAN, L. (1987). Parameter Setting and the Development of Pronouns and Reflexives. In Roeper & Williams (orgs.): 189-210.

STALNAKER, R. (1978). Assertion. In Cole (org). *Syntax and Semantics. 9. Pragmatics*. Nova Iorque: Academic Press: 315-332.

WEXLER. K. & M. R. Manzini (1987). Parameters and Learnability in Binding Theory. In Roeper & Williams (orgs.): 41-76.

WITTE, S. & R. Cherry (1986). Writing Processes and Written Products in Composition Research. In Cooper & Greenbaum (orgs.). *Studying Writing: Linguistic Approaches*. Londres: Sage: 112-153.

2.ª MESA REDONDA

O ENSINO E A PRÁTICA DA ESCRITA

TIPOLOGIAS DO ESCRITO:
A SUA ABORDAGEM NO CONTEXTO DO ENSINO-APRENDIZAGEM DA ESCRITA NA AULA DE LÍNGUA MATERNA

JOSÉ ANTÓNIO BRANDÃO CARVALHO
Universidade do Minho

Introdução

Quando se analisa a problemática do ensino-aprendizagem da escrita no contexto da aula de língua materna, a questão das tipologias textuais tem necessariamente de ser considerada, dada a relevância de que se reveste.

Se é verdade que cada texto assume um carácter próprio, que resulta do contexto em que é produzido e dos objectivos que, através dele, um determinado sujeito pretende atingir, também é indiscutível, como salienta Cassany (2000), que, para além da sua singularidade, um texto apresenta geralmente aspectos comuns a outros textos, inserindo-se numa tradição discursiva que uma comunidade linguística desenvolveu ao longo da sua existência. De acordo com esse autor, a acumulação histórica de textos, elaborados por falantes diferentes em contextos idênticos e com intenções semelhantes, favorece o desenvolvimento de rituais, estereótipos, citações e ecos textuais que, ao serem reconhecidos pelos falantes, contribuem decisivamente para a eficácia do processo de comunicação. Esses textos, gerados na comunidade, repartem-se por contextos sociais e esferas comunicativas diversas, como, por exemplo, a administração pública, os meios de comunicação, a Igreja, a escola.

Modelos do processo de escrita

Tendo em consideração o que dissemos anteriormente, a questão que gostaríamos de colocar é a seguinte: qual o papel que o conhecimento sobre as tipologias textuais desempenha no decurso de um acto de produção de um texto escrito?

Para responder a essa questão vários caminhos podem ser percorridos. Um deles, o que vamos seguir, passa pela análise de diferentes modelos do processo de escrita. De entre esses modelos, há um que, ainda hoje, apesar do tempo decorrido sobre a sua apresentação, da contestação de que foi alvo e do facto de cada um dos seus autores o terem revisto em sentidos diferentes, se assume como uma referência entre todos os que se interessam pela problemática do ensino da escrita. Estamos a referir o modelo de Flower e Hayes (1981), que apresenta o processo de escrita como o resultado da interacção de três domínios: o do processo propriamente dito, integrando as componentes da planificação, da redacção e da revisão; o do contexto, quer intra-textual, quer extra-textual; o da memória de longo prazo, no qual se considera o conhecimento do escrevente não só sobre o assunto do texto e sobre o seu destinatário, mas também sobre o tipo de texto que se está a construir. Esse conhecimento vai sendo activado à medida que o texto vai sendo produzido.

Comparando o processo de produção escrita de escreventes adultos com o de escreventes em desenvolvimento, Bereiter e Scardamalia (1987) propõem dois modelos diferentes do processo de composição, relevando, em qualquer deles, o papel que o conhecimento acerca do tipo de texto normalmente desempenha. O modelo de *explicitação de conhecimento*, referente à escrita em desenvolvimento, descreve o processo de escrita como a expressão do que o indivíduo sabe sobre o assunto em questão, resultante do fluir automático e linear da memória a partir da identificação de um primeiro aspecto considerado pertinente. A questão da pertinência coloca-se quer em termos do assunto a ser tratado, quer em termos do tipo de texto que está a ser construído. No que concerne à escrita desenvolvida, descrita pelo modelo de *transformação do conhecimento*, o processo de escrita, entendido como processo de resolução de problemas, resulta da interacção entre dois espaços/problema, o do conteúdo e o retórico, ao qual o conhecimento sobre as tipologias textuais está associado.

Linda Flower (1994) e John Hayes (1996) revêem o seu modelo do princípio da década de 80. A primeira fá-lo numa perspectiva que designa de sócio-cognitiva. No seu modelo, a construção de significado por parte de leitores e escreventes ocorre num quadro alargado em que o contexto social e cultural, a linguagem e as convenções associadas ao discurso desempenham um papel de relevo. Considerando que todo o significado se constrói em diálogo com o mundo, a autora define diferentes formas dessa construção: a reprodução, a conversação e a negociação. Na primeira delas, a produção do significado resulta da reprodução de formas já existentes, sendo um novo texto visto como uma reconfiguração de textos já existentes.

O modelo de Hayes (1996) define duas dimensões do processo: a do contexto e a do indivíduo. A primeira considera o contexto social e o contexto físico no qual se integra o próprio texto à medida que vai sendo produzido. A última considera quatro aspectos: a motivação e afectividade, os processos cognitivos, a memória operativa e a memória de longo prazo. Nesta, a exemplo do que acontecia no modelo de 1981, aparece referido o conhecimento acerca dos géneros textuais.

Por sua vez, Grabe e Kaplan (1996) apresentam um modelo que releva duas dimensões, a do contexto e a da memória operativa verbal do escrevente que se divide em três aspectos: o da definição interna de objectivos, o do processamento do output interno e a do processamento verbal, no qual se inclui a competência que, entre outros aspectos, pressupõe conhecimentos sobre o discurso.

Cassany (2000) concebe o processo de composição como o resultado da articulação das diferentes habilidades linguísticas: ouvir, falar, ler e escrever, relevando a importância que a leitura de modelos de texto pode assumir no decurso do acto de escrita.

A relevância do conhecimento sobre as tipologias textuais

Apesar das diferentes perspectivas subjacentes aos diferentes modelos e da diferença dos pressupostos teóricos em que assentam, em todos eles o conhecimento das características do tipo de texto, das convenções implicadas no género de discurso que está a ser construído, constitui uma dimensão relevante.

Daqui decorre a importância que este aspecto deve assumir no processo de ensino-aprendizagem da escrita. Essa importância é posta em destaque por Cassany (2000) que considera que *"aprender a escrever significa aprender a dominar cada um dos géneros verbais para conseguir os objectivos desejados."* (p.35). Segundo este autor, em vez de falarmos em ensinar a escrever, deveríamos falar em ensinar a escrever narrativas, ensinar a escrever descrições, ensinar a escrever cartas, etc.

O relevar da importância deste conhecimento encontra também fundamento nas teorias que apontam os hábitos de leitura como um dos mais importantes factores de desenvolvimento das competências de escrita. De acordo com McCarthey e Raphael (1992), o nível de escrita mais desenvolvido por parte dos bons leitores decorre da interiorização e reprodução das estruturas próprias da escrita que encontram nos livros que lêem e que relevam de diferentes dimensões do texto, podendo ir de níveis micro a níveis macro-estruturais. No plano macro-estrutural, da leitura pode decorrer um conhecimento mais profundo das características de diferentes tipos de texto. O contacto com modelos poderá, de algum modo, influenciar o conteúdo e a estrutura dos textos ao lembrar aspectos, que seriam eventualmente esquecidos, pela activação de conceitos a retirar da memória e ao facilitar a consciencialização dos aspectos referentes aos padrões estruturais do texto que está a ser escrito (Charney e Carlson, 1995).

Ensinar e aprender a escrever: a questão das tipologias textuais

Uma vez salientada a importância que o conhecimento das tipologias textuais desempenha no contexto do processo de escrita e no decurso do processo de desenvolvimento da competência de escrita, importa agora reflectir sobre o modo como a questão tem sido tratada em termos de ensino-aprendizagem no âmbito da disciplina de Língua Portuguesa. Fá-lo--emos a partir da análise de um conjunto de textos que apresentam, em maior ou menor grau, um carácter regulador da prática pedagógica, nomeadamente textos programáticos e manuais escolares.

A escrita nos programas

Os programas actualmente em vigor no Ensino Básico (M.E. – D.G.E.B., 1991, a,b) atribuem à escrita um lugar de relevo. Esse relevo consubstancia-se na definição de um conjunto de objectivos referentes a este domínio e na definição da percentagem de tempo lectivo proposta para a sua abordagem e que é de vinte e cinco por cento do tempo lectivo total, semelhante ao proposto para o domínios da leitura e da comunicação oral (falar/ouvir) e superior à atribuída à análise do funcionamento da língua, que deve ser feita em articulação com a abordagem dos domínios que atrás referimos.

Na prática, no entanto, nem sempre à escrita parece ser atribuído o estatuto que os programas lhe consagram, o que pode ser comprovado pela observação de práticas pedagógicas e pela análise de planificações de aulas. Partindo do princípio, reafirmado por Castro (1995), de que a língua é, no âmbito da aula de Português, simultaneamente o objecto de ensino--aprendizagem e o meio da sua própria transmissão, é possível avaliar, em relação a cada um dos domínios de interacção verbal e ao funcionamento da língua, a predominância de cada uma dessas duas vertentes. Perspectivando a língua enquanto conteúdo, objecto de ensino/aprendizagem, a configuração de aula de Português mais frequente parece ser a que se organiza em torno de actividades de compreensão/interpretação de texto e de ensino da gramática. A oralidade e a escrita são com muito menor frequência entendidas como conteúdos da aula, como passíveis de serem explicitamente ensinadas. Perspectivando a língua enquanto meio de transmissão, constata-se que a aula de Português se constrói, acima de tudo, através da interacção verbal oral e da leitura de textos (Carvalho & Rodrigues, 1997).

Retomando a análise dos programas, atentemos nos objectivos neles propostos para o domínio da escrita e que são os seguintes:

- "experimentar percursos que proporcionem o prazer da escrita;
- praticar a escrita como meio de desenvolver a compreensão na leitura;
- promover a divulgação dos escritos como meio de os enriquecer e de encontrar sentidos para a sua produção;
- produzir textos com intenções comunicativas diversificadas (objectivo comum ao primeiro e ao segundo ciclo);
- tomar e desenvolver a consciência dos diferentes modelos de escrita (objectivo comum ao segundo e ao terceiro ciclo);
- aperfeiçoar a competência pela utilização de técnicas de auto e heterocorrecção."

Estes objectivos podem ser agrupados em três blocos: os referentes à escrita enquanto actividade lúdica e expressiva; os relativos à apropriação de técnicas e modelos diversificados, no âmbito dos quais nos parece enquadrar-se a maioria dos aspectos respeitantes às tipologias textuais; os que têm a ver com o aperfeiçoamento do texto.

Uma análise mais aprofundada dos textos programáticos permite, no entanto, concluir que neles se valoriza a dimensão expressiva e lúdica, e se desvaloriza a da aquisição de técnicas e de modelos diversificados. Isso é explicitamente assumido na introdução ao bloco escrita e é também evidente quando se constata que aparecem em primeiro lugar os objectivos referentes à dimensão do prazer que a escrita pode proporcionar e são relegados para depois os que se referem ao desenvolvimento de técnicas e modelos e ao desenvolvimento de técnicas de aperfeiçoamento do texto. Confirmam-no, ainda, o facto de ser maior o número de processos de operacionalização referentes à escrita lúdica e as diferenças no que diz respeito ao tempo lectivo proposto para cada uma das áreas – à escrita lúdica, atribui-se quase cinquenta por cento do tempo total destinado ao tratamento da escrita, enquanto que para a apropriação de técnicas se propõe apenas vinte por cento.

A escrita nos manuais

Constituindo o manual escolar um elemento com um forte poder regulador da prática pedagógica, da sua análise pode-se inferir sobre o que acontece na aula de Português no que à escrita diz respeito. Analisando manuais escolares do terceiro ciclo (Carvalho, 1999), pudemos constatar que grande parte das actividades de escrita neles constantes remete para a escrita expressiva e lúdica. Frequentemente, essas actividades remetem para a explicitação de sentimentos e emoções, privilegiando a expressão da subjectividade, e estão, por vezes, associadas em termos temáticos a textos lidos previamente. Vejamos alguns exemplos:

– "Redige um texto sobre uma recordação da infância.";
– "Escreve um texto com este título: "Da janela do meu quarto..."";
– "Recorda uma festa... Ao sabor das tuas recordações, fala-nos dela num pequeno texto.".

Em alguns casos, no texto que introduz a actividade, aparece a indicação do tipo de texto que os alunos devem escrever:

– "Baseado nas tuas recordações, escreve uma narrativa.";
– "... redige uma carta de resposta ao discurso...".

As actividades que visam expressamente a apropriação de técnicas e modelos de escrita ocorrem com menor frequência nos manuais escolares. Por vezes, a proposta de actividade é acompanhada de um exemplo do tipo de texto que se pretende que os alunos escrevam:

– "Uma acta deve obedecer à seguinte estrutura:";
– "Por isso é bom saber... organizar uma carta.".

Outras vezes, inclui-se uma descrição sumária das marcas características de certo tipo de texto:

– "Numa crítica devem incluir-se...".

Alguns manuais escolares incluem fichas auto-correctivas, referentes a alguns tipos de texto, a que os alunos podem recorrer sempre que a sua produção seja solicitada.

O ensino da escrita – marcas características

Procurando sintetizar as principais linhas que caracterizam a abordagem pedagógica da escrita em geral, e das tipologias textuais em particular, diríamos, em primeiro lugar que, na aula de Língua Portuguesa, a escrita é mais veículo de comunicação do que objecto de ensino-aprendizagem.

Quando é objecto de ensino-aprendizagem, a sua abordagem caracteriza-se, antes de mais, por um privilegiar da produção associada a situações lúdicas e propiciadoras de prazer, expressão de sentimentos e de ideias, raramente implicando reflexões mais profundas sobre a tarefa.

Ao mesmo tempo, verifica-se um predomínio do produto sobre o processo de escrita, isto é, a maior parte das actividades assenta na indicação de um tópico sem indicação dos procedimentos a realizar. Quando se analisam as características dos textos, a atenção centra-se nos aspectos formais, a partir do modelo apresentado, e não no processo de construção e na atenção aos factores que as determinam.

Finalmente, verifica-se uma preferência por tarefas de escrita em que o contexto de comunicação não constitui uma instância relevante. A escrita tem, assim, como salienta Emília Amor (1993), um carácter artificial na *"ausência de destinatário e objectivos concretos conductores, bem como de mecanismos de circulação de textos."* (p. 114).

A abordagem das tipologias textuais

No que se refere à dimensão que nos interessa particularmente, a das tipologias textuais, parece-nos importante salientar alguns aspectos.

Em primeiro lugar, existe um claro predomínio de determinados tipos de texto em detrimento de outros, sendo a narrativa e a descrição, em conjunto ou de forma separada, as formas mais trabalhadas, primeiro na perspectiva da recepção, normalmente de textos de natureza literária, e depois na da produção. Esta produção aparece frequentemente associada a situações em que se promove o uso da linguagem na sua função emotiva e o evocar da memória no sentido de transmitir vivências e sentimentos pessoais. Trata-se, portanto, de géneros em que vertentes como a do contexto de comunicação e, no seu âmbito, aspectos como o destinatário e a definição de objectivos assumem menor relevância.

Outros tipos de texto, sobretudo os que têm um carácter mais utilitário, são objecto de um tratamento diferente. A sua abordagem é feita pontualmente, o que eventualmente traduzirá o reconhecimento de um estatuto de menoridade, normalmente num único momento no decurso do ano lectivo. Por vezes, o seu tratamento é enquadrado numa única unidade lectiva, na maior parte dos casos designada texto(s) utilitário(s) ou texto não literário, que funciona como contraponto ao texto literário, ao qual é atribuído um estatuto maior e, consequentemente, a grande fatia do tempo lectivo. Esta unidade integra a abordagem de diferentes tipos de texto como a carta, a acta, o texto jornalístico, o texto publicitário, podendo aparecer subdividida em unidades menores no quadro das quais se abordam diferentes variedades de uma dada tipologia. O tratamento da carta pode incluir referência à carta familiar, à carta comercial, etc., e o do texto jornalístico abarca textos como a notícia, a crónica ou a reportagem.

Ao mesmo tempo, a aula de língua materna ignora outros tipos de texto que, tendo directamente a ver com o dia a dia dos alunos, se poderiam revelar de extrema utilidade, quer em termos da finalidade que desempenham, quer no que se refere às suas potencialidades em termos de desenvolvimento de competências de escrita. Estamos a pensar, concretamente, nos textos produzidos em contexto escolar, no âmbito das diferentes disciplinas, com o objectivo de facilitar a aquisição de conhecimento ou com o de tratar, explicitar, ou reformular o conhecimento adquirido, em momentos de avaliação formal ou noutros. A sua abordagem iria ao encontro de algumas inovações curriculares que apontam no sentido do desenvolvimento de competências de estudo. Por outro lado, o carácter real do contexto de produção e a evidência dos objectivos que estes textos permitem atingir seriam favoráveis à problematização da tarefa de escrita e à reflexão sobre ela, favorecendo a promoção de competências.

O tratamento dos chamados "textos utilitários" centra sobretudo a sua atenção nos aspectos formais, em modelos, em produtos acabados, desprezando o processo de construção do texto e a análise dos factores que determinam as características dos géneros. Em consequência, a apropriação das tipologias textuais, por parte dos alunos, reduz-se, com frequência, a um conhecimento de algo exterior e objectivável, que pode eventualmente ser reproduzido, mas que não é passível de se transformar numa competência que se possa evidenciar em situações de uso.

Pela promoção de competências

A defesa de uma abordagem das tipologias textuais na perspectiva das competências vai começando a evidenciar-se, inclusivamente em documentos produzidos no âmbito do Ministério da Educação (Sim-Sim, Duarte & Ferraz, 1997; M.E. – D.E.B., 2001) que, não tendo o carácter e a força reguladora dos textos programáticos, não podem deixar de ser entendidos como orientações para a prática pedagógica. Aí, as metas a atingir, na disciplina de Língua Portuguesa, para cada ciclo do ensino básico são expressas em termos de competências. No documento *Currículo Nacional do Ensino Básico – Competências Essenciais* (M.E. – D.E. B., 2001*)*, a meta a atingir no que à escrita diz respeito é expressa nos seguintes termos: *"Usar multifuncionalmente a escrita, com correcção linguística e domínio das técnicas de composição de vários tipos de texto."* (p. 31). O mesmo documento define as competências específicas a atingir no final de cada ciclo de escolaridade que, no que diz respeito à expressão escrita, são as seguintes:

"**1º Ciclo** – Domínio de técnicas instrumentais de escrita:
– Capacidade para produzir textos com diferentes objectivos comunicativos;
– Conhecimento das técnicas básicas de organização textual.
2º Ciclo – Automatismo e desenvoltura no processo de escrita:
– Capacidade de produzir textos escritos adequados ao objectivo, à situação e ao destinatário;
– Conhecimento das técnicas fundamentais da escrita compositiva.
3º Ciclo – naturalidade e correcção no uso multifuncional do processo de escrita:
– Capacidade para usar multifuncionalmente a escrita, com a consciência das escolhas decorrentes da função, forma e destinatário;
– Conhecimento dos géneros textuais e das técnicas de correcção e aperfeiçoamento dos produtos do processo de escrita." (p. 34).

Esta concepção de língua enquanto objecto de ensino-aprendizagem poderá representar, em nosso entender, um passo importante no sentido da transformação da disciplina de Língua Portuguesa numa disciplina que corresponda às exigências do tempo presente, dotando os que a frequentam de um conjunto de capacidades que lhes permitam responder às questões que a escola lhes coloca e às expectativas da sociedade em que se inserem.

Conclusão

Procurámos, neste texto, reflectir sobre a questão das tipologias textuais, destacando a sua relevância, no quadro do ensino-aprendizagem da expressão escrita, à luz do lugar que lhe é conferido em diferentes modelos do processo de escrita. Analisámos, ainda, de modo crítico, o modo como as tipologias textuais têm sido tratadas na aula de Língua Portuguesa no Ensino Básico. Demos conta, finalmente, de algum movimento de mudança no sentido de uma nova forma de abordar o problema, que faz das tipologias textuais um elemento central na aula de Português. Importa agora concretizar essa mudança implicando as diferentes instâncias com responsabilidades no ensino da língua materna, desde os legisladores aos professores, passando pelos investigadores, pelos formadores de professores, ou pelos autores de manuais escolares. Só assim será possível proporcionar aos alunos que frequentam a escola o verdadeiro domínio da língua portuguesa, algo *"decisivo no desenvolvimento individual, no acesso ao conhecimento, no relacionamento social, no sucesso escolar e profissional e no exercício pleno da cidadania."* (M.E. – D. E. B., 2001, p. 31).

REFERÊNCIAS BIBLIOGRÁFICAS

AMOR, E. (1993). *Didáctica do Português. Fundamentos e Metodologia*. Lisboa: Texto Editora.

BEREITER, C. e SCARDAMALIA, M. (1987). *The Psychology of Written Composition*. Hillsdale, New Jersey: Lawrence Erlbaum Associates.

CARVALHO, J. A. Brandão (1999). *O Ensino da Escrita – da teoria às práticas pedagógicas*. Braga : C.E.E.P. – Universidade do Minho.

CARVALHO, J. A. Brandão e RODRIGUES, A. (1997). "Concepções sobre a língua enquanto objecto de ensino/aprendizagem nos alunos dos anos finais das licenciaturas em ensino do Português". In Ivo Castro (ed.), *Actas do XII Encontro da Associação Portuguesa de Linguística*. Lisboa: A.P.L., pp. 87-93.

Tipologias do escrito. A sua abordagem no contexto... 99

CASSANY, D. (2000). *Construir la escritura*. Barcelona: Editorial Paidós.

CASTRO, R. (1995). *Para a análise do discurso pedagógico. Constituição e transmissão da gramática escolar*. Braga: C.E.E.P. – Universidade do Minho.

CHARNEY, D. e CARLSON, R (1995). "Learning to Write in a Genre: What Student Writers Take from Model Texts". *Research in the Teaching of English*, 29 (1), pp. 88-125.

DUARTE, I; SIM-SIM, I e FERRAZ, M. J. (1997). *A Língua Materna na Educação Básica*. Lisboa: M.E. – D.E.B..

FLOWER, L. (1994). *The Construction of Negociated Meaning. A Social Cognitive Theory of Writing*. Carbondale: Southern Illinois University Press.

FLOWER, L. e HAYES, J. (1981). "A Cognitive Process Theory of Writing". *College Composition and Communication*, 32 (4) (publicado, sob permissão, em R. Ruddell, M. Ruddell e H. Singer (eds.) (1994), *Theoretical Models and Processes of Reading*. Newark: I.R.A., pp. 928-950).

GRABE, W. & KAPLAN, R. (1996). *Theory and Practice of Writing*. London: Longman.

HAYES, J. (1996). "A New Framework for Understanding Cognition and Affect in Writing." In C.M. Levy & S. Ransdell (eds.), The science of writing. Mahwah, NJ: Lawrence Erlbaum Associates (publicado, sob permissão, em R. Indrisano & J. Squire (eds.) (2000), *Perspectives on Writing. Research, Theory, and Practice*. Newark: I.R.A., pp. 6-44.

M.E.- D.G.E.B.S. (1991,a) – *Organização Curricular e Programas, Vol.I, Ensino Básico, 2º ciclo*. Lisboa: Ministério da Educação.

M.E.- D.G.E.B.S. (1991,b) – *Organização Curricular e Programas, Vol.I, Ensino Básico, 3º ciclo*. Lisboa: Ministério da Educação.

M. E. – D.E.B. (2001) – Currículo Nacional do Ensino Básico Competências Essenciais. Lisboa: Ministério da Educação. (http://www.deb.min-edu.pt/rcurricular).

MCCARTHEY, S. e RAPHAEL, T. (1992). "Alternative Research Perspectives". In J. Irwin e M. Doyle (eds.), *Reading/Writing Connections. Learning from Research*. Newark: I.R.A., pp. 2-30.

O PROCESSO DE ESCRITA
E RELAÇÃO COM A LINGUAGEM

LUÍS BARBEIRO
Escola Superior de Educação de Leiria

Introdução

Uma das dimensões da nossa relação com a escrita revela-se nas utilizações que dela fazemos e que têm como suporte um produto escrito.

Em termos sociais, diferentes estatutos nos são atribuídos conforme os produtos que conseguimos fazer surgir.

A nossa sociedade confere estatutos diferenciados, se considerarmos a relação com a linguagem, por meio da expressão escrita. No cume desses estatutos encontramos, o *escritor*, isto é, o autor de textos literários, com obra publicada e com valor reconhecido.

O estatuto de escritor não é o único ligado à escrita: em muitas profissões o uso e domínio aprofundado da escrita é uma condição indispensável. Pensamos em: jornalistas, no mundo da comunicação social; juízes, advogados e legisladores, no mundo do direito; candidatos ou alguns assessores políticos no universo do exercício do poder; assessores de direcção, no mundo da gestão; argumentistas, no mundo do espectáculo; investigadores, no mundo da ciência; e, claro, professores, no mundo académico. Todos estes não são *escritores*, no sentido acima assumido, e para o serem precisam de passar, como acontece com muitos, para o universo literário. Se quiséssemos (re)assumir um termo que vem da antiguidade, estes são os escribas do mundo moderno – com a ressalva de que, em muitos casos, esta função existe integrada noutra profissão (e não apenas co-existe).

Em qualquer destes mundos, estamos perante pontos de chegada a estatutos que representam uma diferenciação qualitativa: o reconhecimento pela sociedade do valor literário do que se escreve ou o reconhecimento da capacidade do exercício de uma profissão que integra tarefas de escrita.

Mesmo tratando-se de pontos de chegada, a partir dos quais são atribuídos estatutos sociais e reconhecidas competências, isso não significa que o texto que se escreve surja de forma automática. Pelo contrário, o processo de escrita que corresponde a uma escrita do adulto que desenvolveu essa competência mostra-se complexo: nele o sujeito é chamado a procurar, a activar e a seleccionar conhecimento; a perspectiva do destinatário e os seus próprios interesses devem ser tidos em conta; as expressões linguísticas que expressam o conhecimento e servem a realização da estratégia devem ser objecto de verificação e de revisão. Por outro lado, nesta dinâmica de formulação, reformulação e decisão, o conhecimento adquire frequentemente formulações linguísticas novas, que conduzem à descoberta de vertentes também novas desse mesmo conhecimento. Essas devem ser objecto de verificação, na dimensão cognitiva, para testar a sua solidez enquanto conhecimento, e na dimensão retórica, para testar a adequação da sua colocação em texto.

Neste processo, não é apenas a linguagem que ganha novas facetas, é o próprio sujeito e o seu conhecimento que vão testando novos rumos, transformando-se.

A relação com a escrita não se concretiza apenas com o produto, nasce no próprio processo, com o seu dinamismo e complexidade.

Nesta intervenção, pretendemos analisar as potencialidades da relação que nasce no próprio acto de escrever entre o sujeito e a linguagem. Procuraremos fazê-lo retirando implicações para o ensino-aprendizagem, ou seja, estabelecendo a ligação com o domínio da escrita por parte dos alunos, cujos produtos ainda não obtiveram o reconhecimento social, de uma forma generalizada, na vertente literária ou em ligação a um estatuto profissional.

Para os alunos, a própria designação de «escritores» para designar «aquele que escreve» é colocada em questão. Por outro lado, não são ainda sequer «aprendizes» de uma profissão, onde a aprendizagem da escrita se inserisse em ligação ao meio social, sob a orientação de um mestre. Em alternativa, para marcar a diferenciação, encontramos a preocupação em adoptar termos como *escreventes* (cf. Carvalho, 1999; Pereira, 2000) ou *escrevedores* (cf. Xavier, 2000).

Não sendo os produtos escritos pelos alunos objecto da mesma recepção que é dada aos textos literários ou aos textos ligados a uma profissão, surge a pergunta: existirá a diferença também no processo?

O *processo de escrita e relação com a linguagem* 103

Carl Bereiter e Marlene Scardamalia estabeleceram a diferença, quanto ao próprio processo de escrita, entre aqueles que apresentam uma escrita desenvolvida, cujo processo é marcado pela *transformação do conhecimento*, e aqueles que possuem uma escrita ainda em desenvolvimento, cujo processo é marcado pela *explicitação do conhecimento*. O desenvolvimento da escrita, com a passagem do modelo mais simples de explicitação do conhecimento à capacidade de lidar com o processo de escrita segundo o modelo complexo de transformação do conhecimento, pode ser favorecido no âmbito do ensino-aprendizagem pela adopção de duas estratégias: a *concretização de objectivos*, tornando-os mais específicos e verificáveis, e a *facilitação de procedimento*, que introduz, do exterior, mecanismos de regulação do próprio processo, criados a partir das características do modelo de transformação do conhecimento, ou seja, das características do processo próprias de uma escrita desenvolvida (cf. Bereiter e Scardamalia, 1987).

Defendemos que, para além dos aspectos procedimentais, uma parte substancial do desenvolvimento da escrita assenta na relação que o sujeito é capaz de estabelecer com a linguagem. Esta relação tem de ser construída pelo sujeito, mas pode, também ela, ser favorecida a partir do contexto, designadamente no âmbito do ensino-aprendizagem.

No interior do processo de escrita, não só a dimensão procedimental pode ser orientada, mas também a dimensão da relação com a linguagem pode ser activada, implicando o sujeito em dimensões de actuação estratégica, de investimento afectivo e emotivo, de realização pessoal e participação social.

Alternativas para a construção textual e implicação do sujeito
Operações

A investigação sobre o processo de escrita colocou em evidência que o texto não surge de forma linear. A redacção do texto ou textualização não corresponde à montagem de peças previamente definida de uma forma totalmente explícita. Escrever não constitui apenas um processo de concatenação na extremidade do texto que vai surgindo. A adição não se encontra limitada à extremidade textual, nem constitui a única operação para a construção textual.

Partindo desta evidência, que é experimentada por cada um de nós ao escrever, apresentaremos resultados relativos à presença das operações de adição, supressão, substituição e deslocamento na construção textual.

Numa investigação por nós efectuada, analisámos o processo de escrita sob a perspectiva das operações, das componentes ou subprocessos de planificação, redacção e revisão, dos níveis linguístico-textuais em que surgem as propostas, da fundamentação que acompanha essas propostas (cf. Barbeiro, 1994, 1999). Em relação às operações referidas, encontrámos nesse estudo um incremento significativo, com a consideração de níveis de escolaridade mais elevados, do número de operações de (re)formulação textual. Nessa progressão, adquire relevo a operação de substituição.

A tarefa que serviu de base à recolha de dados para a investigação do processo de escrita consistiu na escrita em grupo do relato ficcionado de uma visita a Leiria por parte de três amigos. Foram fornecidos os nomes destes protagonistas e facultados alguns postais ilustrados como elementos de apoio, isto apesar de todos os participantes conhecerem bem a cidade, por aí serem residentes. A tarefa de escrita era realizada em grupos de três elementos. O facto de a tarefa ser realizada em grupo obrigava à verbalização das propostas e à negociação entre os participantes do que deveria figurar no texto. A interacção entre os elementos do grupo foi objecto de registo *audio* e *video* e depois transcrita.

Os níveis de escolaridade testados foram o segundo (N2), o quarto (N4), o sexto (N6) e o oitavo (N8) anos de escolaridade. Em cada ano de escolaridade foram analisados os registos de oito grupos, o que perfaz na globalidade trinta e dois grupos.

Os resultados encontrados relativamente à ocorrência das operações de formulação e reformulação das expressões linguísticas, no âmbito do processo de escrita, encontram-se expressos no quadro seguinte:[1]

Quadro 1 – *Operações de (re)formulação textual*

Nível	Total	Média	Mín. Máx.
N2 104	420	52,5	10
N4 183	994	124,2	57
N6 287	1675	209,4	140
N8	2397	299,6	178 372

[1] Os critérios adoptados para a consideração e contabilização destas operações encontram-se explicitados em Barbeiro (1994, 1999).

Os valores apresentados não incluem as operações ligadas à componente de correcção, ou seja, as operações que visam assegurar a gramaticalidade das expressões linguísticas, que foram consideradas separadamente. Os valores constantes do quadro estão ligados a *alternativas* de construção textual.

Chama-se a atenção para o facto de a realização da tarefa em grupo poder potenciar o aparecimento de alternativas. Contudo, os protocolos de verbalização do pensamento durante o processo de escrita individual mostram que a consideração de alternativas é algo que também assume um papel relevante na construção individual do texto (cf. Flower e Hayes, 1981). Esta proximidade entre as interacções verbais no âmbito da escrita em grupo e os protocolos resultantes da verbalização do pensamento durante o processo de escrita é destacada por Garcia-Debanc (1986).

Verifica-se nos resultados um claro incremento do número de operações. Esta progressão crescente com o nível de escolaridade está relacionada em parte com a própria dimensão textual. De facto, a dimensão média dos textos também aumenta nos níveis de escolaridade mais elevados (desde 81,1 palavras, em média, no segundo ano de escolaridade até 237,9, no oitavo ano de escolaridade). Contudo, o incremento no número de operações vai para além do aumento esperado devido à dimensão textual: a *ratio* de operações relativamente ao número de palavras passa de 0,6 no segundo ano para 1,4 no caso do oitavo ano de escolaridade.

Os valores mínimos e máximos, apresentados no Quadro 1, também indiciam a existência de variedade em cada nível de escolaridade. Mesmo tendo em conta a dimensão textual para relativizar algumas diferenças, há grupos em que a procura de novas formulações tem um peso maior que noutros.

O tipo de operações actuantes também pode ser revelador quanto à natureza do processo de escrita. Os resultados encontrados relativamente à ocorrência das operações de adição, supressão, substituição e deslocamento foram os seguintes:

Quadro 2 – *Categorias de operações de (re)formulação textual*

Nív.	Operações							
	Adição		Supressão		Subst.		Desl.	
	Média	% Méd.	Média.	% Méd.	Média	% Méd.	Média	% Méd.
N2	27	**53,2**	4,9	7,9	18,9	**36,2**	1,8	2,7
N4	52,8	**43,8**	9	7,2	59,9	**46,5**	2,6	2,4
N6	86	**42**	18,5	8,8	100,1	**47**	4,8	2,2
N8	108,2	**35,6**	27,8	9,3	158,9	**53,5**	4,8	1,6

No quadro apresentado, surgem alguns aspectos em relevo. Desde logo, a progressão crescente dos diversos tipos de operações, que se verifica de uma forma quase generalizada (com a excepção para operação de deslocamento, que apresenta valores idênticos entre o sexto e o oitavo anos de escolaridade).

Para além da progressão crescente quanto ao número de operações, os valores percentuais relativos a cada operação mostram uma alteração de posições entre as operações de adição e de substituição – colocados a negro no quadro e que se retomam por meio do gráfico seguinte:

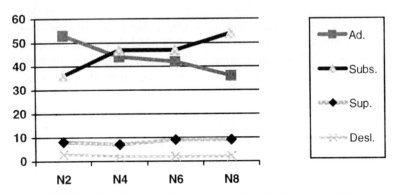

Gráfico 1 – *Proporção de operações (valores em %)*

Verifica-se, por um lado, que a operação de adição deixa de ser preponderante, sendo a operação de substituição a mais frequente nos quarto, sexto e oitavo anos de escolaridade.

Por outro lado, a operação de substituição detém um peso que não é negligenciável logo no nível de escolaridade mais baixo aqui considerado (o 2.º ano de escolaridade, onde surge com um valor percentual de 36,2% e um valor médio de 18,9 operações).

Os resultados apresentados mostram que o texto não surge de forma automática – o processo de escrita ganha *profundidade*.[2] A existência de alternativas acarreta que os sujeitos têm de se implicar no texto que vão construindo através da tomada de decisão. Esta pode ser mobilizada quanto à integração ou não de uma expressão linguística, quanto à substituição de unidades por outras, quanto à supressão de unidades inicialmente escritas e quanto à possibilidade de uma unidade poder figurar em diversos pontos das unidades textuais, no âmbito da frase ou mesmo com um alcance mais largo.

Como as expressões linguísticas que hão-de integrar um texto não estão completamente pré-determinadas, a dimensão de descoberta, para construir a relação com a linguagem, pode estar potencialmente presente no processo de escrita dos alunos. Ela liga-se à consideração de alternativas, à procura de novos rumos textuais, que frequentemente são influenciados pela linguagem que vai sendo escrita. As possibilidades que se mantêm em aberto ao escrever o texto fazem aumentar a responsabilidade do sujeito e a complexidade da sua tarefa, pois não tem apenas que colocar em texto o plano orientador, mas também tem de decidir quanto à manutenção ou não do rumo previsto nesse plano, face à ocorrência de novas ideias frequentemente despoletadas pela colocação de determinadas palavras no papel. Uma vez presentes (na mente ou no papel), elas têm a capacidade de desencadear novas relações.

Contudo, verifica-se frequentemente que o desafio para o aluno não é conjugar ou gerir de forma integrada o plano orientador e as novas ideias que vão surgindo, ou mesmo decidir a alteração do rumo previamente previsto. Em muitas situações, o pouco tempo dedicado à planificação faz depender o texto somente do rumo que as palavras vão tomando.

Este é um dos traços que podem diferenciar a escrita desenvolvida. Enquanto nesta os problemas se colocam num nível mais geral, geralmente logo na planificação, e são resolvidos por relação com esse nível geral, integrador, na escrita de muitos alunos, os problemas colocam-se à medida que se vai escrevendo, não por ligação a um plano orientador (que também poderá ser transformado no decurso do processo), mas prolongando o texto.

---

[2] Cf. Barbeiro (2001).

Fundamentação

A acompanhar a tomada de decisão surge a componente de fundamentação das propostas de alternativas para a construção textual. A interacção entre os elementos do grupo faz emergir no âmbito da negociação os argumentos apresentados por cada sujeito.

A fundamentação pode incidir sobre diversos domínios: sobre as propostas de expressões linguísticas, quer na perspectiva da correcção, quer na perspectiva da consideração de alternativas; sobre a selecção de elementos ou tópicos a incluir no texto, previamente à formulação das expressões linguísticas; sobre a organização e estrutura textuais; sobre a configuração formal e também sobre a própria execução da tarefa.

A natureza dos argumentos e o nível de explicitação atingido também é variável. Considerara-se na base a modalização do discurso, que surge, por exemplo, através dos auxiliares modais *poder*, *dever*, *ter de/que* e a avaliação, frequentemente segundo o paradigma «bom» ou «bem» e correspondente variação de grau. Mas também surge, num nível de maior explicitação a invocação de princípios relativos à representação escrita das unidades, às propriedades de textualidade e à própria execução da tarefa.

Para além dos valores absolutos, interessa-nos verificar, por meio da consideração dos diversos níveis de escolaridade, se a tomada de decisão se torna mais reflectida, por meio da consideração de uma multiplicidade de argumentos. Para além do maior número de alternativas, este aspecto pode revelar um aprofundamento da relação com a linguagem por meio da procura reflectida, no âmbito do grupo, das vantagens ou desvantagens de uma proposta.

No quadro seguinte, apresentam-se os resultados subdivididos em *primeiros argumentos* e *argumentos subsequentes* considerados no grupo para uma tomada de decisão.

O processo de escrita e relação com a linguagem 109

Quadro 3 – *Enunciados de fundamentação –*
1.ᵒˢ argumentos e argumentos subsequentes

Nív.	A - 1.º Arg.			B - Arg. Subseq.		
	Total	Média	% Média	Total	Média	% Média
N2	182	22,8	(67,9)	108	13,5	(32,1)
N4	309	38,6	(62,6)	202	25,2	(37,4)
N6	470	58,8	(56,3)	390	48,8	(43,7)
N8	704	88	(54,5)	597	74,6	(45,5)

A maior amplitude da fundamentação revela-se sobretudo pelo peso proporcional maior que detêm os argumentos subsequentes no conjunto dos argumentos, ao considerarmos os níveis de escolaridade mais avança-dos. No seio do grupo, verifica-se um maior contraste de perspectivas, a partir das posições diferenciadas de cada sujeito, ou a necessidade de sustentar a decisão de forma mais sólida, por meio da explicitação de argumentos adicionais.

Em síntese, a construção textual, ao colocar o sujeito perante a linguagem, activa uma relação que é feita não apenas de verificação e de correcção, mas também de escolhas entre alternativas possíveis, a que aqui foi dado relevo. Essas escolhas são passíveis de argumentação, reveladora das concepções do sujeito acerca da linguagem e da sua utilização, ou seja, da sua consciência metalinguística, mobilizada no âmbito do processo de escrita.

A construção do texto em colaboração faz emergir, porventura com maior força, as operações de reformulação que integram o processo de escrita, acompanhadas da fundamentação mobilizada para a tomada de decisão.

Favorecer a construção da relação com a linguagem

Em que medida podemos favorecer o desenvolvimento da relação com a linguagem, que é algo que tem de ser construído pelo sujeito?

Apesar das diferenças entre os processos respeitantes à escrita desenvolvida e à escrita em desenvolvimento, colocadas em foco por Bereiter e Scardamalia (1987), verificamos que há pontos ou, se quisermos, rudimentos de contacto com os processos mais complexos (activados pelos adultos que se afirmaram como escritores ou que recorrem à escrita no âmbito da sua profissão) que se vão acentuando com o progressivo domínio da escrita durante os anos de aprendizagem. É o caso do aumento de alternativas consideradas e do incremento da procura de fundamentação para a tomada de decisão na construção textual.

No caso dos escritores, em contraposição ao valor absoluto da inspiração, surge cada vez mais em consideração o trabalho no âmbito do próprio processo de escrita. Neste surgem em evidência a consideração de alternativas, a procura de novas formulações, a revisão, a reescrita.[3]

Em relação aos que utilizam a escrita no âmbito de uma outra profissão surge em relevo a actuação estratégica, em ligação à prossecução de objectivos, a consideração da perspectiva do leitor, mas também a salvaguarda de quem escreve. Isso mesmo ressalta em estudos apresentados em Janssen e Neutelings (2001), que revelam a dimensão estratégica activada pelos redactores de documentos oficiais holandeses, no seu processo de escrita.[4]

É claro que em qualquer destes casos, da escrita literária ou da escrita profissional, os seus sujeitos mobilizam para o processo outros recursos vivenciais, outro aprofundamento da reflexão, outras relações adquiridas no contacto com modelos textuais.

A consideração da relação com a linguagem por parte dos escritores ou dos profissionais que utilizam a escrita faz surgir duas perguntas no campo do ensino-aprendizagem:

- Não sendo reconhecido aos alunos, de uma forma geral, o estatuto social de criadores literários, será que a dimensão social ligada à criação se encontra afastada da sua relação com a linguagem?
- Por outro lado, não se realizando geralmente as tarefas escolares de escrita funcional, em ambiente real, mas assumindo antes, frequentemente, o carácter de simulação, será que a dimensão estratégica se encontra afastada da escrita dos alunos?

---

[3] Isso mesmo ficou expresso num texto apresentado nas I Jornadas: «Todavia, a Musa dos escritores clássicos só já tem lugar, cada vez mais, no mundo restrito da ficcionalidade. O processo de composição não se caracteriza predominantemente pela espontaneidade e/ou pelo automatismo (mesmo que possa colher aí o impulso), mas pela revisão, pela reformulação de ideias, pela reelaboração constante cíclica.» (Xavier, 2000)

[4] Da sua própria análise de documentos de natureza política, Neutlings e Maat (2001) fazem ressaltar: «(...) we may conclude that strategic writing seems to be governed by what we would like to call the DON'T-HANG-YOURSELF principle, i. e., don't say things that may cast an unfavorable light on your proposal.» (Neutlings e Maat, 2001: 253).»

Em relação à dimensão social, devemos ter presente que a turma, com os professores e os colegas, e a própria escola constituem uma comunidade relacional. É possível activar nestes espaços a dimensão da escrita criativa, bem como de outras utilizações da escrita. Surgem aqui as potencialidades da afixação de textos, da organização de exposições, da edição de jornais de turma ou de escola, da correspondência inter-escolar, etc.

Esta perspectiva social poderá não assentar apenas nos produtos e estender-se também ao processo de escrita. Para isso, poderão ser adoptadas estratégias que desencadeiem o aparecimento de alternativas e de novas relações no processo de construção textual: a escrita em interacção (que esteve em foco na investigação apresentada), a interrupção do processo de escrita individual para comunicar aos colegas o ponto em que o texto se encontra e os rumos previstos pelo autor, responder a questões e receber sugestões por parte dos colegas, etc. (cf. Barbeiro, 1999, secção C).

Através da mobilização destas estratégias de interacção social em torno do que se escreve, a relação com a escrita torna-se consciente em muitos aspectos e mobiliza um discurso sobre a própria escrita, com reflexos para a consciência metalinguística e para a capacidade de explicitação e de fundamentação de rumos experimentados na relação com a linguagem.

Em relação à dimensão estratégica, deve ter-se presente que ela não está afastada do contexto escolar. O alvo primordial dessa actuação estratégica é, sem dúvida, o professor.

Os alunos escrevem para mostrar aos professores quanto sabem (Tolchinsky, 2000:41) e também, no caso da aprendizagem da língua materna, para mostrarem ao professor que são capazes de moldar a linguagem segundo determinados modelos valorizados pelo professor (eventualmente noutras circunstâncias). A demonstração destes aspectos pode mesmo sobrepor-se aos critérios que deveriam ser activados para a construção de determinado texto. Carvalho (1997) refere a preocupação dos alunos em introduzirem nos textos «elementos, de carácter variável, que o aluno sabe serem normalmente valorizados pelos professores de língua materna: a variedade lexical, a abundante adjectivação, a defesa de valores como a paz, a solidariedade, a protecção ao ambiente, a expressão de sentimentos e emoções, mesmo quando isso significa uma fuga aos objectivos que um texto de determinada natureza pretende atingir.» (p. 500).

Num jogo entre o real e o simulado, a tarefa de escrita escolar pode tomar como um objectivo fundamental a descoberta da própria linguagem, o estabelecimento de uma relação entre o sujeito e a linguagem que permita descobrir as suas potencialidades. A capacidade de procurar alternativas e de decidir sobre a linguagem, que podem ser colocados em foco no processo de escrita, dotará o aluno da plasticidade necessária para adaptar a sua relação com a linguagem segundo as exigências de novos contextos reais.

Na tarefa de escrita escolar, o contexto real é da escola, mas o núcleo desse contexto, no processo de escrita, é a relação entre o sujeito e a linguagem. Esse núcleo constitui o contexto imediato também nas outras situações de escrita. Claro que o sujeito e a própria linguagem não surgem despojados de valores sociais e são condicionados por elementos do contexto físico. Para esse núcleo, são mobilizados pelo sujeito conhecimentos, motivações, estratégias, constrangimentos, estatutos, representações sociais, que o levam a considerar não uma única formulação de linguagem, mas a (re)formular, a decidir entre alternativas, em diversos níveis, ou seja, a aceitar uma versão ou a explorar as potencialidades que se encontram noutras possibilidades. Para que o possa fazer nesse contexto nuclear é necessário que consiga estabelecer a relação com o contexto mais vasto e aí encontrar fundamentos em termos de adequação e de actuação estratégica.

O desenvolvimento dessa capacidade de relacionamento com a linguagem que é activada no processo de escrita está em grande medida e, cada vez mais confiado à escola (cf. Fonseca, 1992). Por um lado, porque, no mundo de comunicação audiovisual contemporâneo, só a escola permaneceu como a grande solicitadora e utilizadora dos escritos mais elaborados dos alunos (para fins de construção ou de manifestação do conhecimento)[5]. Por outro lado, porque a produção de documentos escritos que perdurou na nossa sociedade se encontra, em grande medida, ligada ao exercício de profissões. Estas profissões ainda não estão a ser objecto de aprendizagem por parte dos alunos a que aqui nos estamos a referir, mas queremos que eles saiam da escola do ensino básico e secundário capacitados para a sua aprendizagem, capacitados designadamente para a aprendizagem das especificidades da relação com a linguagem que esses documentos activam, tendo por base a descoberta que ao longo do percurso escolar anterior o aluno foi fazendo em relação à linguagem.

Se em relação ao processo de escrita, a consideração de um contexto nuclear entre sujeito e linguagem não nega a relação com os contextos

---

[5] Os últimos anos viram surgir o correio electrónico, que reactivou o recurso à escrita para a comunicação pessoal quotidiana. Em relação a documentos mais elaborados, é ainda na escola que temos de os procurar nestes níveis etários.

mais vastos, também em relação ao ensino-aprendizagem da escrita se pode ter em conta as possibilidades oferecidas por contextos mais vastos.

Assim, o contexto nuclear entre o sujeito e a linguagem é um contexto de tomada e activação de consciência, de resolução de problemas, de escolhas e de afirmação pessoal perante si próprio (que poderá manter-se nesse círculo, como geralmente acontece com a escrita diarista, com poemas guardados sem terem sido mostrados a alguém, etc.).

Este contexto pode ser alargado: ao professor, aos colegas, eventualmente aos familiares próximos e amigos do aluno que o acompanham na vida quotidiana. É ainda um contexto próximo, marcado pela inserção do aluno num círculo de aprendizagem. A relação com a linguagem experimentada no contexto nuclear pode aqui ser testada, ganhar uma primeira audiência, receber sugestões, adquirir uma dimensão de interacção, que pode ter uma acção directa sobre o processo de escrita. Este contexto, por via da interacção com outros, da recolha dos seus pontos de vista, da verificação da leitura que é feita, é um contexto privilegiado para a escrita deixar de se basear apenas naquele que escreve e passar a ter em conta o leitor, podendo transformar textos centrados no emissor (*writer-based*) em textos centrados no leitor (*reader-based*) (cf. Flower 1979, 1998).

Um contexto mais vasto surge com o alargamento à escola ou a familiares e conhecidos menos próximos. Aqui, a interacção a propósito da relação com a linguagem é menos frequente e começa a surgir a dimensão de participação social, precisamente nos círculos de que o sujeito faz parte e onde passa a participar por meio dos seus textos escritos. Divulgam-se textos em colectâneas ou exposições, publicam-se textos nos jornais escolares, afixam-se cartazes, etc. A participação é aqui o vector fundamental. Para se concretizar pode receber e geralmente recebe a mediação do contexto anterior (correcções pelo professor, textos colectivos, etc.)

O contexto pode ainda ser alargado à comunidade extra-escolar. Aqui a participação ganha um carácter de intervenção: publicam-se textos em jornais locais, escreve-se ao Presidente da Câmara, ou a outros órgãos de poder político, fazem-se campanhas a favor da preservação do património, da defesa do ambiente, da protecção dos direitos humanos, etc. e estas campanhas vêem surgir produtos escritos a elas associados.

Pela participação do sujeito nestes contextos, o processo de escrita pode ser enriquecido em relação aos fundamentos e aos critérios de decisão. No contexto nuclear vão continuar a processar-se elementos ligados às dimensões estratégica, pessoal e social da escrita.

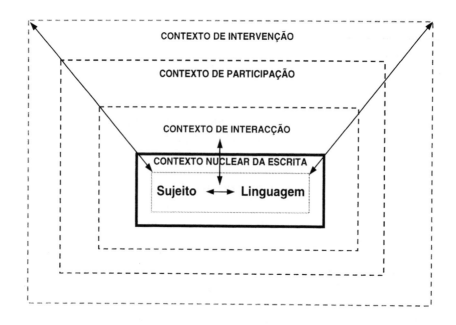

Fig. 1 — Contextos da relação com a escrita

REFERÊNCIAS

BARBEIRO, Luís (1994) – *Consciência metalinguística e expressão escrita*. Braga: Universidade do Minho.

BARBEIRO, Luís (1999a) – *Os alunos e a expressão escrita: consciência metalinguística e expressão escrita*. Lisboa: Fundação Calouste Gulbenkian.

BARBEIRO, Luís (1999b) – *Jogos de escrita*. Lisboa: Instituto de Inovação Educacional.

BARBEIRO, Luís (2001) – Profundidade do processo de escrita. In *Educação & Comunicação*. Revista da Escola Superior de Educação de Leiria. 5, 64-76.

BEREITER, CARL; SCARDAMALIA, Marlene (1987) – *The psychology of written composition*. Hillsdale, New Jersey: Lawrence Erlbaum Associates.

CAMPS, Anna; MILIAN, Marta (Eds.) (2000) – *Metalinguistic activity in learning to write*. Amsterdam: Amsterdam University Press.

CARVALHO, José António Brandão (1997) – O processo de escrita e as práticas de escrita na aula de língua materna. In LEITE, Laurinda *et alii* (Org.) – *Didác-*

ticas, Metodologias da Educação. Braga: Departamento de Metodologias da Educação da Universidade do Minho.

CARVALHO, José António Brandão (1999) – *O ensino da escrita: da teoria às práticas pedagógicas*. Braga: Instituto de Educação e Psicologia, Centro de Estudos em Educação e Psicologia.

FERREIRA, M.ª Edite Pacheco (1999) – A avaliação e a escrita. In MELLO, Cristina (Coord.) – *I Jornadas Científico-Pedagógicas de Português*. Braga: Instituto de Educação e Psicologia, Centro de Estudos em Educação e Psicologia.

FLOWER, Linda S.; HAYES, John R. (1981) – A cognitive process theory of writing. *College Composition and Communication*. *32*, 365-87.

FLOWER, Linda (1979) – Writer-based prose: A cognitive basis for problems in writing. *College English*. *41*, 19-37.

FLOWER, Linda (1998) – *Problem-solving strategies for writing in college and community*. Orlando: Harcourt Brace College Publishers.

FONSECA, Fernanda Irene (1992) – A urgência de uma pedagogia da escrita. *Mathésis*. 1, 223-251.

GARCIA-DEBANC, Claudine (1986) – Intérêts des modèles du processu rédactionel pour une pédagogie de l'écriture. *Pratiques*. 49, 29-56.

JANSSEN, Daniël; NEUTELINGS, Rob (Eds.) (2001) – *Reading and writing public documents: Problems, solutions and characteristics*. Amsterdam/ /Philadelphia: John Benjamins Publishing Company.

JANSSEN, Daniël; NEUTELINGS, Rob (Eds.) (2001) – *Reading and writing public documents: Problems, solutions and characteristics*. Amsterdam/ /Philadelphia: John Benjamins Publishing Company.

NEUTLINGS, Rob; MAAT, Henk Pander (2001) – Trust but verify: Local suspensions of the cooperation principle in political communication. In JANSSEN, Daniël; NEUTLINGS, Rob (Eds.) – *Reading and writing public documents: Problems, solutions and characteristics*. Amsterdam/ /Philadelphia: John Benjamins Publishing Company.

PEREIRA, M.ª Luísa Álvares (2000) – *Escrever em Português: didáctica e práticas*. Porto: Edições Asa.

TOLCHINSKY, Liliana (2000) – Contrasting views about the object and purpose of metalinguistic work and reflection in academic writing. In CAMPS, Anna; MILIAN, Marta (Eds.) – *Metalinguistic activity in learning to write*. Amsterdam: Amsterdam University Press.

3.ª MESA REDONDA

TECNOLOGIAS EDUCATIVAS –
POSSIBILIDADES DE APLICAÇÃO PEDAGÓGICA

A APLICAÇÃO BARTHES[1]
(Base de Aprendizagem Relacional Temática: Hermenêutica, Estilística e Simbologia)

ANTÓNIO MOREIRA
Universidade de Aveiro

Resumo

Desenvolvido em Macromedia Director™ no Laboratório de Courseware Didáctico, Departamento de Didáctica e Tecnologia Educativa da Universidade de Aveiro, o protótipo hipermedia de flexibilidade cognitiva BARTHES (Moreira et al, 2001) encontra inspiração na Teoria da Flexibilidade Cognitiva (Spiro et al, 1988) e nos princípios pedagógicos da aprendizagem de acesso aleatório. BARTHES é o acrónimo de "Base de Aprendizagem Relacional Temática: Hermenêutica, Estilística e Simbologia" e permite a inserção de texto, imagem, som e video, seguindo os princípios de *design* dos hipertextos de flexibilidade cognitiva.

Pressupondo a desconstrução e decomposição de exemplos ilustrativos de um dado domínio de conhecimento, nomeadamente no âmbito da Literatura, em fragmentos mais reduzidos, bem como a sua indexação a perspectivas conceptuais de análise, comentadas por referência ao contexto em que se inserem, o protótipo permite a reorganização da informação de modo a possibilitar a realização de "visitas guiadas" à paisagem conceptual proposta para estudo.

Outras actividades podem ser também implementadas a partir do protótipo, nomeadamente o registo discreto de percursos efectuados pelos alunos ou a construção de *portfolios* electrónicos por parte dos mesmos, desde que se lhes sejam atribuídos privilégios de gestão do programa.

---

[1] Com apoio do "Programa Operacional Ciência, Tecnologia e Inovação (POCTI)" do Quadro Comunitário de Apoio III.

Esta ferramenta deu já origem a um outro hipermedia de flexibilidade cognitiva, designado DIDAKTOS (Moreira et al, 2001), que possui características mais abertas em relação aos conteúdos que nela podem ser colocados, e ainda ferramentas de trabalho interactivo entre professor e aluno. Prevê-se ainda para o próximo ano *portar* o protótipo para a *Web*, mediante princípios de aprendizagem colaborativa à distância.

1. A Teoria da Flexibilidade Cognitiva

A Teoria da Flexibilidade Cognitiva, que contará já quase vinte anos de desenvolvimento, procura fornecer a base cognitiva seja para a compreensão seja para a promoção do desenvolvimento do conhecimento especializado, caracterizado pela integração de conhecimento relevante na aplicação a situações problemáticas novas (Spiro, Coulson, Feltovitch & Anderson, 1988).

A Teoria da Flexibilidade Cognitiva parte do princípio de que existe uma fase de aquisição de conhecimento complexo que ocorre entre a aprendizagem de aspectos introdutórios de um dado domínio e a obtenção de conhecimento especializado no mesmo domínio. Parte-se assim do pressuposto que os momentos introdutório e avançado da aquisição do conhecimento têm objectivos e naturezas diferentes.

O objectivo da aprendizagem a nível introdutório, seja em domínios bem estruturados ou de estruturação holístico-integrativa, é fornecer ao aluno um domínio básico dos conteúdos, sendo que o resultado deste objectivo é geralmente avaliado através de tarefas de reconhecimento e de memória, de índole eminentemente factual, com a finalidade, diga-se "infeliz", de progressão no currículo de formação.

Por outro lado, os objectivos de aquisição de conhecimento complexo requerem que o aluno apreenda relações e princípios conceptuais relevantes que se encontram subjacentes a um dado domínio – ou seja, as componentes estruturais de um dado conhecimento –, para além da aquisição de uma mais vasta base de conhecimentos factuais nesse mesmo domínio – isto é, as componentes superficiais desse conhecimento.

Os aprendentes dos níveis mais elevados deveriam ainda ser capazes de transferir esse conhecimento de modo flexível e relevante para uma variada gama de novas situações, em contextos diversificados de ocorrência, numa instanciação já muito próxima do comportamento especializado.

2. Características das abordagens de ensino nos momentos introdutórios de aprendizagem

Existem, com efeito, indicadores na literatura da especialidade que remetem para a constatação de que as abordagens de ensino que são adequadas à aprendizagem introdutória em áreas simples e bem estruturadas podem ser desadequadas às aprendizagens que se situam em domínios complexos e de estruturação holístico-integrativa (Feltovich, Spiro & Coulson, 1989; Spiro et al., 1987; Spiro et al., 1988; Spiro, Feltovich, Coulson & Anderson, 1989).

As abordagens de ensino que são eficazes num nível introdutório de aprendizagem geralmente simplificam o material educativo numa diversidade de modos que incluem:

- a compartimentalização do conhecimento e a simplificação das interrelações entre diferentes componentes de áreas do saber;
- a utilização de um tipo único de representação do conhecimento que se manifesta num único tema, numa única analogia, numa única linha de argumentação;
- a ênfase na memorização do conhecimento anteriormente aprendido;
- a abstracção dos conhecimentos relativamente aos contextos em que se aplicam.

Infelizmente, o insucesso na aprendizagem a níveis avançados de aquisição de conhecimento é do conhecimento público, particularmente nos domínios complexos de estruturação holístico-integrativa, podendo-se diagnosticar pela utilização de abordagens e práticas simplificadoras e não apropriadas (Feltovich et al., 1989; Spiro et al., 1987; Spiro, Jacobson & Jehng, 1988; Spiro et al., 1989).

Este estado de coisas é ilustrado pelos processos instaurados a várias classes profissionais de que é exemplo típico a classe médica que tem sido alvo, praticamente em todo o mundo, das acusações dos utentes relativamente a aspectos de negligência, nomeadamente ao nível da incorrecção dos diagnósticos produzidos, rastreáveis a deficiências de aprendizagem.

3. Domínios complexos de aprendizagem e os "cruzamentos de uma paisagem conceptual"

Uma metáfora central associada à Teoria da Flexibilidade Cognitiva é a paisagem cruzada em várias direcções (Spiro & Jehng, 1990), que sugere uma analogia entre a observação de uma paisagem de pontos de vista múltiplos e a compreensão cognitiva de uma "paisagem" conceptual complexa a partir de múltiplas perspectivas intelectuais, metáfora esta que se deve a Wittgenstein (1985).

Alargando-se esta metáfora, tal como o conhecimento das várias facetas de uma paisagem só emergirá após várias travessias desse local, em várias direcções, partindo de pontos diversos, a Teoria da Flexibilidade Cognitiva defende que o desenvolvimento de uma compreensão cogniti-vamente rica de um campo conceptual complexo só emergirá após nume-rosos e diversificados cruzamentos desse domínio de conhecimento.

A aprendizagem em domínios complexos pode então ser vista como o cruzamento de perspectivas conceptuais, com um tipo de ensino também de nível complexo, e que envolve o desenvolvimento de materiais que per-mitam explorações multidireccionais de um domínio por um aluno activo, empenhado e persistente, em conjunção com a presença permanente de um especialista que o guie – presença essa que não tem que ser necessaria-mente física.

A Teoria da Flexibilidade Cognitiva sugere algumas técnicas de ensino que se destinam a facilitar a aquisição de conhecimento em níveis complexos de aprendizagem e a evitar os problemas de aprendizagem associados à utilização indevida de abordagens de ensino que simplificam em demasia a complexidade. Tais sugestões incluem:

- a ênfase na natureza intrincada e "tecida" do conhecimento, em vez do conhecimento compartimentado e isolado;
- a utilização de representações múltiplas do conhecimento (temas, analogias, exemplos de casos, linhas de argumentação múltiplas, interpretações de origem diversificada);
- o encorajamento da ligação de conhecimentos relevantes a partir de casos e fontes conceptuais diferentes (em vez de se trazer in-tacta à memória a informação previamente memorizada);
- a ligação explícita dos conceitos à prática (situando o conheci-mento conceptual em contextos que são semelhantes aos requeri-dos para a aplicação do conhecimento) (Spiro, Jacobson & Jehng, 1988).

A utilização de características de ensino tais como as enunciadas anteriormente são defendidas pela Teoria da Flexibilidade Cognitiva como auxiliares do aluno para cultivar algumas das destrezas cognitivas flexíveis normalmente atribuídas aos especialistas num domínio específico do conhecimento.

Há ainda resultados de investigação que apontam no sentido de os procedimentos educativos baseados na Teoria da Flexibilidade Cognitiva promoverem a capacidade de os alunos adquirirem e transferirem conhecimento complexo (Hartman & Spiro, 1989; Spiro et al., 1987).

Os seis grandes traços caracteriais dos domínios de conhecimento de estruturação holístico-integrativa, conforme nos são apresentados por Spiro et al. (1987), consistem na ausência de regras gerais ou de princípios que cubram a maioria dos casos ilustrativos da realidade ou das situações reais em si próprias; na ausência de categorias estruturadoras e estruturantes que determinem acções apropriadas num dado caso ou situação; nas relações conceptuais hierárquicas que são muitas vezes invertidas de caso para caso; nos exemplos protótipo, vulgarmente apresentados em situações de aprendizagem, que tendem a ser enganadores e não representativos de casos reais; na existência de contextos diferentes que alteram os padrões de significância para os mesmos traços; e na novidade de situações que resulta da explosão de interacções de alto nível entre vários traços e variáveis relevantes.

A presença de todas estas características, ou de um seu subconjunto, é indiciadora da presença de um domínio de estruturação holístico-integrativa. Nestes domínios acontece que a nível introdutório ocorrem simplificações exageradas que, embora de algum valor ao nível de ensino/ /aprendizagem a que se dirigem, impedem – ou de algum modo coartam – a aquisição de conhecimento complexo de estruturação holístico-integrativa a nível avançado. Spiro, Coulson, Feltovich & Anderson (1988) discutem sete tipos de problemas, atitudes ou procedimentos que, de modo genérico, referem por "tendência redutora":

- Simplificação exagerada das estruturas complexas e irregulares.
- Confiança exagerada numa única base para a representação mental.
- Confiança exagerada no processamento descendente.
- Representação conceptual descontextualizada.
- Confiança exagerada nas estruturas pré-compiladas do conhecimento.
- Compartimentação rígida dos componentes do conhecimento.
- Transmissão passiva do conhecimento.

Opõem-se-lhe os seguintes preceitos de correcção desta tendência redutora:

• Evitar exageros na simplificação e na regularização do conhecimento: em vez de se simplificar o conhecimento, a complexidade do saber deveria ser enfatizada. Muitos fenómenos são complexos e consistem em numerosos elementos interrelaccionados que são deficientemente representados pela decomposição atomística da informação que os explica. As interacções das componentes do conhecimento bem como as suas combinações conceptuais deveriam ser enfatizadas para cultivar uma apreciação das facetas holísticas desse domínio.

• Apresentar representações múltiplas do conhecimento: por definição, nenhum esquema, conceito, ou perspectiva temática únicos podem ser aplicáveis a toda a gama componencial de um domínio "pouco-estruturado". Somente pelo recurso a vários esquemas, conceitos e perspectivas temáticas é que a natureza multifacetada da área de conhecimento pode ser representada e apreciada. Uma abordagem educativa eficaz neste campo (Spiro, Coulson, Feltovich & Anderson, 1988) pode encontrar-se na utilização de analogias múltiplas. Por outro lado, e a corroborar esta sugestão, a noção de modelos mentais múltiplos proposta por White & Frederiksen (1986), apresenta-se também como de algum modo relacionável com a vantagem de se utilizarem analogias múltiplas.

• Tomar o caso como base de análise de um dado domínio de conhecimento: é também importante que se empregue uma variedade de casos que sejam representativos do domínio. Muitos dos aspectos da pouca-estruturação de um domínio somente são revelados através do exame de múltiplos temas que se evidenciem enquanto relevantes no contexto de vários casos e de vários fragmentos de casos. O recurso aos casos enquanto ponto de partida para a aquisição de conhecimento apresenta-se assim como um precioso auxiliar para se evitar a tendência redutora associada com a utilização excessiva do processamento descendente que frequentemente simplifica – e deficientemente representa – as situações complexas de estruturação holístico-integrativa.

• Conceber o conhecimento conceptual como "conhecimento em utilização": um dos mais graves problemas que se associa às abordagens de ensino tradicionais é que o conhecimento se torna descontextualizado das condições da sua aplicabilidade. Os conteúdos de um determinado domínio de conhecimento são geralmente ensinados em situações que pouco têm em comum com as condições que os alunos encontrarão quando tiverem que aplicar esse mesmo conhecimento em situações reais

(Brown, Colins & Duguid, 1989; Collins, Brown & Newman, 1987). Isto é também verdadeiro no que toca à avaliação da qualidade dos desempenhos no decurso do processo de ensino/aprendizagem. É importante desenvolver uma apreciação do conhecimento na prática, e em particular a utilização mais adequada, em exclusivo, do conhecimento requerido nos domínios de estruturação holístico-integrativa. Um problema semelhante foi também detectado por Feltovich et al. (1989) em indivíduos que não são capazes de evocar e aplicar conhecimento relevante de base quando confrontados com situações práticas de aplicação efectiva, mesmo quando possuem uma vasta experiência de casos, resultando na análise inapropriada, distorcida, enviezada, das facetas relevantes de um caso particular.

• Re-estruturar os esquemas – da rigidez à flexibilidade: dada a falta de regularidade nos domínios de estruturação holístico-integrativa, é geralmente impossível utilizar estruturas de conhecimento rígidas, pré-existentes. A ênfase deverá mudar da evocação das estruturas de conhecimento pré-compilado, rígido, intacto, para a re-estruturação de conhecimentos de diferentes fontes conceptuais de casos precedentes para adaptativamente se moldarem à situação em causa (Spiro et al., 1987), e que se encontra, obviamente, em contraste marcado com a abordagem educativa tradicional da aprendizagem inicial que enfatiza o reconhecimento e memorização de informação específica.

• Não compartimentalizar os conceitos e casos tendentes a uma interligação múltipla: este preceito relaciona-se mais directamente com os temas das representações múltiplas e da montagem de esquemas. As estruturas de conhecimento de tipo monolítico, rígido, promovem a compartimentação do mesmo modo que as abordagens tradicionais de ensino que enfatizam a separação em capítulos, assuntos, etc. Ao empregarem-se representações múltiplas de diferentes perspectivas temáticas e casos, o conhecimento compartimentado é ultrapassado, podendo as interrelações entre diferentes orientações conceptuais e os exemplares contrastantes de casos do domínio de conhecimento "pouco-estruturado" ser melhor apreciados pelo aprendente.

• Envolver os alunos activamente, acompanhá-los e apoiá-los no manuseamento da complexidade: o envolvimento activo do aprendente na aquisição do conhecimento, há tanto tempo enfatizado nas teorias cognitivas de aprendizagem, é vital nos domínios de estruturação holístico--integrativa.

Recentemente a literatura tem também sido reflexo da atenção que o aspecto da aprendizagem activa e acompanhada tem vindo a merecer por parte da comunidade científica: as abordagens tutoriais e de aprendizagem para a aprendizagem (ex. ensino recíproco – Brown & Palinesar, 1985; ensino socrático – Collins, 1977; aprendizagem cognitiva – Collins et. al, 1987; aprendizagem situada – Brown et. al, 1989; tele-aprendizagem – Levin, Riel, Miyake & Cohen, 1987). Quaisquer destes tipos de ambientes e de abordagens educativas, em conjunção com auxiliares tecnológicos bem planificados tais como os sistemas tutoriais inteligentes, os "empowering environments", micromundos, e hipertexto, deveriam ajudar a facilitar a aquisição e a aplicação de conhecimento complexo (Collins, 1989; Jacobson & Spiro, 1993; Spiro, Jacobson & Jehng, 1988).

4. Validação empírica da TFC

Houve vários estudos empíricos da Teoria da Flexibilidade Cognitiva até à data. Cada uma destas experiências relatou descobertas que corroboraram diferentes aspectos de aplicação da Teoria da Flexibilidade Cognitiva.

Num teste preliminar da Teoria da Flexibilidade Cognitiva, foram conduzidas duas experiências relacionadas entre si com sujeitos do ensino secundário, nos E.U.A., utilizando conteúdos retirados da História do Século XX (Spiro et al., 1987). Um grupo, em condição de controlo, recebeu a informação num formato unidimensional, típico de livros de texto e de manuais com capítulos descrevendo temas abstractos (tais como "Caos, Incerteza e Irracionalidade" ou "Fragmentação das Velhas Unidades").

O outro grupo, em condição experimental, recebeu uma apresentação do mesmo material centrada num caso (ligeiramente modificada em aspecto e estrutura) que foi re-apresentada num contexto diferente (numa operacionalização da metáfora do "criss-crossing" [cruzamento] da paisagem conceptual). Neste tratamento solicitava-se aos sujeitos que estabelecessem pares de parágrafos-caso entre parágrafos de diferentes capítulos (uma segunda experiência conduzida no mesmo âmbito substituiu a apresentação dos casos na mesma ordem que a condição de controlo mas utilizando ligações específicas caso a caso).

Os resultados mais importantes do estudo mostram que os sujeitos na condição de controlo, "livresca", obtiveram melhores resultados do que os da condição experimental, de "cruzamento", nos testes de memória reprodutiva, mas o grupo experimental excedeu o grupo de controlo em todas as provas de transferência. Ambos os resultados são consistentes com as previsões teóricas da Teoria da Flexibilidade Cognitiva.

Um outro estudo sobre a aquisição, aplicação e transferência do conhecimento é relatado em Hartman & Spiro (1989). Esta experiência de campo utilizou 36 estudantes universitários provenientes de minorias (alunos dos 1º e 2º anos) num curso de Verão de quatro semanas com os quais se exploraram os efeitos do ensino tendo como suporte o texto de moldes tradicionais, linear, e o texto "pós-estruturalista", não-linear (isto é, fundamentado na Teoria da Flexibilidade Cognitiva) na aprendizagem de conhecimento complexo. Não se explicita, todavia, em que domínio.

Recorrendo a justificações que se baseiam no facto de a investigação nos 10 últimos anos ter demonstrado que o ensino explícito da estrutura de extractos de texto (através de representações estruturais ou enquadramentos mentais tais como mapas, "frames", "pattern guides", ou organizadores avançados) é eficaz no auxílio que presta à compreensão e memorização de extractos de índole narrativa, por parte dos alunos, Hartman & Spiro (1989) afirmam que há uma necessidade de desenvolver uma abordagem explícita para ensinar a estrutura do texto de modo a facilitar a compreensão de textos a um nível avançado de aquisição de conhecimento. Propõem um novo modo de ensino da estrutura do texto que foi influenciada pelo pensamento pós-estruturalista e que comporta três características principais, decorrentes obviamente dos postulados da TFC: (a) a utilização de perspectivas temáticas ou conceptuais múltiplas acerca de um tópico; (b) a utilização de representações flexíveis que permitam aos aprendentes estabelecer interrelações conceptuais; e, (c) a utilização de uma avaliação da aprendizagem que se encontre orientada para a transferência, tipo de avaliação esse que enfatiza a utilização do conhecimento aprendido de um extracto narrativo num contexto novo mas relacionado com o anterior.

Nas actividades de estudo propostas, o grupo de tratamento tradicional foi explicitamente instruído a manter em mente a metáfora "desenterrar a mensagem do autor" quando se encontrasse a ler e a reflectir sobre o capítulo de um dado texto, com o resultado antecipado de levar os sujeitos a negligenciar ideias de importância presumivelmente secundária e consequentemente favorecer uma representação cognitiva fixa e unidimensional. Assim, o grupo tradicional leu o material com o objectivo de descobrir a ideia principal do autor. O grupo de tratamento "pós-estruturalista" foi conduzido pela metáfora do "cruzamento da paisagem conceptual" que encorajou os sujeitos a analisar o texto sob diferentes perspectivas ou temas intelectuais. A condição "pós-estrututralista" tentou promover uma compreensão cognitiva flexível e multidimensional do texto ao estimular os sujeitos a explorar as ideias de um capítulo a partir de diferentes perspectivas intelectuais.

Os resultados da experiência de Hartman & Spiro (1989) não encontraram qualquer diferença no desempenho dos dois grupos nos testes dirigidos à memória. Houve, porém, diferenças significativas no desempenho relativo aos testes de transferência e aplicação a favor do grupo incluído no tratamento experimental.

Este estudo também distinguia os alunos de elevado desempenho intelectual por oposição aos de baixo desempenho intelectual e, contrariamente aos resultados esperados, não se encontraram diferenças no desempenho dos alunos do grupo experimental em termos de capacidade.

Hartman & Spiro (1989) chegaram assim a três conclusões principais:

(a) a abordagem implementada sob a égide da Teoria da Flexibilidade Cognitiva facilita a aprendizagem dos alunos ao "maximizar a possibilidade de ligações e os elos intertextuais entre os fragmentos de conhecimento à medida que os alunos desconstroem o conhecimento e depois o reconstroem para acomodar novos contextos" (p.6);

(b) as medidas de memória reprodutiva da fase de aquisição não são sensíveis às diferenças nos modos como o conhecimento é aprendido e utilizado pelos alunos em qualquer dos tratamentos experimentais, e;

(c) as abordagens tradicionais de ensino da estrutura do texto podem inibir a aplicação e a transferência do conhecimento complexo. Não se tomou em linha de conta um factor importante e que se constitui nas preferências epistemológicas de aprendizagem dos sujeitos.

Já o terceiro estudo (Jacobson, 1990) considera esta vertente, confirmando que os desempenhos de transferência são superiores para o tratamento pós-estruturalista, mas não encontrando diferenças significativas relativamente aos diferentes estilos cognitivos de índole epistemológica.

Outros estudos realizados em Portugal (Moreira, 1996; Carvalho, 1998), embora com propostas diferentes, confirmam, no essencial, as constatações avançadas pelos estudos anteriormente referidos.

5. Ambientes facilitadores da aprendizagem assistida por computador e a aquisição de conhecimento complexo

Presentemente assiste-se ao aparecimento crescente de um conjunto de ambientes facilitadores da aprendizagem assistida por computador que podem ser utilizados para o ensino em domínios de conhecimento complexo de estruturação holístico-integrativa, tais como os tutoriais, a exercitação de padrões mediada por computadores, as simulações, os sistemas tutoriais inteligentes, o hipertexto e o hipermedia, etc. Contudo, a selecção e *design* de um ambiente facilitador da aprendizagem assistida por computador apropriado é uma questão importante, particularmente dado o seu potencial para o insucesso na aprendizagem, insucesso esse que pode mais facilmente ocorrer em situações sofisticadas de aprendizagem associadas aos níveis avançados nos domínios de conhecimento complexo.

Nesta linha de argumentação, Jacobson & Spiro (1994) propõem um suporte de análise que fornece uma base teórica de recomendações cuja finalidade consiste em determinar que tipos de ambientes facilitadores da aprendizagem assistida por computador são apropriados para momentos específicos de aprendizagem em contextos que envolvam o conhecimento detentor de estruturação complexa, como é o caso da decisão didáctica em situação de sala de aula.

A título de exemplo poderíamos dizer que, por um lado, os sistemas hipertexto são analisados enquanto possuidores de várias características de *design* (i.e., acesso não-linear aos materiais educativos, capacidades flexíveis de ligação que permitam representações múltiplas e interrelacionadas do conhecimento complexo) que podem facilitar a aprendizagem em áreas de conteúdo complexo de estruturação holístico-integrativa, enquanto que, por outro lado, os exercícios de tipo "drill" baseados em computador são normalmente analisados enquanto possuidores de características de *design* que tendem a simplificar a situação de aprendizagem, de tal modo que promovem a aquisição de informação memorizada (i.e., uma representação simplificada do domínio de conhecimento, a repetição de items de estímulo-resposta pré-determinados, o controlo limitado dos materiais por parte do utilizador).

O interesse pela utilização dos sistemas hipertexto com fins educativos tem sido considerável (Alarcão & Moreira, 1990, 1991; Beeman et al., 1987; Beeman et al., 1988; Chamey, 1987; Conklin, 1987a e b; Crane & Mylonas, 1988; Dede, 1987, 1988; Harris & Cady, 1988; Hypertext '87 Papers, 1987; Jonassen, 1986, 1988; Marchionini, 1988; Morariu, 1988;

Moreira, 1991, 1992, 1999, 2000, 2001; Spiro & Jehng, 1990; Taveira et al., 1992).

Embora muita da investigação e muitos dos desenvolvimentos anteriores sobre hipertexto se tenham votado aos aspectos de flexibilidade na capacidade de organização e gestão da informação destes sistemas (Barker, 1987; Conklin, 1987a e b; Oliveira, 1991), a utilização de abordagens hipertexto para facilitação do ensino foi muito menos explorada.

Em contraste com a esmagadora maioria de estudos anteriores sobre aprendizagem assistida por computador, é interessante verificar que as situações de aprendizagem utilizadas em muitos dos sistemas de ensino em hipertexto que se desenvolveram até à data se têm caracterizado por se dirigirem ao ensino superior (ensino politécnico ou universitário) e em áreas de conteúdo complexo de estruturação holístico-integrativa (por exemplo, História da Grécia, Literatura Inglesa, Cultura Universal, para só mencionar alguns). Mais interessante ainda, porque paradoxal, é a orientação linear, por um lado, ou a completa abertura, por outro, que se encontra normalmente na estruturação dos hipertextos educativos. Dada a utilização dos sistemas educativos hipertexto nas situações complexas exigentes de aprendizagens deste tipo, consideramos um sinal de esperança que também se tenham obtido dados que apontam no sentido de sugerir que estes sistemas constituem de facto um auxiliar educativo eficaz (por exemplo, o estudo de orientação qualitativa *Intermedia Project* da Universidade de Brown [Beeman et al., 1987], os protótipos propostos por Spiro, dentre outros). Salvas raras excepções, nas quais incluímos os exemplos referidos anteriormente, e mais recentemente o aparecimento de bases de ensino-aprendizagem como o *Thematic Investigator* de Jacobson, Sugimoto & Archodidou sobre conceitos neo-Darwinistas de Evolução, existe todavia pouca validação qualitativa da viabilidade/validade educativa dos sistemas hipertexto.

Num outro campo – que de algum modo se relaciona com o que temos vindo a discutir – e pese embora a constatação da existência de alguma discussão dissonante relativamente a considerações de índole teórica e de *design* no tocante aos sistemas hipertexto (Jonassen, 1986, 1988; Kearsley, 1988; Spiro & Jehng, 1990), tem havido poucos estudos experimentais sobre os parâmetros necessários para um *design* eficaz de hipertextos educativos a partir do pressuposto da facilitação (enquanto processo destituído de qualquer nuance semântica de "facilitismo") da aprendizagem a níveis avançados nos domínios de conhecimento complexo de estruturação holístico-integrativa.

Uma abordagem possível dirigida ao desenvolvimento de sistemas educativos hipertexto para situações de aprendizagem a níveis avançados – e que constitui o ponto fulcral do presente estudo –, reside em explicitamente basear os parâmetros de *design* na investigação da cognição em aprendizagem, e em particular na Teoria da Flexibilidade Cognitiva. Partindo desta base foram já desenvolvidos vários sistemas hipertexto protótipo até à data – em áreas como a cognição biomédica, estratégia militar, e interpretação cinemática/literária, conceito de perspectiva em educação visual, a aquisição de conceitos de índole gramatical, etc. – que especificamente tenta implementar as recomendações da Teoria da Flexibilidade Cognitiva (Spiro, Jacobson & Jehng, 1988; Spiro & Jehng, 1990). As características chave destes sistemas educativos hipertexto baseados na Teoria da Flexibilidade Cognitiva incluem:

1. A análise do domínio em termos de temas ou perspectivas conceptuais múltiplas de âmbito lato.

2. A utilização de uma vasta gama de exemplos baseados em casos que são subdivididos em unidades educativas íntegras, i.e completas, e que se denominam por "mini-casos", geralmente concretizados em curtos segmentos de texto e/ou imagem.

3. A análise e codificação de um vector temático para cada mini-caso que se compõe, normalmente, de uma subcategorização dos temas possíveis do domínio. Dada a natureza holístico-integrativa da estrutura do conteúdo a veicular, todos os temas em presença raramente (e arriscaríamos mesmo a dizer que nunca) se aplicam a todas as facetas de um mini-caso particular.

4. O fornecimento de comentários especializados ligando as dimensões abstractas temáticas de análise (ou seja, as componentes estruturais do conhecimento) à manifestação específica da secção de texto do mini-caso (ou seja, as componentes superficiais do conhecimento) para cada tema aplicável no contexto de cada caso.

5. O fornecimento de um cruzamento temático ou de uma exploração baseada em temas dos mini-casos. Quer isto dizer que a sequenciação linear inicial de mini-casos associados a um dado caso é re-editada, ligando-os a diferentes secções de mini-casos baseados em temas comuns – ou não comuns, se se quiserem apresentar contra-exemplos –, atribuindo ao programa a característica de viabilizar numerosas reedições didacticamente úteis da base de conhecimento em hipertexto, dado o elevado número de temas e de mini-casos que constituem essa mesma base de conhecimento.

A utilização de características de *design* tais como as que acabamos de enunciar para os sistemas educativos hipertexto são sustentadas pela Teoria da Flexibilidade Cognitiva como promotoras da capacidade de os alunos adquirirem e transferirem o conhecimento complexo e de estruturação holístico-integrativa para situações detentoras de novidade. Embora exista já alguma validação empírica de alguns destes preceitos educativos em vários estudos baseados em computador (Hartman & Spiro, 1989; Spiro et al., 1987), não houve até à data nenhum estudo empírico acerca da eficácia dos parâmetros de *design* da Teoria da Flexibilidade Cognitiva para o desenvolvimento de sistemas educativos hipertexto. Exceptuar-se--á um estudo que decorreu na Universidade do Minho (Carvalho, 1998) e que tentou aquilatar do valor do fornecimento de comentários temáticos para a aquisição de conhecimento complexo.

Havendo vários estudos que tentam validar essa eficácia, outros há (Torres, 1995) que, embora se inspirem nos postulados da Teoria da Flexibilidade Cognitiva, não se apoiam nos aspectos fundamentais de design dos Hipertextos de Flexibilidade Cognitiva (i.e, não seguem a estruturação dos protótipos consignados pela equipa de Spiro, já que se constituem enquanto base multimédia dedicada).

6. O protótipo BARTHES[2]

O protótipo BARTHES apresenta-se enquanto *shell* aberta que, de acordo com os princípios da TFC, poderá ser utilizado na didactização de qualquer domínio de conhecimento de estruturação holístico-integrativa do foro da interpretação de textos. Encontra-se organizado em cenas que, grosso-modo, correspondem a cada ecran visualisado no monitor do computador e que engloba as seguintes componentes: um campo de título do caso a que o mini-caso corresponde (o caso é o exemplo do qual se retira uma parte componencial – o mini-caso); um campo de título do mini-caso; um campo de texto que contém o mini-caso; um campo de texto correspondente à descrição do mini-caso; um campo de texto que corresponde à contextualização do mini-caso por relação ao caso; campos de texto correspondentes aos temas de complexidade conceptual, i. e, às perspectivas conceptuais de análise contextualizada do mini-caso. Estes temas são categorizáveis nas dimensões propostas pelo próprio BARTHES: Her-

---

[2] Se o leitor estiver interessado em mais detalhes relativamente a este protótipo, poderá obtê-los para «hyperlink "mailto:moreira@dte.ua.pt"».

menêutica, Estilística e Simbologia, com uma última opção aberta para dimensões de análise suplementares. Podem ainda associar-se a cada cena passagens de vídeo, de audio ou imagens que poderão, se assim se desejar, constituir-se, elas próprias, enquanto mini-casos, ou aparecerem como âncoras conceptuais de reforço da aprendizagem.

Na desconstrução de vários casos em várias cenas, chega-se à constituição de um conjunto de conteúdos que podem ser reorganizados automaticamente em sequências especiais. Estas constituem-se enquanto percursos ou visitas guiadas à paisagem conceptual da base de conteúdo, multiplicando, exponencialmente, os enfoques conceptuais que o utilizador poderá observar mediante proposta do professor. Por outro lado, o utilizador poderá ainda testar hipóteses procurando relações entre temas específicos, até ao máximo de três correlações possíveis por busca. É assim possível reeditar a base de conteúdo, automaticamente, pela pesquisa indexada a ligações de temas de complexidade conceptual não sugeridas ou ignoradas pelo professor nas sequências especiais.

Finalmente, o professor terá acesso a todos os percursos realizados pelo aluno, mediante o acesso às transcrições resultantes do mecanismo de registo discreto incorporado no protótipo BARTHES, seja para verificação das actividades de estudo realizadas pelo aluno, sua avaliação ou ainda para finalidades de investigação.

Todas estas funcionalidades poderão também ser postas à disposição do aluno, nomeadamente para a realização de *portfolios* electrónicos, desde que lhe sejam atribuídos privilégios de gestão.

BIBLIOGRAFIA

ALARCÃO, I. & Moreira, A. (1990) A construção do conhecimento a partir da interacção aluno/texto didáctico. Desenvolvimento de um programa de computador. In Tavares, J. & Moreira, A. (eds.) *Desenvolvimento, Aprendizagem, Currículo e Supervisão*, PIDACS-1, Aveiro: Universidade de Aveiro, 81-86.

ALARCÃO, I. & Moreira, A. (1991) A construção dos conhecimentos no âmbito da Didáctica do Inglês: comentários a propósito da utilização de um programa de ensino assistido por computador. In Martins, I. P. et al. (eds.), *Actas do 2º Encontro Nacional de Didácticas e Metodologias de Ensino*, Aveiro: Universidade de Aveiro, 23-37.

BARKER, P. G. (1987) Multi-media CAL, in Whiting, J. & Bell, D. (eds.) *Tuto-ring and Monitoring Facilities for European Open Learning*, Amsterdam: Elsevier/North-Holland.

BARTHES, R. (1976). *S/Z*, Paris: Seuil.

BEEMAN, W. O., Anderson, K. T., Bader, G., Larkin, J., McClard, A. P., McQuillan, P., & Shields, M. (1987). Hypertext and pluralism: From lineal to non--lineal thinking. In *Hypertext '87 Papers*. Chapel Hill, NC: The University of North Carolina, 67-88.

BEEMAN, W. O., Anderson, K. T., Bader, G., Larkin, J., McClard, A. P., McQuillan, P., & Shields, M. (1988) *Intermedia: A case study of innovation in higher education*. Final report to the Annenberg/CPB Project, Providence, RI: Brown University, Office of Program Analysis, Institute for Research in Information and Scholarship.

BROWN, J. S. & Palincsar, A. S. (1985) *Reciprocal Teaching of Comprehension Strategies: a Natural History of One Program for Enhancing Learning*, Technical Report Nº 334, Champaign, IL: University of Illinois, Center for the Study of Reading.

BROWN, J. S., Collins, A., & Duguid, P. (1989) Situated cognition and the culture of learning. *Educational Researcher*, 18, 32-41.

CARVALHO, A. (1998) Os documentos hipermédia estruturados segundo a teoria da flexibilidade cognitiva: importância dos comentários temáticos e das travessias temáticas na transferência do conhecimento para novas situações. Tese de doutoramento em educação, Braga: Instituto de Educação e Psicologia, Universidade do Minho.

CHAMEY, D. (1987) Comprehending non-linear text: the role of discourse cues and reading strategies. In *Hypertext '87 Papers*, Chapel Hill: The University of North Carolina, 109-120.

COLLINS, A. (1977) Processes in acquiring knowledge. In Anderson, R. C., Spiro, R. J. & Montague, W. E. (eds.) *Schooling and the Acquisition of Knowledge*, Hillsdale, NJ: Lawrence Erlbaum.

COLLINS, A. (1989) *Cognitive Apprenticeship and Instructional Technology*, Technical Report Nº 474, Champaign, IL: University of Illinois, Center for the Study of Reading.

COLLINS, A. Brown, J. S. & Newman, S. E. (1987) *Cognitive Apprenticeship: Teaching the Craft of Reading, Writing, and Mathematics*, Technical Report

Nº 403, Champaign, IL: University of Illinois, Center for the Study of Reading.

CONKLIN, J. (1987a) *A survey of hypertext*, MCC Technical Report STP-356-86, Austin, TX: Microelectronics and Computer Technology Corporation.

CONKLIN, J. (1987b) Hypertext: An introduction and survey. *IEEE Computer*, 20 (9), 17-41.

CRANE, G. & Mylonas, E. (1988) The Perseus project: interactive curriculum on classical Greek civilization. *Educational Technology*, 28 (11), 25-32.

DEDE, C. J. (1987) Empowering environments, hypermedia and microworlds. *The Computing Teacher*, 15 (3), 20-24.

DEDE, C. J. (1988) The probable evolution of artificial intelligence based on educational devices. *Technological Forecasting and Social Change*, 34, 115-133.

FELTOVICH, P. J., Spiro, R. J., & Coulson, R. L. (1989) The nature of conceptual understanding in biomedicine: the deep structure of complex ideas and the development of misconceptions. In Evans, D. & Patel, V. (eds.) *The Cognitive Sciences in Medicine*, Cambridge, MA: MIT Press, Bradford Books,113-172.

HARRIS, M. & Cady, M. (1988) The dynamic process of creating hypertext literature. *Educational Technology*, 28 (11), 33-40.

HARTMAN, D. K., & Spiro, R. J. (1989) *Explicit text structure instruction for advanced knowledge acquisition in complex domains: a post-structuralist perspective*, Paper presented at the annual meeting of the American Educational Research Association, San Francisco, CA.

Hypertext '87 Papers (1987), Chapel Hill, NC: The University of North Carolina.

JACOBSON, M. J. & Spiro, R. J. (1993) Hypertext learning environments, cognitive flexibility, and the transfer of complex knowledge: an empirical investigation. *Tecnical Report Nº 573*, Champaign, IL: University of Illinois, Center for the Study of Reading.

JACOBSON, M. J. & Spiro, R. J. (1994) A framework for the contextual analysis of technology-based learning environments. *Journal of Computing in Higher Education*, 5 (2), 3-32.

JACOBSON, M. J. (1990) *Knowledge Acquisition, Cognitive Flexibility, and the Instructional Applications of Hypertext: a Comparison of Contrasting Designs for Computer-Enhanced Learning Environments*, unpublished PhD dissertation, Urbana, IL: University of Illinois.

JONASSEN, D. H. (1986) Hypertext principles for text and course design. *Educational Psychologist*, 21 (4), 269-292.

JONASSEN, D. H. (1988) Designing structured hypertext and structuring access to hypertext. *Educational Technology*, 28 (11), 13-16.Kearsley, 1988.

LEVIN, J. A., Riel, M., Miyake, N. & Cohen, M. (1987) Education on the electronic frontier: teleapprentices in globally distributed educational contexts. *Contemporary Educational Psychology*, 12, 254-260.

MARCHIONINI, G. (1988) Hypermedia and learning: freedom and chaos. *Educational Technology*, 28 (11), 8-12.

MORARIU, J. (1988) Hypermedia in instruction and training: the power and the promise. *Educational Technology*, 28 (2), 17-20.

MOREIRA, A. (1992) Hypermedia and pre-teacher education: some possibilities in analogy with Didactics". In Oliveira, A. (ed.) *Hypermedia Courseware: Structures of Communication and Intelligent Help*, NATO ASI Series, Series F: Computer and Systems Sciences, Berlin: Springer Verlag, 92, 34-38.

MOREIRA, A. (1995) *Os Casos como Instrumento de Formação*, 1º documento de trabalho", Unidade de Investigação Didáctica e Tecnologia na Formação de Formadores, Aveiro: Universidade de Aveiro (não publicado).

MOREIRA, A. (1991) Didactics, hypermedia and problem-solving: reflexions on their complementarity and guiding principles for hypermedia courseware. *Actes des Premières Journées Scientifiques Hypermédias et Apprentissages*, (version des participants), Chatenay-Malabry: Université Pierre et Marie--Curie, A-15/A-24.

MOREIRA, A., Almeida, P. e Raposo, R. (2001), *BARTHES – Base de Aprendizagem Referencial Temática: Hermenêutica, Estilística, Simbologia*. v.1.2 (em fase de publicação), LCD, CIDTFF, Aveiro, Universidade de Aveiro. (registado na ASSOFT e na IGAC) – CD-ROM.

MOREIRA, A., Almeida, P. e Raposo, R. (2001). *DIDAKTOS – Didactic Instructional Design for the Acquisition of Knowledge and Transfer to*

A aplicação BARTHES   137

Other Situations. v.2.0 (em fase de publicação), LCD, UIDTFF, Aveiro, Uiversidade de Aveiro. (registado na ASSOFT e na IGAC) – CD-ROM.

OLIVEIRA, A. (1992) Hypermedia and multimedia. In Oliveira, A. (ed.) *Hypermedia Courseware: Structures of Communication and Intelligent Help*, NATO ASI Series, Series F: Computer and Systems Sciences, Berlin: Springer Verlag, 92, 3-10.

SPIRO, R. J., & Jehng, J. (1990) Cognitive flexibility, random access instruction, and hypertext: Theory and technology for the nonlinear and multi- -dimensional transversal of complex subject matter. In Nix, D. & Spiro, R. J. (eds.) *The "Handy" Project. New Directions in Multimedia Instruction*, Hillsdale, NJ: Lawrence Erlbaum, 163-205.

SPIRO, R. J., Coulson, R. L., Feltovitch, P. J., & Anderson, D. K. (1988) Cognitive flexibility theory: advanced knowledge acquisition in ill-structured domains. In Patel, V. (ed.) *Tenth Annual Conference of the Cognitive Science Society*, Hillsdale, NJ: Lawrence Erlbaum, 375-383.

SPIRO, R. J., Coulson, R. L., Feltovitch, P. J., & Anderson, D. K. (1989) Multiple analogies for complex concepts: antidotes for analogy-induced misconception in advanced knowledge acquisition. In Vosniadou, S. & Ortony, A. (eds.) *Similarity and Analogical Reasoning*, Cambridge: Cambridge University Press, 498-531.

SPIRO, R. J., Jacobson, M. J., & Jehng, J. (1988) Hypertext and cognitive flexibility: theory and technology for learning in complex knowledge domains (Abstract). In *30th ADCIS Conference Proceedings*, Bellingham: Western Washington University, 440.

SPIRO, R. J., Vispoel, W. L., Schmitz, J. G., Samarapungavan, A. & Boerger, A. E. (1987) *Knowledge acquisition for application: cognitive flexibility and transfer in complex content domains*, Technical Report no. 409, Urbana-Champaign, IL: University of Illinois, Center for the Study of Reading.

TAVEIRA, M. C., Campos, B. P., Pereira, D. C. e Vaz, J. C. (1992) Designing hypermedia for computer assisted career guidance. In Oliveira, A. (ed.) *Hypermedia Courseware: Structures of Communication and Intelligent Help*, NATO ASI Series, Series F: Computer and Systems Sciences, Berlin: Springer Verlag, 92, 61-69.

TORRES, I. (1995) *A Representação do Espaço Segundo as Abordagens Linear e*

Flexível. Estudo Comparativo com Alunos do 8º Ano, tese de mestrado não publicada, Braga: Universidade do Minho, Instituto de Educação.

WHITE, B. Y. & Frederiksen, J. R. (1986) Qualitative models and intelligent learning environments. In Lawler, R. & Yazdani, M. (eds.) *Artificial Intelligence and Education: Volume 1 – Learning Environments and Intelligent Tutoring Systems*, Norwood, NJ: Ablex Publishing, 281-305.

WITTGENSTEIN, L. (1985) *Philosophical Investigations*, London, Basil Blackwell & Mott, [Lourenço, M. S. (trad.) (1987) *Tratado Lógico-Filosófico. Investigações Filosóficas*, Lisboa: Fundação Calouste Gubenkian].

LITERATURA E TELEVISÃO – PRIMEIRAS REFLEXÕES

EDUARDO CINTRA TORRES
Crítico de Televisão

1. Cultura oral e cultura escrita

As diferenças entre a cultura baseada na oralidade e a cultura escrita são tão abismais que é uma surpresa todos os dias renovada verificar que críticos e observadores da televisão, naturalmente inscritos no mundo da cultura escrita, continuam a observar e a comentar a televisão como se ela devesse fazer parte desse mesmo mundo da cultura escrita e portanto usar as mesmas ferramentas e com os mesmos resultados.

Trata-se de um erro corriqueiro mas que, por isso, não é menos grosseiro, de graves consequências e a necessitar de urgente erradicação da consideração cultural e social do fenómeno televisivo.

A televisão é um meio de comunicação que se inscreve em primeiro lugar na cultura oral. Para ela contribui também, poderosamente, a cultura visual das imagens em movimento (que se organiza por algumas das mesmas regras). Residualmente, a cultura escrita deve também ser considerada como parte da linguagem televisiva.

Não conheço nenhuma obra que se dedique apenas a estabelecer a relação profunda da televisão com a oralidade. Há muitos autores que abordam a questão, mas nenhum desenvolve em profundidade esta tese que me parece fundamental para o verdadeiro entendimento da televisão[1].

---

[1] BABIN, Pierre, *Linguagem e Cultura dos Media* (1991), Venda Nova, Bertrand Editora, 1993.

FISKE, John, *Television Culture* (1987), Londres, Routledge, 1997.

FISKE, John, HARTLEY, John, *Reading Television* (1978), Londres, Routledge, 1996.

Para estabelecer rapidamente este ponto de vista, retiro de Fiske e Hartley (pp.124-125) esta pequena lista dos modos de organização da televisão, comparando-os com os correspondentes modos da cultura escrita.

Modos orais	*Modos da cultura escrita*
Dramático	Narrativo
Episódico	Sequencial
Mosaico	Linear
Dinâmico	Estático
Activo	Artefacto
Concreto	Abstracto
Efémero	Permanente
Social	Individual
Metafórico	Metonímico
Retórico	Lógico
Dialéctico	Unívoco/«consistente»

Estas diferenças – que eu diria radicais – entre os dois modos de expressão fazem das experiências de criar cultura escrita e criar cultura televisiva dois mundos, se não estanques, pelo menos muito definidamente separados. E, pelas mesmas razões, são experiências diversas o «consumir» um livro e «consumir» televisão. A diferença exprime-se desde logo nos verbos que definem as experiências: *lê-se* um livro e, apesar de o sentido da visão ser o mesmo, *vê-se* televisão, ao mesmo tempo que *se ouve* televisão.

Os próprios objectos – o livro, a televisão – são radicalmente diferentes na forma, lugar e tipo de usufruto, incluindo o da socialidade. A própria tecnologia condiciona o ser dos respectivos conteúdos.

Se nos limitássemos a qualificar um dos modos de expressão – a escrita – como «bom» e o outro – a televisão – como «mau», o debate

---

GOODY, Jack, *A Lógica da Escrita e a Organização da Sociedade* (1986), Lisboa, Edições 70, 1987.

GOODY, Jack, *Domesticação do Pensamento Selvagem* (1977), Lisboa, Editorial Presença, 1988.

McLUHAN, Marchall, *Understanding Media. The Extensions of Man* (1964), Londres, 1998.

ONG, Walter J., *Orality and Literacy. The Technologizing of the Word* (1982), Londres, Routledge, 1999.

Literatura e televisão – primeiras reflexões

perderia a possibilidade de ser frutuoso. E, se bem que a cultura escrita tenha um público mais restrito do que a cultura audiovisual, nem sempre tem sentido analisar a comunicação televisiva global e exclusivamente como «de massas» e a cultura do livro global e exclusivamente como «não de massas». De facto, pode haver e há programas de televisão (com e sem «qualidade», não interessa agora) com públicos muito mais restritos do que determinados tipos de livros ou publicações.

Os critérios de «gosto», de «subjectividade cultural» e de «alta» e «baixa» cultura deverão ser arredados e o debate sobre literatura e TV deveria ater-se apenas a critérios de ordem técnica (a *techné* que interessava a Aristóteles[2]) para que da compreensão das diferenças entre cultura oral e cultura escrita se possa passar à acção positiva.

Essa atitude positiva é fundamental. Partindo de McLuhan, Pierre Babin destaca, em *Linguagem e Cultura dos Media*, dois pontos fundamentais que aqui cito como resumo e como ponto de partida:

- «as características da linguagem do audiovisual são principalmente determinadas pelas virtudes próprias à electrónica.»
- «a cultura mediática, sendo o oposto da cultura literária, pode ser-lhe complementar e favorecer o desenvolvimento humano.»[3]

2. Educação e entretenimento

A *praxis* televisiva desemboca sempre no conceito de entretenimento. Este facto deriva da natureza do meio, conforme resumidamente indicada anteriormente. Mesmo os programas informativos são analisados por alguns autores como inscrevendo-se num *ser* entretenimento.

Julgo que para se decidir se a televisão educa é necessário saber se é possível educar pelo entretenimento. Educação e entretenimento, são compatíveis? Não sei responder. Recorro à ironia de Vladimir Nabokov quando, em *Lolita*, Humbert Humbert é recebido pela directora do colégio onde ele se inscreve como professor e a criança como aluna: «Com o que nós estamos preocupados é com o ajustamento da criança à vida de grupo. (...) Estamos mais preocupados com a comunicação do que com a composição. Isto é, com respeito por Shakespeare e outros, nós queremos que

---

[2] Aristóteles, *Poética*, edição de Salvador Mas, Madrid, Editorial Biblioteca Nueva, 2000.

[3] Babin, Pierre, *op. cit.*, p.10.

as nossas raparigas *comuniquem* livremente com o mundo vivo à volta delas em vez de mergulharem em livros antiquados.» «Nós vimo-nos livres da massa de tópicos irrelevantes que têm sido apresentados tradicionalmente às raparigas.» «Dr. Hummer, você compreende que para a criança pré-adolescente moderna, as datas medievais são de menos interesse vital que as do fim-de-semana (...)? (...) Não vivemos apenas num mundo de pensamentos, vivemos também num mundo de coisas.»[4]

E nesta algaraviada a directora nem uma única vez dizia correctamente o nome do Dr. Humbert Humbert. Era a forma de Nabokov mostrar a sua opinião sobre estes processos educativos modernos.

Não era o único. Numa data não muito afastada, a pensadora Hannah Arendt escrevia num ensaio: «A este estado de coisas, que na verdade não tem paralelo no mundo, pode correctamente chamar-se cultura de massas; os seus promotores não são nem as massas nem os seus *entertainers,* mas aqueles que tentam entreter as massas como o que antes foi um autêntico objecto de cultura, ou persuadi-las de que *Hamlet* pode ser tão *entertaining* ccmo *My Fair Lady,* e igualmente educativo. O perigo da educação de massas é precisamente de que pode tornar-se realmente muito *entertaining*: há muitos autores do passado que sobreviveram séculos de esquecimento e negligência, mas é ainda uma questão em aberto se eles serão capazes de sobreviver a uma versão entretenizante do que têm para dizer.»[5]

Esta citação vem num livro bem conhecido dum professor da Universtiy of New York, Neil Postman, *Amusing Ourselves to Death.* Um dos capítulos deste trabalho de 1985 tem por título «Teaching as an Amusing Activity». A tese que ele defende é a mesma de Arendt. Não se pode ensinar verdadeiramente através do entretenimento e a televisão é entretenimento: «Sabemos que a 'Rua Sésamo' encoraja as crianças a gostarem da escola se a escola for como a 'Rua Sésamo'.» «Enquanto espectáculo televisivo, e boa como é, a 'Rua Sésamo' não encoraja as crianças a amar a escola ou o quer que seja da escola. Encoraja-as a amar a televisão.» «... a principal contribuição da televisão para a filosofia educacional é a ideia de que o ensino e o entretenimento são inseparáveis.»[6]

Cabe aos educadores estabelecer até que ponto o entretenimento – incluindo a televisão – pode servir a educação. Pretendo hoje chamar a

---

[4] NABOKOV, Vladimir, *Lolita* (1955), Londres, Penguin, 1995, pp.177-178.

[5] Hanna Arendt, «Society and Culture», *The Human Dialogue* 352, cit. in POSTMAN, Neil, *Amusing Ourselves to Death*, p. 124.

[6] POSTMAN, Neil, *Amusing Ourselves to Death* (1985), Nova York, Penguin Books, 1986, pp. 123-124, 143, 144 e 146 respectivamente.

Literatura e televisão – primeiras reflexões　143

atenção para as incompatibilidades entre o audiovisual e o ensino. Essas incompatibilidades derivam das diferenças entre a oralidade e as imagens em movimento, por um lado, e a cultura escrita, por outro. Assim, as expectativas quanto ao que a televisão pode contribuir para a aprendizagem da cultura escrita devem ter em consideração essas incompatibilidades. O mesmo é válido para as expectativas que se possam ter relativamente à literatura na televisão. Mas, ao mesmo tempo, diminuindo a fasquia das expectativas poderá nascer uma nova atitude, mais realista, na apreciação das relações possíveis entre a literatura e a televisão.

3. Relacionando literatura e televisão

Para quem vive na e para a cultura escrita, a pergunta natural é esta: que pode a televisão fazer pela literatura? (Embora uma pergunta igualmente legítima e se calhar mais importante seja esta: que pode a literatura fazer para melhorar a televisão?)

Julgo que a literatura e a televisão relacionam-se em três áreas consagradas e uma por estudar:

> *1. A adaptação*
> *2. A divulgação*
> *3. O debate*
> *4. Outra «literatura»*

A *adaptação* é, no seguimento do que disse atrás, uma *transformação*. Uma obra literária, quando transformada numa obra audiovisual, deixa de ser uma obra literária, ou melhor deixa de ser «literatura escrita». Muda a natureza. A transformação é possível mas não substitui. Para dar o melhor dos exemplos, aliás já referido: *Lolita*, de Stanley Kubrick, é um filme de inexcedível qualidade, mas não é o livro, e não o substitui. Existe em paralelo. Desta forma, nenhuma adaptação cinematográfica ou televisiva de *Os Maias* poderá substituir na escola a leitura do romance de Eça de Queirós. Mas é preciso aceitar também que a leitura de *Lolita*, romance extraordinário como é, não substitui a experiência de ver o filme que originou, com o acordo, aliás, do autor.[7]

---

[7] Para uma boa crítica de televisão a respeito de uma adaptação televisiva de um romance (no caso, a trilogia *Sword of Honour*, de Evelyn Waugh, adaptada pela BBC), consultar Christopher Dunkley, «Throwing the book at war», *Financial Times*, 06/07.01.2001.

A *divulgação* da literatura e dos seus autores na televisão é a mais vulgarizada das formas de relacionamento entre a televisão e a literatura. A divulgação adquire várias formas: a notícia ou o pequeno comentário, como em *Acontece* (RTP2), ou em programas dedicados, do tipo teledocumentário. A telebiografia de escritores e outras personalidades da História é um dos formatos televisivos mais felizes, convincentes e satisfatórios e deveria ser incentivado.

Verifica-se, porém, o mesmo «perigo» neste domínio que o referido por Hannah Arendt ou Neil Postman. Na verdade, dado que a televisão pretende antes do mais divulgar-se a si mesma, não se pode esperar demasiados resultados da divulgação realizada pela televisão. Não esqueço o anúncio de promoção dum programa de divulgação cultural da SIC Notícias: «Ler um livro ou ver televisão? O dilema já não se põe com o novo programa de Bárbara Guimarães!» Na altura comentei: «De facto, para quê ler um livro se o espectador pode, em substituição, ver um programa de TV... sobre livros e cultura?» Tratava-se de um *lapsus linguae,* de um óbvio exemplo de como a televisão apenas se mostra a si mesma e usava a literatura e a arte em seu proveito.

O *debate* é um meio muito favorável à televisão e, portanto, também muito favorecido por ela. Os debates sobre literatura, autores e outros criadores são uma forma excelente de a televisão prestar um serviço à literatura enquanto se serve a si mesma.

E a *outra «literatura»* que referi acima? Deixo as aspas na palavra literatura para evitar um debate, interessante, mas para o qual não há hoje oportunidade. Hoje faço apenas as primeiras reflexões. Pergunto: será que as melhores obras ficcionais de TV são elas próprias uma nova, uma outra literatura? Não são os melhores telefilmes e as melhores séries, tal como os melhores filmes de cinema, uma nova forma de expressão literária? Se uma peça de teatro escrita para se representar no palco é uma obra literária, uma série de TV como *The Sopranos,* escrita para ser representada num pequeno écrã, não é uma obra literária? *The Sopranos* recorre à *techné* literária, usa inúmeras figuras de estilo em imagens ou palavras, como a metáfora, faz citações, constrói personagens complexos, junta drama e tragédia, tem diálogos escritos com uma precisão extraordinária – não é esta uma nova forma de «literatura»? Não será esta a melhor e mais nobre forma de a televisão servir a literatura? Fazendo a sua própria literatura?

4. A literatura na televisão

E assim chego à última parte da minha intervenção, com alguns pontos de um programa mínimo de «reivindicações» ao sistema televisivo português. Não me parece possível que possamos vir a ter uma literatura televisiva portuguesa em breve – o título do meu artigo de ontem no *Público* é precisamente «A mil anos dos Sopranos» –, mas esse poderia ser o ponto único de um programa máximo de «reivindicações»: que o sistema televisivo português produzisse pelo menos uma grande série de televisão por década, uma série de literatura televisiva por década. Não é possível. Passo ao programa mínimo...

1. Criação de um grupo de trabalho interdisciplinar e representativo, com pedagogos, docentes e profissionais de TV para estabelecer as características de obras televisivas de apoio à aprendizagem das crianças e jovens. O objectivo fundamental seria o de criar um padrão de obras que informem as crianças e os jovens e que verdadeiramente os conduzam à literatura e à cultura.
2. Criação de um apoio do Estado e da sociedade civil através do ICAM para obras televisivas infanto-juvenis que se enquadrem nos parâmetros definidos por esse grupo de trabalho.
3. Através das organizações de professores e alunos, propor à televisão do Estado programas que tenham como pressuposto a relação orgânica desses programas com as escolas e contando com a participação da massa estudantil.
4. Através da mesma iniciativa, pressionar a televisão do Estado a alargar os seus espaços de debate sobre literatura e arte.
5. Propor aos três operadores que uma percentagem mínima da sua produção de telefilmes resulte da adaptação criativa de obras literárias (conto, novela e romance) de autores portugueses ou estrangeiros.
6. Criação, pelo sistema organizacional do ensino, de prémios para o melhor programa de TV de informação cultural e melhor programa televisivo de ficção.

INTELIGÊNCIA ARTIFICIAL, TEXTO AUTOMÁTICO E CRIAÇÃO DE SENTIDO

PEDRO BARBOSA
(IPP/UFP – Centro de Estudo de Texto Informático e Ciberliteratura)

Nestas II Jornadas Científico-Pedagógicas de Português tentarei abordar a questão do texto sintetizado em computador num processo de geração automática. Ou seja, ir-se-á encarar o computador como armazenador, transmissor e, sobretudo, gerador de informação nova. De informação estética nova. Por outras palavras: o computador será encarado como "máquina semiótica". Iremos, pois, situar-nos no domínio da ciberarte – ou da ciberliteratura em particular.

E não será muito o que trago para dizer aqui. Uma reflexão aprofundada exigiria uma digestão mental mais lenta das interrogações que me acompanham mas a que não dei ainda o tempo de pousarem sobre o papel.

Resumidamente as questões em torno das quais me vou deter são: Os sonhos da Inteligência artificial na actual literatura gerada por computador e na ciberarte. Texto automático, lógica maquínica e algoritmos linguísticos na criação de sentido(s). Problemas de referência: jogos de linguagem e construção do real.

Gostaria apenas de partilhar algumas formulações difusas que seriam lugares comuns se na sua origem não estivesse uma praxis com um sintetizador textual que joga com o lado mais volúvel e arbitrário da linguagem.

Senão veja-se. O poeta, puramente humano, diz: «Este paraíso é de víboras azuis». E a máquina, laborando sobre algoritmos provenientes dos sonhos primordiais da Inteligência artificial, gera:

«Este poeta é de grutas azuis»
«Este silêncio é de flores azuis»

«Este pénis é de mãos azuis»
«Este soneto é de jubas azuis»
«Este poema é de noites azuis»

E assim até ao infinito do dicionário e da sintaxe.

A linguagem liberta-se, o imaginário expande-se, a criação metafórica supera rotinas mentais.

Não tenho a veleidade de abordar o que se segue em conceitos rigorosos, mas tão-só dar conta de uma vivência experienciada (permita-se a expressão) através da Ciberliteratura. Ou, mais precisamente, da geração automática de texto. A primeira sensação é que a linguagem é um jogo, puro jogo (Wittgenstein à parte). Mais: um jogo muito frágil, flexível, onde o verso e o reverso podem ser igualmente válidos e produtores de sentido. Mas o lado perigoso e perverso deste jogo está nisto: se a linguagem é o instrumento que medeia entre a nossa consciência e o real, o que é então esse real e a consciência que dele temos? Um jogo também ele arbitrário?

Sim: o sentimento básico que gostaria de trazer para partilhar é este – a fragilidade da linguagem, a arbitrariedade do que aceitamos como real, ou então a construção de sentido em que ele se alicerça. Por outras palavras: o que há de "artificial" no *pensamento natural (sic)* ou então o que há de "natural" no *pensamento artificial*. Isto pode aproximar-se de algo muito glosado na filosofia da linguagem contemporânea, mas o que aqui pretendo trazer não é um pensamento teórico, antes o testemunho de um sentimento vivido pela experiência prática da síntese de linguagem no terreno da Ciberarte – esse sonho desviante da Inteligência artificial. Adiante tentarei explicitar ou mesmo exemplificar melhor este sentimento onde perigosamente se perde o pé na crença positiva da realidade.

Com efeito, a linguagem não é essa âncora pesada que içamos de um lodo substancial que possamos apelidar de "essência" do mundo. Também a tese oposta, a de que o mundo é pura "criação" da linguagem, não colhe uma convicção mais forte. Irei por partes: o trabalho com um gerador textual, como o que aqui se pode ver em acção e no final terei muito gosto em discutir, fez-me perder a fé (literalmente) no poder da linguagem como mediadora consistente da nossa relação com o real. Digamos que o peso da linguagem se desvaneceu, e essa *insustentável leveza da palavra* não afina com o *insustentável peso do mundo*.

Por exemplo isto.

O poeta, puramente humano, diz: «O *coração* tem a sua inclinação perigosa». E a máquina, laborando sobre algoritmos combinatórios, gera:

«O *pénis* tem a sua inclinação perigosa»
«O *paraíso* tem a sua inclinação perigosa»
«O *pensamento* tem a sua inclinação perigosa»
«A *História* tem a sua inclinação perigosa»
Ou:
«A *História* tem a sua *indagação* perigosa»

E assim até ao infinito do dicionário e da sintaxe.

Qual destes jogos de sentido preferir? Confesso que para mim é difícil a escolha, sem esquecer que para lá da questão da qualidade não resta dúvida sobre a óbvia superioridade da máquina no que respeita à quantidade. E não se diga que estamos perante exercícios metafóricos de natureza literária, pois só uma ideia ingénua de verdade e de linguagem científica pode ainda laborar na convicção de que a linguagem científica não participa igualmente da metáfora criativa.

Regressemos à esfera literária e à sua referência fictiva:

Arrefeciam grutas no paraíso posterior
àquele enigma:
            vivem imóveis
os jardins das vozes. Nasciam linhas de vento se alguém,
sorrindo, respirasse.

O corpo
            Tem a sua
incli
nação perigosa: lírio de laranjas sobre a candura.
Quando se toca,
a dança queima. O relâmpago tem uma cidade ao fundo:
treme. Há quem fique num paraíso para assistir ao ar.
Terrível é o ar da janela.
Anda-se pela canção
com as folhas a ferver, diz-se: o peixe o nome e as
violas. Há um crime sagrado onde
o amor
aparece: Digo: clareira.
Velocidade do mel. Oh,
inteligência. Aparece com a canção
de uma noite mortal.
Ofereço-te um sono – diz a flor,
sentada.

Olha: eu queria saber em que escuro
se morre, para ter uma pintura e com ela
atravessar praias leves e ardentes e crimes
sem infância. Existe nas colinas
um frio para
a poeira tremer, e o teu mel
se voltar lentamente cheio
de febre para o peixe de uma rosa
terrível e fria.

Não será que o desprendimento da máquina nos abre novos horizontes imagéticos e nos ajuda a libertar a linguagem da ganga do passado e dos estereótipos mentais? Claro que estamos a lidar com a linguagem literária, onde o desprendimento em relação a um referente concreto é maior, ou antes, onde é o próprio exercício das palavras que gera demiurgicamente aquilo a que chamamos um "universo imaginário".

Mas consideremos esta outra série de asserções de tipo mais marcadamente pensamental ou aforístico:

Acaso Deus é tudo em presença do Nada?
Acaso Deus é nada na ausência de tudo?
Acaso Deus é tudo na ausência do Nada?
Acaso Deus é nada em presença do Tudo?
Acaso tudo é Deus em presença do Nada?
Acaso Deus é Deus na ausência de tudo?
Acaso tudo é nada na ausência de Deus?
Acaso Deus é nada na ausência de tudo?
Acaso tudo é nada na ausência de Deus?
Acaso Deus é nada na ausência de Deus?
E por aí fora...

Serão, salvo erro, umas 3.600 asserções possíveis que o programa gera sem falha numa fracção de segundos.

Como pode então ser igualmente válido o verso e o reverso, o anverso e o diverso? Como compreender, do ponto de vista lógico-semântico, que todas estas realizações labirínticas se nos tornem igualmente aceitáveis já que negando-se, opondo-se, contradizendo-se, todas encerram afinal uma "verdade"?

Demonstrará isto o que há de jogo arbitrário no nosso pensamento ou demonstrará apenas a flexibilidade dos nossos procedimentos interpreta-

Inteligência artificial, texto automático e... 151

tivos diante de um texto dado, forçando-nos a ajustar os mecanismos semânticos diante de A como diante de anti-A, por forma a torná-los igualmente plausíveis?

Com uma velocidade vertiginosa, a máquina desenvolve até ao esgotamento o algoritmo combinatório resultante apenas desta reduzida base lexical.

Tratar-se-á aqui de meros fenómenos de interpretação semântica? De um esforço de ajustamento metafórico semelhante ao dos testes projectivos? Mas se um resultado equivalente pode ser obtido diante do enunciado A, tal como diante do enunciado não-A, para onde vai a segurança na lógica da linguagem, última jangada que nos salvava de um naufrágio epistemológico na nossa relação com o mundo, com o real, com a verdade?

Digamos, com Umberto Eco, que oscilamos aqui na área fronteiriça entre os "místicos da forma concluída" e os "anarquistas da forma dissolvida".

Pascal disse: «Perdemos a vida com alegria contanto que disso **se fale.**»

Lautréamont desdisse: «Perdemos a vida com alegria contanto que disso **se não fale.**»

Volto agora a ler mais um fragmento de um longuíssimo texto gerado pela máquina preparada com um algoritmo capaz de libertar a infinita carga de sentidos contida num texto. Neste caso um conjunto de textos – digamos por agora assim – humanos. Mas, se no limite, a fonte fosse o próprio léxico geral, o argumento seria o mesmo: não será humano o próprio dicionário?

A morte
tinha água.
Arrefeciam noites no lado posterior
àquele enigma. Porque tem o sono a salsa?
Nasciam vozes de poeta se alguém,
sorrindo, respirasse.

Evapora-se a noite
mas não sinto.

Nesse espelho nocturno escrevo o que grito,
ou então que durmo,
ou que às vezes enlouqueço.

Batem as paisagens da flor
um pouco abaixo do silêncio. Quero saber
o sono de quem morre: o vestido de frio ardendo,
os pés em movimento no meio
do meu retrato.
A velocidade precipitada, os símbolos da noite,
a neve forte:
e a rude beleza da música – Uma rapariga de sono cru
vive em mim sem dar um passo, amando
respirar em sua morte, o espaço
do sangue maternal.
O meu vento, parou diante
do ouro mortal que o guardara.

Evapora-se a paisagem mas não sinto.

(...)
Quem se alimenta de pintura quem
se despe entre ligeiras casas encostadas, pergunto,
quem ama até perder o ar?

(In «*Teoria do Homem Sentado*»)

A muitos pode parecer heresia: mas confesso que prefiro a máquina
ao poeta que está na sua base metafórica. Seja o poeta nós próprio ou um
outro. E neste caso é um outro – o poeta vivo que mais aprecio. O poeta
precisamente, e não por ironia, de «Electronicolírica». Eis então que a
máquina ajuda o homem a superar o homem. Está pois justificada a
vocação da máquina: um extensor de possibilidades, uma prótese mental,
um telescópio de complexidade.

Uma experiência muito recente de levar à cena textos automáticos
deste tipo num projecto de "ópera electrónica" («*Alletsator-XPTO.
Kosmos.2001*») confirmou-me esta convicção: a dificuldade manifesta por
parte dos intérpretes em memorizarem o texto proposto foi enorme, quase
insuperável. Em risco de fazer perigar o espectáculo.

Coisas deste género:

"Nunca ouvi chamar os assassinos pelo mel dos seus retratos"
Ou:
«Os assassinos arrefeciam mel na combustão dos seus retratos»

E depois:

«A História arrefece redes no pensamento: treme»

E mais adiante:

«O sono tem uma combustão ao fundo: treme»

Ou ainda:

«Sol de redes sobre a candura. Tem uma lua ao fundo: treme»

Ou então:

1) OFÍCIO MELANCÓLICO. Assunto: recordações horizontais / / Senhor Director-Geral do Ridículo Abstracto: Neste ofício cantante vimos expor a Vossa Potestade o seguinte. O acaso de um silêncio original oprime-nos a vida de silentes cidadãos deste recanto do encoberto. etc...

2) OFÍCIO AUTOMÁTICO. Assunto: recordações oblíquas. / Senhor Administrador-Geral dos Mísseis Desactivados: Neste ofício intransponível vimos expor a V.ª Ex.ª o seguinte. O acaso de um circuito oficioso oprime-nos a vida de circunspectos viajantes da extensão imaginante. etc...

3) OFÍCIO SINTÉTICO. Assunto: ambições envelhecidas. Senhor Administrador-Geral das Almas Tristes: etc...

4) OFÍCIO MELANCÓLICO. Assunto: amnésias luminosas. Senhor Ministro sem Pasta dos Assuntos Terrestres: etc...

E em resposta:

1) Temido e odiado Piloto: Você é um esdrúxulo ser vivo permanentemente sentado diante do infinito...

2) Parada e confusa Tripulação: Vós sois simpáticos animais embalsamados diante da loucura....

3) Enigmáticos amigos: Vós sois esdrúxulos cadáveres sentados diante do grande ecrã...

4) Indecifráveis amigos: Sois os únicos sobreviventes diante da loucura...

Pior ainda foi o trabalho dos Coros com textos minimais repetitivos como este (importa lembrar que a permutação completa, neste campo de possíveis, deverá ultrapassar os 362.880 versos):

Litania electrónica 3
MORRE NO SILÊNCIO DO INFINITO A VIAGEM DA PALAVRA
NASCE NO CANSAÇO DA PALAVRA O MEDO DO INFINITO

NASCE NO CANSAÇO DO INFINITO O MEDO DA PALAVRA
MORRE NO CANSAÇO DA PALAVRA O SILÊNCIO DO INFINITO
MORRE NA VIAGEM DO CANSAÇO A PALAVRA DO MEDO
NASCE DA VIAGEM DO CANSAÇO O MEDO DA PALAVRA
MORRE NO SILÊNCIO DO MEDO A PALAVRA DO CANSAÇO
NASCE NO MEDO DO SILÊNCIO A VIAGEM DO CANSAÇO
Etc.

Porquê? Talvez porque na estrutura profunda destes textos não existisse uma lógica psicológica capaz de fornecer âncoras ao actor na sua busca de nexos mnemónicos para reter o texto. Talvez a lógica subjacente fosse mais uma lógica maquínica, de natureza combinatória ou matemática e menos uma rede mental de nexos e associações metafóricas. Ora o interessante é isto: se aqui podemos dizer que entramos numa rede textual construída por uma progressão de sentido maquínico, algorítmico, robótico, então parece que nos aproximamos já de algo que poderemos apelidar de *"texto artificial"*, ou melhor, de uma *inteligência artificial* inseminando os sentidos do texto (quaisquer que sejam os limites, sempre relativos, deste conceito de "artificialidade"). Aliás, a própria designação de Inteligência artificial não passa de um oxímoro.

Isto assenta, claro, em alguns pressupostos no que respeita à teoria do texto.

1º pressuposto – O computador é encarado como um manipulador de signos, ou seja, como uma "máquina semiótica". Há pois que definir um conjunto de sinais linguísticos (reportório) sobre os quais actuará um algoritmo (programa) concebido como um sistema de regras (gramática). Desta forma a máquina converte-se numa "caixa negra" onde a informação de entrada (input) é diferente da informação de saída (output).

2º pressuposto – A linguagem, numa tradição que vai de Lucrécio a Kristeva, passando por Borges, é concebida como uma combinatória infinita de átomos linguísticos. Uma combinatória hierarquizada, bem entendido.

3º pressuposto – A obra de arte é encarada como uma estrutura de signos recombinados de maneira inovadora.

4º pressuposto – A Criação assistida por computador (CAC) equivale assim a uma Gramática da fantasia (Rodari). Ou seja: criar (C) no computador equivale a fornecer um reportório finito de sinais (S), um número finito de regras (R) para combinar esses sinais entre si, e um algoritmo – combinatório, aleatório, estrutural ou outro – um **simulador da Imagi-**

nação (I) que determina quais os sinais e quais as regras que serão seleccionadas de cada vez. Este trinómio:

$$C = I (S + R)$$

define assim o programa estético na Inteligência artificial (IA) ou na Literatura gerada por computador (LGC).

5º pressuposto – A criação humana consiste assim na concepção de um modelo de obra (criação ontológica ou essencial) que abre um *campo de possíveis* a ser explorado e executado pela máquina (criação variacional). Isto num trabalho simbiótico com o artista:

$$\text{artista} + \text{máquina} \quad ---> \quad \text{obra(S)}$$
(concepção) (execução)   (campo de possíveis)

6º pressuposto – A noção unívoca de texto dá assim lugar à noção de "campo textual" (com o seu correlativo "campo de leitura") que será o lugar geométrico de um conjunto de *múltiplos*. A noção de *texto único* cede por esta via lugar à noção de "texto múltiplo", tendencialmente infinito.

Enunciem-se aqui diferentes inícios de um texto múltiplo variacional:

«Os buracos contorcem-se entre o riso e as trevas/
/Avança o nome...
«Os mortos contorcem-se entre o mel e as nuvens/
/Avança o éter...
«Os ciclistas contorcem-se entre o vício e as trevas/
/Avança o pénis...
«Os dedos contorcem-se entre o nome e as trevas/
/Avança o coração...
«Os rebanhos contorcem-se entre os confins e a noite/
/Avança o pneu furado...
«Os corredores contorcem-se entre as sedas e o mar/
/Avança o silêncio...

Etc.

Estaremos a entrar na esfera de uma inteligência literária artificial?

Estas são algumas dúvidas que aqui trago para partilhar com os presentes nestas Jornadas.

E por aqui me fico. Proponho apenas que no tempo que nos resta, se algum for, possamos observar melhor no ecrã a génese de alguns textos no sintetizador "Sintext-W" (incluído no livro *«O Motor Textual»)* a funcionar em ciclo infinito. Fico aberto a todas as questões que desejem apresentar, a todas as respostas que saiba ou não saiba dar, a todos os dilemas que possam ficar.

[ECRÃ: *«MOTOR TEXTUAL»* EM CICLO INFINITO]
(Demonstração)

BIBLIOGRAFIA RESTRITA:

BALPE, Jean-Pierre e Bernard MAGNÉ, eds. *«L'imagination informatique de la littérature»*. Paris: Presses Universitaires de Vincennes, 1991.

BALPE, Jean-Pierre. *"Pour une littérature informatique: un manifeste..."*. URL: http://www.refer.org./textinte/littinfo/.

BARBOSA, Pedro. *«A Literatura Cibernética 1: autopoemas gerados por computador»* – Porto, Edições Árvore, 1977.

BARBOSA, Pedro. *«A Literatura Cibernética 2: um sintetizador de narrativas»* – Porto, Edições Árvore, 1980.

BARBOSA, Pedro. *«Máquinas Pensantes: aforismos gerados por computador»* – Lisboa, Livros Horizonte, 1988.

BARBOSA, Pedro. *«A Ciberliteratura: criação literária e computador»* – Lisboa, Edições Cosmos, 1996.

BARBOSA, Pedro. *«Teoria do Homem Sentado»* (livro electrónico em disquete incluindo o gerador textual automático "Sintext" para DOS) – Porto, Edições Afrontamento, 1996.

BARBOSA, Pedro. *«O Motor Textual»* (livro electrónico infinito em CD-ROM) – Porto, Edições UFP, 2001.

BARBOSA, Pedro. *«Alletsator – XPTO.Kosmos.2001»* – libreto de ópera sobre texto electrónico sintetizado em computador, com música de Virgílio Melo e encenação de João Paulo Costa, em produção do "Esbofeteatro" no âmbito da programação da Porto 2001-Capital Europeia da Cultura (representado a 11, 12, 13 Outubro 2001).

BOOTZ, Philippe. *"Un modèle fonctionnel des textes procéduraux"*. Les Cahiers du CIRCAV, Nº 8, (1996), pp. 191-216.

CASTILLO, José Romera et alii, eds. *«Literatura y Multimedia»*. Madrid. Visor Libros, 1997.

GILLOT, Arnaud. *«La notion d'Écrilecture à travers les revues de poésie électronique»* – Préface de Pedro Reis. Hestia/Certel, Université d'Artois (Rom\u00e2nia/France), 2000.

VUILLEMIN, Alain e Michel LENOBLE, eds. *«Informatique et Littérature – la littérature générée par ordinateur»*. Arras: Artois Presses Université, 1995.

OFICINAS

A GRAMÁTICA NO ENSINO BÁSICO[1]

ISABEL PEREIRA
Universidade de Coimbra

O ensino da gramática e as formas de que se pode/deve revestir são dos temas que mais interessam aos professores de língua materna e sobre os quais somos solicitados a reflectir. Este empenho na actualização de competências ao nível do conhecimento explícito da língua e da sua transposição didáctica reflecte, a meu ver, um renovado reconhecimento da importância do estudo da gramática na formação dos alunos.

A importância de estudar gramática (que entendemos como actividade de elaboração, ou seja, como reflexão sobre a língua encarada como objecto de estudo) revela-se sob vários aspectos[2]. Por um lado, a aprendizagem do funcionamento da língua serve fins instrumentais. Ao incentivar o aluno a descobrir as regras subjacentes às estruturas presentes nos enunciados que produz, a escola fornece-lhe meios para identificar as dificuldades que manifesta no uso da língua (oral ou escrita), levando-o a uma autocorrecção. Nesta perspectiva, o objectivo primordial deste estudo consiste no aperfeiçoamento da *performance* linguística.

Além disso, a consciência linguística desenvolvida no estudo da língua materna pode ser útil ao nível da aprendizagem de línguas estrangeiras. O conhecimento da nomenclatura, a capacidade de categorização facilitam a descrição de estruturas e de processos linguísticos, assim como a actividade comparativa.

---

[1] O texto que aqui se publica relata, de forma sucinta, as reflexões e propostas de trabalho apresentadas numa oficina. Tal facto justifica o seu formato: a primeira parte do texto reflecte sobre um conjunto de factores que é necessário ter em conta neste processo (o papel do ensino da gramática no Ensino Básico, os conteúdos previstos nos programas, o perfil do professor); a segunda parte é constituída pela enumeração das actividades propostas aos participantes.

[2] Cf. SIM-SIM, DUARTE e FERRAZ, 1997: 31 e DUARTE, 2000: 57-58.

Por outro lado, a reflexão gramatical serve fins cognitivos. Se for entendida como actividade de descoberta, como se depreende do texto dos programas que deve ser, ela exige dos alunos treino das capacidades de observação, de classificação de dados e de formulação de generalizações sobre a realidade observada. Estas são competências necessárias em qualquer domínio científico.

Se a importância do estudo do funcionamento da língua é, actualmente, inegável, já os conteúdos gramaticais a ensinar/aprender podem ser discutidos. Os programas de Língua Portuguesa do 2º e 3º ciclos do Ensino Básico e o programa do 1º ciclo do Ensino Básico, instrumentos que, superiormente, determinam esses conteúdos, devem ser objecto de reflexão atenta.

A leitura desses textos merece-nos alguns comentários[3]. Em primeiro lugar, deve salientar-se o facto de que os conteúdos gramaticais previstos no conjunto dos programas dos três ciclos do Ensino Básico parecem adequados, ou seja, um aluno que, no final do 9º ano, tenha adquirido aquelas competências, é um aluno bem formado neste domínio, para o seu nível de escolarização, que possui um razoável conhecimento da língua materna.

A distribuição desses conteúdos pelos diferentes ciclos, no entanto, não é totalmente apropriada. Existe um grande desequilíbrio entre o 1º ciclo do EB, por um lado, e os 2º e 3º ciclos, por outro, não se verificando um progressivo aumento de conteúdos acompanhado de uma também progressiva complexificação dos mesmos.

O programa do 1º ciclo é muito pouco ambicioso. Como observaram C. Martins e I. Santos[4], ele é omisso e pouco orientador quanto à natureza e profundidade do trabalho a desenvolver. Falta, por exemplo, definir a nomenclatura essencial que o aluno deve dominar, e o mesmo se passa relativamente aos critérios para orientar a identificação das classes de palavras. Tal facto leva a que a planificação e desenvolvimento do programa dependa excessivamente de opções individuais dos professores. Além disso, está excessivamente dependente das intuições linguísticas[5], não está organizado por áreas de descrição linguística[6].

---

[3] Só se referem aqui os conteúdos integrados no ponto "Funcionamento da língua-Análise e Reflexão".

[4] SANTOS e MARTINS 1999: 34-35 e 44-45.

[5] A este propósito, atente-se na advertência: «Não se espera que, durante este ciclo, os alunos venham a dominar a nomenclatura correspondente a todo o trabalho rea-

A Gramática no Ensino Básico

Por outro lado, não é evidente um critério de crescente complexidade na definição de objectivos. Por exemplo, só no 4º ano de escolaridade surge como objectivo «Nomear, por ordem, as letras do alfabeto» (*Ensino básico. Programa do 1º ciclo:* 123) ou «Distinguir sons vocálicos de sons consonânticos» (Idem: 123). Isto leva-nos a questionar uma outra opção: a reflexão sobre o funcionamento da língua só é introduzida no 3º ano de escolaridade. Há, no entanto, um conjunto de conteúdos, sobretudo de carácter fonológico, que podem ser introduzidos mais cedo, quer porque se trata de unidades de aquisição muito precoce e que são muito intuitivas (como, por exemplo, a sílaba), quer porque se beneficiaria de uma aquisição conjunta, por exemplo, de unidades gráficas e unidades fónicas (assim, vogais, consoantes e mesmo ditongos deveriam ser identificadas muito antes do 4º ano). O mesmo se aplica a todas as actividade propostas que se referem a questões de natureza fónica.

O facto de o programa do 1º ciclo do Ensino Básico ser muito pouco ambicioso desequilibra a relação entre os seus conteúdos e os dos outros ciclos, sobrecarregando particularmente o 2º ciclo, onde se prevê a aquisição de um número muito elevado de conteúdos gramaticais e o recurso à actividade de memorização.

Entre os programas do 2º e 3º ciclos, essa progressão existe e a relação entre eles é mais equilibrada. Há uma efectiva coordenação entre esses programas (saliente-se, aliás, o facto de o texto introdutório do ponto "Funcionamento da língua" ser exactamente o mesmo). Pode criticar-se--lhes o carácter repetitivo (que, por outro lado, pode ser encarado como forma de explicitar conteúdos a consolidar progressivamente). Podem também criticar-se alguns critérios relativos à sequência de aprendizagem de certos conteúdos. É questionável a sequência de introdução, por exemplo, das subordinadas – as completivas são objecto de estudo no 8º ano, assim como as condicionais, que são mais complexas, enquanto que as relativas restritivas com antecedente, estruturas de menor complexidade,

---

lizado. A consolidação desse trabalho de memorização será realizada ao longo do 2º ciclo do ensino Básico» (*Ensino básico. Programa do 1º ciclo*, p. 121). Esta recusa, a meu ver injustificada, da actividade de memorização leva a uma sequencialização estranha dos conteúdos (vejam-se, adiante no texto, as considerações sobre conteúdos do 4º ano) e decorre de uma concepção inadequada da actividade de memorização como fim em si e não como instrumento num processo cognitivo complexo.

6 Esta crítica, que incide sobre a própria estruturação do programa e não sobre as suas consequências práticas ao nível do ensino, deve estender-se a todos os programas do ensino básico, cuja sequencialidade nem sempre se entende.

só surgem no programa do 9º ano, quando poderiam ser introduzidas mais cedo. Estes são, porém, factos muito pontuais.

Os critérios que regem a sequência e organização da apresentação dos conteúdos no texto dos programas não são claros e a forma como essa apresentação é feita dificulta o trabalho do docente que tem que planificar e desenvolver a sua aplicação.

Os programas não são, no entanto, os únicos instrumentos disponíveis para orientação do trabalho do professor de língua materna. Em *A língua materna na educação básica. Competências nucleares e níveis de desempenho*, documento também proveniente do Ministério da Educação, fazem-se propostas mais equilibradas, mais ambiciosas, sem deixarem de ser realistas (e cuja fundamentação teórica é explicitada), e mais explícitas relativamente à natureza das actividades a desenvolver[7]. Também o *Currículo Nacional do Ensino Básico. Competências essenciais* é um instrumento importante para a planificação do trabalho docente.

Se a definição dos conteúdos a ensinar é um factor importante em qualquer processo de aprendizagem, não menos importante é a definição do perfil do professor. O que deve ser um professor de português? No documento *O ensino e a aprendizagem do Português na transição do milénio. Relatório preliminar*, da responsabilidade da Associação de Professores de Português, apresentam-se os sete *mandamentos* do professor de português do séc. XXI[8]:

1. Conhecer e dominar a língua
2. Estimular as competências comunicativas
3. Praticar metodologias activas e diversificadas
4. Regular o processo de ensino e aprendizagem
5. Gerir a(s) diversidade(s) e a(s) diferença(s)
6. Envolver-se em dinâmicas de grupo
7. Promover a mudança

---

[7] Veja-se, particularmente, o quadro-síntese relativo ao conhecimento explícito. A definição de objectivos para cada um dos ciclos do Ensino Básico é exemplificativa do equilíbrio que se refere no texto, pois apresenta um grau de exigência crescente e um efectivo alargamento de competências (1º ciclo: «desenvolvimento da consciência linguística com objectivos instrumentais»; 2º ciclo: «alargamento e sedimentação da consciência linguística com objectivos instrumentais»; 3º ciclo: «conhecimento sistematizado dos aspectos básicos da estrutura e do uso do Português padrão»).

[8] *O ensino e a aprendizagem do português na transição do milénio. Relatório preliminar*, p. 105.

Os *mandamentos* 3-7 podem aplicar-se a professores de qualquer área, mas os dois primeiros são específicos do professor de língua. O papel fundamental do primeiro destes mandamentos é inegável e surge, naturalmente, em qualquer definição do perfil do professor, pois não se pode conceber que um formador de determinada área do conhecimento não domine o objecto de estudo da sua disciplina.

Uma descrição mais precisa das competências específicas que deve possuir o professor de português é apresentada por Inês Duarte:

«(...) ser professor de língua materna não é ser animador cultural nem generalista ou especialista de "eduquês". É ser um profissional dotado de uma formação especializada, capaz de promover o crescimento linguístico das crianças e jovens que lhe são confiados. Por isso, exige-se do professor de língua materna domínio da língua padrão, fluência de leitura, um nível adequado de mestria na expressão escrita e no conhecimento explícito, formação científico-pedagógica para identificar, através dos critérios de diagnóstico relevantes, o nível de desenvolvimento atingido por cada aluno em cada uma das competências escolarizadas e para intervir educativamente de modo a promover o seu crescimento linguístico harmonioso e pleno.» (DUARTE 2000: 60, sublinhado nosso)

Este parece-nos ser o perfil adequado para o professor de português dos nossos dias. Parece-nos, no entanto, que este não é o perfil de saída das instituições de formação de professores. A experiência de trabalho com estagiários mostra que as instituições de ensino (do 1º ciclo do básico à universidade) não formam adequadamente os alunos no que concerne à disciplina de português. Essa falha é particularmente grave nas instituições de ensino superior, em que não é raro encontrar alunos que, no ano terminal do curso, manifestam possuir conhecimentos muito parcos no domínio da explicitação do funcionamento da língua[9]. Este facto deveria suscitar uma reflexão profunda dentro das instituições.

Por fim, resta-nos referir um último elemento importante no processo de ensino da língua materna: os instrumentos usados para ensinar.

---

[9] Cf. PEREIRA 1999, onde se apresenta um estudo que envolveu alunos do 1º e do 4º anos de cursos com a variante de português da Faculdade de Letras de Coimbra. Dois factos se salientam nesse estudo: por um lado, os conhecimentos gramaticais dos alunos são escassos; por outro, os alunos de 4º ano apresentam, algo surpreendentemente, piores resultados do que os de 1º ano.

Não vou comentar a qualidade dos manuais escolares, dicionários ou gramáticas. Julgo que o professor deve saber seleccionar os seus instrumentos e usá-los da forma mais adequada aos objectivos que, em cada momento, pretende atingir. Não gostaria, no entanto, de terminar esta pequena reflexão sem referir a necessidade de existência de uma terminologia gramatical oficial[10]. A inexistência de uma terminologia oficial, partilhada por todos, gera a proliferação de designações diferentes, criando confusão nos alunos e a quebra de confiança no "saber" do professor. Essa confiança é um elemento fundamental na relação entre o professor e o aluno, nela se fundamenta a transmissão de conhecimentos. É, por isso, urgente o estabelecimento e a publicação de uma terminologia gramatical.

As considerações aqui apresentadas sobre alguns dos elementos envolvidos no processo de ensino do português constituem apenas a introdução a um trabalho de cariz mais prático que se propõe para esta sessão. Além de servirem de base a uma discussão entre os presentes, pretende também servir de apoio às actividades colectivas que de seguida se sugerem.

Para esta sessão, apresenta-se uma classe gramatical – o adjectivo – como objecto de trabalho. Trata-se de um conteúdo gramatical recorrente nos três ciclos do Ensino Básico, a que se podem associar outros. Pode ser tratado sob diferentes perspectivas, exige uma complexificação crescente no tratamento das particularidades que lhe são inerentes. Propõe-se, assim, que seja considerado enquanto ponto programático que se expande por todo o percurso escolar obrigatório e que necessita de ser tratado diversamente nos diferentes anos dos três ciclos.

---

[10] A terminologia ainda em vigor, mas não utilizada, foi estabelecida pela portaria 22664, de 28 de Abril de 1967.

ADJECTIVO

Referências explícitas nos programas

1º CEB
- Identificar adjectivos (3º e 4º anos)
- Substituir adjectivos por outros de sentido equivalente num determinado contexto (3º e 4º anos)
- Seleccionar e comparar adjectivos que, num determinado contexto, qualifiquem um animal, uma pessoa, uma situação (4º ano)
- Aplicar os diferentes graus do adjectivo estabelecendo comparações, diversificando a superlativização (4º ano)

[SIM-SIM, DUARTE e FERRAZ 1997: consciencialização e sistematização de aspectos da flexão nominal e adjectival (oposições mais produtivas sing./pl. e masc./fem.)].

2º CEB
- Distinguir e identificar diferentes classes de palavras (5º e 6º anos)
- Verificar a flexão dos adjectivos (número, género e grau – regras gerais) (5º ano)
- Verificar casos especiais da flexão dos adjectivos em situações de uso ocorrentes em actividades de produção oral ou escrita (número, género e grau – particularidades) (6º ano)

[SIM-SIM, DUARTE e FERRAZ 1997: consciencialização da flexão nominal e adjectival; descoberta e identificação dos graus dos adjectivos].

3º CEB
- Distinguir e identificar diferentes classes de palavras (os adjectivos constam do 7º e 8º anos)
- verificar casos especiais da flexão dos adjectivos em situações de uso ocorrentes em actividades de produção oral e escrita (número, género e grau); sistematizar casos especiais da flexão em grau (formas sintéticas do comparativo de superioridade e do superlativo absoluto (7º ano); sistematizar casos especiais da flexão em número dos adjectivos (plural dos adjectivos compostos) (8º ano)

[SIM-SIM, DUARTE e FERRAZ 1997: consciencialização e sistematização dos paradigmas de flexão nominal, adjectival e verbal].

ACTIVIDADES PROPOSTAS

1. Reflexão sobre os conteúdos enunciados e a forma de que se deve revestir a sua transposição didáctica.
   - o que deve o professor saber sobre estes conteúdos gramaticais;
   - como deve filtrar essa informação;
   - que comentários merece a designação "flexão em grau";
   - que critérios usar para "identificar" e "distinguir" o adjectivo.

Esta é uma actividade prévia à leccionação do conteúdo, da qual decorrem as opções didácticas do professor. É neste momento que se manifesta a necessidade de uma sólida formação linguística, nomeadamente na selecção de critérios de identificação da classe gramatical. A reflexão sobre a expressão "flexão em grau" deve incidir sobre a legitimidade de se considerar o grau uma categoria flexional.

2. Conteúdos associados àqueles que foram enunciados. Distribuição pelos diferentes ciclos do Ensino Básico. Não esquecer que existem:
   - funções sintácticas;
   - expressões com valor/função equivalente ao adjectivo;
   - classes de palavras com semelhanças estruturais;
   - processos de enriquecimento do léxico.

Neste ponto, propõe-se que se considerem questões bastante diversificadas. Saliente-se, porém, a importância de mostrar (fazer descobrir) aos alunos as semelhanças entre estruturas diferentes com função idêntica e as semelhanças formais entre diferentes classes de palavras (nomeadamente, o substantivo). Trata-se de actividades que permitem treinar o rigor da observação e a capacidade de formular generalizações.

3. Para cada ciclo do Ensino Básico, imaginar estratégias e actividades de descoberta e consolidação/sistematização dos diferentes conteúdos. Exemplos:
   No 1º ciclo, há conteúdos que envolvem classes com semelhanças estruturais relativamente aos adjectivos. É ou não útil mostrar essa semelhança e fazer a aproximação das diferentes classes? Como se pode fazer isso neste nível de escolaridade?
   Nos 2º e 3º ciclos, os programas prevêem conteúdos de sintaxe que podem envolver o adjectivo. Como se relacionam esses conteúdos com as características próprias da classe "adjectivo"?

A *Gramática no Ensino Básico* 169

BIBLIOGRAFIA

DUARTE, Inês (1998) – *Algumas boas razões para ensinar gramática*. In: *A língua mãe e a paixão de aprender*. *Actas*. Porto: Areal.
(2000) – *Ensino da língua materna: da repetição de modelos à intervenção educativa cientificamente fundamentada*. In: *Actas do V Congresso Internacional de Didáctica da Língua e da Literatura*. Coimbra: Almedina/ILLP.

DUARTE, I., M. R. DELGADO-MARTINS, A. COSTA, A. I. MATA, D. PEREIRA e L. PRISTA (1991) – *Proposta de nomenclatura gramatical. Versão actualizada*. In: M. R. DELGADO-MARTINS et alii – *Documentos do encontro sobre os novos programas de português*. Lisboa: Colibri.

Currículo Nacional do Ensino Básico. Competências essenciais (2001). Lisboa: Ministério da Educação – Departamento da Educação Básica, p. 31-36.

Ensino básico. Programa do 1º ciclo (1990). Ministério da Educação-Direcção Geral do Ensino Básico e Secundário, p. 97-124.

O ensino e a aprendizagem do Português na transição do milénio. Relatório preliminar (2001). Lisboa: Associação de Professores de Português.

PEREIRA, Isabel (1999) – *Que gramática sabem os nossos alunos?*. In: *Actas das I jornadas científico-pedagógicas de Português*. Coimbra: Almedina/ILLP, p. 63-75.

Programa de Língua Portuguesa. Ensino básico 2º ciclo. Ministério da Educação--Departamento da Educação Básica.

Programa de Língua Portuguesa. Ensino básico 3º ciclo. Ministério da Educação--Departamento da Educação Básica.

SANTOS, Isabel e Cristina MARTINS (1999)– *O conhecimento gramatical das crianças no fim do 1º CEB: algumas considerações*. In. *Actas das I jornadas científico-pedagógicas de Português*. Coimbra: Almedina/ILLP, p. 33-46.

SILVA, Antonino e Anabela TELES (1999) – *O conhecimento metalinguístico no domínio da gramática (2º ciclo-secundário)*. In. *Actas das I jornadas científico-pedagógicas de Português*. Coimbra: Almedina/ILLP, p. 47-61.

SIM-SIM, Inês, Inês DUARTE e M. José FERRAZ (1997) – *A língua materna na educação básica. Competências nucleares e níveis de desempenho*. Lisboa: Ministério da Educação – Departamento da Educação Básica.

OFICINA DE GRAMÁTICA –
TÓPICOS DE SEMÂNTICA FRÁSICA

Ana Cristina M. Lopes
Universidade de Coimbra

I. INTRODUÇÃO

1. O objectivo central desta acção de formação é sensibilizar os professores de Português para a necessidade do estudo da Semântica como parte integrante da Gramática da língua. Sendo a significação o ponto de partida e o ponto de chegada de toda a actividade linguística, parece incontornável o lugar central da Semântica no ensino da Gramática da língua. No entanto, se fizermos um balanço da situação actual, verificamos que nos programas de português vigentes nos últimos anos, e também na larga maioria das gramáticas escolares e dos manuais, as áreas de descrição linguística regularmente convocadas, e que surgem como 'núcleo duro' da Gramática, são a Fonética e a Fonologia, a Morfologia e a Sintaxe. Quanto à Semântica, encontram-se alguns afloramentos esparsos, nomeadamente no que diz respeito à semântica lexical – contemplam-se as relações semânticas entre palavras, nomeadamente a sinonímia e a antonímia, refere-se a polissemia, explora-se, por vezes, a noção de campo semântico –, mas não há nenhuma reflexão sobre o valor semântico da frase. De forma dispersa, encontram-se nos programas referências ao Tempo, ao Aspecto (9º ano, módulo Funcionamento da Língua) e à Modalidade (Ensino Secundário), mas curiosamente estas categorias estão "arrumadas" sob a etiqueta Sintaxe.

Urge, pois, reparar esta situação. Em meu entender, vários factores se conjugam no sentido de reforçar a oportunidade de uma acção de formação na área da Semântica Frásica, para além dos já enunciados. Em primeiro lugar, a anunciada reforma curricular do Ensino Secundário prevê a criação de uma disciplina de Língua Portuguesa autónoma, distinta da disciplina de Literatura Portuguesa, o que implica um acréscimo de tempo lectivo consagrado a um trabalho de reflexão formal sobre a língua. Em segundo lugar, a faixa etária dos alunos que frequentam o Ensino Secundário autoriza a introdução de novos conteúdos no módulo Funcionamento da Língua. Julgo que será desmotivador para os alunos que entram no Ensino Secundário repetir análises morfológicas e sintácticas já trabalhadas em anos anteriores; assim, parece-me que o professor de português deve responder à apetência cognitiva deste público-alvo. Por último, é necessário ter em conta a decisão do ME no sentido da adopção, a nível nacional, de uma Terminologia Linguística para os Ensino Básico e Secundário, que visa uniformizar a nomenclatura gramatical ao longo do percurso escolar do aluno, através da definição de um conjunto de termos nucleares a serem utilizados na descrição da estrutura e do funcionamento da língua. Nessa Terminologia, existe um domínio consagrado à Semântica Frásica. O reconhecimento, por parte dos professores, dos conceitos e termos que integram a proposta ministerial é condição *sine qua non* para a sua efectiva incorporação na prática pedagógica. Se tal reconhecimento não se verificar, corre-se o risco de ela ser pura e simplesmente rejeitada.

Tecidas estas considerações preliminares, que visam enquadrar esta acção de formação, passo ao ponto seguinte, onde explicitarei as opções e os pressupostos básicos da minha intervenção.

2. Pontos de partida

Proponho-me partir de uma base de reflexão facilmente atingível por via intuitiva, apoiada em dados simples. Por outro lado, recorro no essencial a termos e conceitos adoptados na Terminologia acima referida, tendencialmente consensuais e neutros, não enfeudados a um paradigma teórico particular, que visam incorporar aquisições dos estudos linguísticos com relevância pedagógica.

Há dois pressupostos basilares que me parece útil explicitar, na medida em que balizam a análise do valor semântico da frase que a seguir se propõe. O primeiro prende-se com a definição do objecto de conhecimento em Semântica e será formulado nos seguintes termos: a Semântica estuda o significado explícito, convencional e invariante das expressões linguísticas, que se constrói composicionalmente[1]. O segundo corres-

---

[1] O princípio da composicionalidade pode ser assim definido: o significado de uma expressão extensa depende do significado dos diversos elementos que a constituem e da forma como esses elementos se encontram combinados.

ponde à assunção de que a linguagem verbal tem duas funções básicas: designa entidades (no/um mundo) e predica algo sobre essas entidades.

II. O VALOR SEMÂNTICO DE UMA FRASE

Na construção do significado da estrutura frásica, há diferentes componentes que interagem e que podem ser destacados no processo de análise. Tendo embora a consciência de que a exploração de cada um dos componentes mereceria, por si só, uma Oficina, optei por fazer uma apresentação global, de modo a desenhar um enquadramento integrador. Quando interpretamos uma frase, mobilizamos/activamos os diversos componentes que a seguir se destacam. Trata-se, pois, de explicitar aquilo que fazemos de forma intuitiva e pré-reflexiva.

(i) Conteúdo proposicional

Uma frase permite-nos representar linguisticamente uma situação ou um estado de coisas (do mundo real ou de um mundo possível). Os **argumentos** são os elementos da frase que designam/identificam as entidades do mundo que participam na situação (essas entidades são normalmente objectos ou indivíduos, concretos ou abstractos). O **predicador** expressa uma propriedade atribuída a uma entidade (ou a um conjunto de entidades) ou uma relação entre entidades. O conteúdo proposicional corresponde, assim, à representação de uma situação através de um predicador e dos seus argumentos. Vejam-se os seguintes exemplos, nos quais se sublinharam os argumentos[2]:

(1) O João é esperto.
(2) A Ana comeu um gelado.
(3) Os miúdos adormeceram.
(4) O meu irmão ofereceu-me um disco.
(5) A solidariedade é rara.

Partindo dos exemplos, verificamos que há argumentos que ocorrem no interior do sintagma verbal (um gelado, me, um disco) – argumentos

---

[2] Numa versão escrita, perde-se, inevitavelmente, o carácter mais interactivo da Oficina. Nesta, foi distribuído um *hand-out* com todos os exemplos, de modo a que todos os presentes pudessem participar na análise dos dados.

internos – e argumentos que ocorrem no exterior desse sintagma, desempenhando na frase a função de sujeito – argumento externo.[3]

Os predicadores que encontramos nos exemplos são os seguintes: (1) esperto, (2), correr, (3) adormecer, (4) oferecer, (5) rara.[4]

Assinale-se que o número de argumentos requerido por um predicador depende da semântica desse predicador. Assim, vamos encontrar diversas classes de predicadores em função do número de argumentos que exigem:

- Predicadores de zero argumentos: *trovejar, chover, amanhecer, nevar*
- Predicadores de um argumento: *adormecer, uivar, nascer, morrer*
- Predicadores de dois argumentos: *visitar, fazer, ler*
- Predicadores de três argumentos: *dar, emprestar, pedir, colocar, pôr*

Se suprimirmos um dos argumentos exigidos pelo predicador, obtemos uma estrutura agramatical, como se pode verificar em (6)[5]:

(6) *A Rita deu.

---

[3] Nos exemplos só foram contemplados argumentos nominais, mas importa acrescentar que em estruturas frásicas mais complexas podemos encontrar argumentos oracionais. Vejam-se os exemplos (i) e (ii):
   (i) O João disse que o irmão estava doente.
  (ii) O ministro prometeu indemnizar as vítimas.

[4] Os predicadores podem pertencer às categorias Verbo e Adjectivo, como os exemplos ilustram, mas podem ainda pertencer à categoria Nome, como acontce na frase (iii):
  (iii) A Ana é *professora*.

[5] Acrescente-se, no entanto, que há contextos em que é possível a omissão de um argumento. É o que acontece, por exemplo, quando o argumento é contextualmente recuperável. Veja-se o fragmento de diálogo reproduzido em (iv):
  (iv) – O João pediu um telemóvel ao pai.
     – A Rita pediu à avó.
Na intervenção do segundo falante, não se realiza lexicalmente o argumento interno com a função de OD. Porém, há um antecedente discursivo (*um telemóvel*) que permite preencher o argumento vazio.

(ii) Valor de Tempo

A representação linguística de uma situação envolve a sua localização no eixo temporal. Tal localização temporal expressa-se basicamente através dos tempos verbais e dos advérbios e locuções adverbiais temporais. Estes operadores linguísticos permitem-nos situar o estado de coisas descrito/configurado ao nível do conteúdo proposicional num determinado intervalo de tempo, pertencente à esfera do passado, do presente ou do futuro. A construção da localização temporal pressupõe um ponto de referência, a partir do qual se estabelecem relações de ordem cronológica – anterioridade, posterioridade ou simultaneidade/sobreposição. Há tempos verbais e adverbiais temporais que operam na dependência directa do momento da enunciação, ou seja, do intervalo de tempo durante o qual o enunciado é produzido. Neste caso, o ponto de referência é o momento da enunciação, e os referidos operadores apontam para intervalos de tempo anteriores, sobrepostos ou posteriores a esse ponto, construindo uma localização temporal **deíctica**. Vejam-se os seguintes enunciados:

(7) O Rui está a ler o jornal.
(8) O Rui esteve internado.
(9) A Maria chega amanhã.

Em (7), a situação descrita localiza-se num intervalo de tempo que coincide com o momento da enunciação. O Presente perifrástico expressa, assim, um valor de simultaneidade relativamente a esse ponto de referência. Em (8), o Pretérito Perfeito Simples localiza a situação representada num intervalo de tempo anterior ao momento da enunciação. Em (9), o Presente, em co-ocorrência com o advérbio de tempo amanhã, situa a chegada da Maria num intervalo de tempo posterior ao momento da fala.

No entanto, nem sempre o ponto de referência da localização temporal se identifica com a coordenada enunciativa que o tempo da fala configura. Se analisarmos os exemplos que a seguir se apresentam, constatamos que a localização temporal é construída de forma mais complexa.

(10) Quando o irmão entrou na sala, a Maria estava a ler o jornal.
(11) Quando o táxi chegou, o João já tinha desaparecido.

(12) O João disse que viria no dia seguinte.
(13) Quando o pai chegar, a Maria estará a escrever o relatório.
(14) No próximo mês de Agosto, o João terá concluído o curso.
(15) Quando terminar o estágio, o Rui irá para Timor.

Em (10), a oração subordinada temporal introduzida por *quando* constrói o ponto de referência a partir do qual se localiza a situação descrita na oração principal. Note-se que esse ponto de referência se situa na esfera do passado, ou seja, num intervalo de tempo anterior ao momento da enunciação, graças à ocorrência do Pretérito Perfeito Simples (*entrou*); o Imperfeito localiza a situação que envolve a leitura do jornal pela Maria num intervalo de tempo que se sobrepõe a esse ponto de referência linguisticamente construído.

Em (11), o Pretérito-Mais-que-Perfeito localiza a situação descrita na oração principal num intervalo de tempo anterior a um ponto de referência pertencente à esfera do passado, de novo construído pela oração subordinada temporal.

Em (12), o Condicional expressa uma valor de posterioridade relativamente a um ponto de referência passado. A designação de 'Futuro do Pretérito', com que na Gramática de Cunha e Cintra se designa o Condicional, traduz de forma muito transparente o valor temporal deste tempo.

Nos exemplos (13) a (15), os pontos de referência estão todos eles situados na esfera do futuro (*quando o pai chegar*, *no próximo mês de Agosto*, *quando terminar o estágio*). Analisemos agora os valores de localização temporal dos tempos verbais relevantes. Em (13), o Futuro perifrástico localiza a situação num intervalo de tempo que se sobrepõe ao ponto de referência. Em (14), o Futuro Composto expressa/marca um valor de anterioridade relativamente ao ponto de referência. Finalmente, em (15), o Futuro Simples localiza a situação descrita na oração principal num intervalo de tempo posterior ao ponto de referência.

Quando a localização temporal não depende de uma ancoragem directa no momento da enunciação, mas é mediatizada por um outro ponto de referência discursivamente expresso, dizemos que se trata de uma localização temporal **anafórica**.

Tal como os tempos verbais, também os advérbios e locuções adverbiais temporais contribuem para a localização temporal das situações. Há um subconjunto que funciona na dependência directa do momento da enunciação – são os advérbios deícticos, ponteiros que sinalizam anterioridade, sobreposição ou posterioridade relativamente ao tempo da fala (*agora, hoje, ontem, amanhã, há dois dias, na semana passada, na próxima semana, daqui a um mês*...). Complementarmente, a língua disponibiliza um subconjunto de expressões adverbiais que, marcando o mesmo tipo de relações de ordem, funcionam na dependência de um ponto de referência fixado pelo discurso – são adjuntos temporais anafóricos (*então, nesse dia, no dia anterior/na véspera, no dia seguinte, dois dias antes, na semana anterior, na semana seguinte, daí a um mês*...). Nas propostas de actividades que no fim se sugerem, evidencia-se a necessidade de compatibilizar semanticamente o adjunto adverbial com o tempo verbal, sob pena de se produzir um enunciado semanticamente mal-formado, interpretado como incoerente.

(iii) Valor de Aspecto

As situações descritas linguisticamente diferenciam-se em função da sua **estrutura temporal interna**. É através da categoria Aspecto que se inscreve na frase informação sobre essa estrutura temporal interna, ou seja, sobre as propriedades relevantes do intervalo de tempo correspondente à localização temporal de uma situação. Intuitivamente, quando interpretamos frases, sabemos que elas representam diversos **tipos de situações**. Assim, podemos estabelecer uma distinção entre (i) **Estados**, situações estáticas (ou não dinâmicas), não delimitadas temporalmente, durativas, que exprimem propriedades, sentimentos, relações de localização espacial, relações de posse, (ii) **Processos** (ou **actividades**), situações dinâmicas com uma duração indefinida e sem limite final intrínseco, e (iii) **Eventos**, situações dinâmicas (pontuais ou prolongadas) que envolvem intrinsecamente um limite temporal, um ponto de culminação ao qual se segue um estado consequente. Nos exemplos (16) a (20), as situações representadas são Estados. Em (21) e (22), assinalam-se comportamentos típicos das frases estativas, nomeadamente, resistência à construção perifrástica '*estar a* + predicador' e impossibilidade de ocorrência dos predicadores estativos numa frase imperativa:

(16) A Maria é alta.
(17) A Maria está em casa.
(18) A Maria gosta de cinema.
(19) O Rui é português.
(20) O Rui tem um barco de pesca.
(21) * A Maria está a ser alta.
(22) * Maria, sê alta!

Atente-se agora nos exemplos (23) a (27):

(23) A Ana nadou/ passeou no jardim (durante duas horas).
(24) A Maria chegou às duas horas.
(25) * A Maria chegou durante duas horas.
(26) O Rui correu a maratona (em duas horas).
(27) A Ana construiu uma casa.

Em (23), representam-se Processos, situações dinâmicas que se desenrolam de forma homogénea ao longo do intervalo de tempo que ocupam e que, pela sua natureza durativa, são compatíveis com adjuntos adverbiais do tipo 'durante x tempo'. Teoricamente, os Processos podem prolongar-se indefinidamente, porque a sua conceptualização não envolve um ponto terminal. Em (24), (26) e (27) as situações representadas são Eventos, situações dinâmicas que se distinguem dos Processos pelo facto de envolverem um limite ou ponto terminal intrínseco. Em (24), descreve-se um evento pontual, incompatível com um adjunto adverbial com valor durativo (cf. (25)); em (26) e (27), representam-se eventos prolongados, compatíveis com adjuntos adverbiais que especificam a duração do intervalo de tempo correspondente à sua total realização ('em x tempo').

Pela análise e comentário dos exemplos, verificamos que o valor aspectual da frase expressa informação sobre o tipo de situação nela representada. Mas importa ainda sublinhar a forma como a situação é perspectivada pelo falante.Vejam-se os exemplos (28) e (29):

(28) A Ana leu o livro.
(28') O livro está lido.
(29) A Ana estava a ler o livro [quando a vi].

Em (28), o Evento é focalizado como um todo completo e concluído. A frase (28) implica semanticamente (28') – o estado resultante – e é compatível com locuções adverbiais do tipo "em x tempo". Em (29), focaliza-se uma parte da situação, sem qualquer informação sobre as suas fronteiras (inicial e final). Trata-se ainda de valores de natureza aspectual, tradicionalmente designados pelos termos **perfectivo** e **imperfectivo**. Esta oposição é expressa em Português pela flexão verbal: o Pretérito Perfeito Simples do Indicativo gramaticaliza o valor aspectual perfectivo e o Pretérito Imperfeito do Indicativo codifica o valor aspectual imperfectivo.

(iv) Valor de Modalidade

A categoria Modalidade exprime diferentes tipos de atitude do locutor relativamente ao conteúdo proposicional do enunciado por ele produzido. Quando interpretamos uma frase, processamos sempre informação que reenvia justamente para a atitude do sujeito enunciador. Estamos, pois, perante um outro componente que contribui para o valor semântico global da frase. De forma sintética, podemos distinguir três tipos de **valores modais**:

• **Epistémicos**: traduzem a atitude do locutor relativamente à verdade ou falsidade do conteúdo proposicional. Esta atitude baseia-se, naturalmente, no grau de conhecimento do falante. Assim, o falante pode exprimir um valor de **certeza**, apresentando o conteúdo proposicional como verdadeiro ou falso, mas pode também exprimir um valor de **probabilidade** ou de **possibilidade**. Vejam-se os seguintes exemplos:

(30) O João chegou/não chegou ontem.
(31) O João deve ter chegado.
(32) É possível que o João tenha chegado ontem.

Em (30), o falante, através da frase declarativa (afirmativa ou negativa) no Modo Indicativo expressa um valor de certeza: o falante sabe que é verdade que o João chegou ou que é falso que o João tenha chegado. Trata-se em ambos os casos de uma asserção categórica. Em (31), o verbo modal *dever* lexicaliza um valor epistémico de probabilidade. Interpretamos a frase como significando que o falante não pode comprometer-se em absoluto com a verdade do que diz, embora considere provável que a chegada do João tenha ocorrido, face a um conhecimento indirecto que lhe permite construir uma inferência (imagine-se, por exemplo, o seguinte contexto: o locutor sabe que o João, quando volta a casa, deixa o carro estacionado à porta; se vê o carro estacionado nesse sítio, infere que o João chegou a casa). Em (32), o falante exprime um valor modal de possibilidade, recusando-se a assumir qualquer compromisso em relação à verdade ou falsidade do conteúdo proposicional do seu enunciado. Assim, as duas hipóteses possíveis mantêm-se em aberto (o João ter chegado/não ter chegado ontem).

• **Deônticos:** o locutor apresenta o conteúdo proposicional como obrigatório ou permitido. Ao produzir um enunciado deonticamente modalizado, o locutor age sobre o interlocutor, impondo, proibindo ou autorizando a realização da situação representada pelo conteúdo proposicional, situação essa que, em termos de localização temporal, ocupa necessariamente um intervalo de tempo posterior ao momento da enunciação. Os valores deônticos, de **obrigação** ou de **permissão**, ocorrem prototipicamente em enunciados que descrevem situações dinâmicas e instauram uma relação hierárquica de controlo por parte do locutor. Vejam-se os seguintes exemplos:

(33) Sai imediatamente!
(34) Não podes sair.
(35) Deves/tens de estudar mais.

Nos três exemplos, expressa-se um valor de obrigação, sendo distintos os recursos linguísticos utilizados. Em (33), o locutor recorre ao Modo Imperativo; em (34) e (35), são os verbos modais *poder*, *dever* ou *ter (de)* que veiculam esse valor.[6]

Atente-se agora no exemplo (36):

(36) Podes sair.

Neste exemplo, o locutor autoriza a realização da situação representada pelo conteúdo proposicional, expressando um valor de permissão através do verbo modal *poder*.[7] Assinale-se que, ao contrário do que acontece com o valor de obrigação, o valor de permissão abre ao interlocutor a possibilidade de uma escolha.

• **Apreciativos:** o locutor exprime um juízo valorativo, positivo ou negativo. Os exemplos (37) a (39) ilustram diferentes recursos linguísticos disponibilizados pela língua para a expressão deste último tipo de valores modais:

(37) Lamento que o João tenha chumbado.

---

[6] Note-se que o valor de obrigação engloba duas possibilidades: a obrigação de Y fazer x (cf. exs. (33) e (35)) e a obrigação de Y não fazer x (cf. ex. (34)). Esta última possibilidade corresponde a uma atitude de proibição.

[7] Nos exemplos apresentados, o alvo da obrigação ou da permissão expressas é o interlocutor, agente da acção futura cuja realização é imposta ou autorizada pelo locutor. Mas podemos encontrar frases deonticamente modalizadas em que esse alvo não coincide com o interlocutor, limitando-se este a ser intermediário. É o que acontece no exemplo (v):

(v) O João tem de ir imediatamente ao hospital.

Oficina de Gramática – Tópicos de Semântica Frásica 181

(38) Felizmente, o João entrou em Medicina.
(39) Que Outono esplendoroso!

Em (37), é o verbo ilocutório expressivo *lamentar* que inscreve no enunciado a avaliação negativa do locutor. Em (38), o advérbio *felizmente* marca um juízo positivo face à situação descrita pelo conteúdo proposicional. Em (39), a frase exclamativa e a ocorrência do adjectivo valorativo *esplendoroso* funcionam como suportes linguísticos de um valor modal apreciativo.

(v) Valor de polaridade

Vejamos, em último lugar, o componente polaridade. Aplicado à semântica frásica, este termo envolve dois valores: **afirmativo** e **negativo**. Diz-se que um enunciado tem uma polaridade afirmativa quando expressa uma asserção positiva (ver exemplo (40)); um enunciado com uma polaridade negativa é aquele que expressa uma asserção negativa (ver exemplos (41) a (44)). É pela presença ou ausência de operadores de negação que se marca o valor de polaridade do enunciado.

(40) O João voltou.
(41) O João não voltou.
(42) Ninguém veio (= não veio ninguém/uma única pessoa)
(43) Nada se decidiu (= não se decidiu nada)
(44) Eles nunca foram ao teatro (= eles não foram ao teatro uma única vez)

III. SUGESTÕES DE ACTIVIDADES

Nesta última parte da Oficina, propõem-se alguns exercícios que visam levar os alunos a trabalhar com dados linguísticos, de modo a aliar práticas de língua e reflexão explícita sobre a língua.

1. Conteúdo proposicional (estrutura argumental dos predicadores)

(1) Marque com um asterisco as sequências agramaticais:

(a) O Rui colocou.
(b) A Ana chorou à Tia Sara.

(c) O miúdo partiu a jarra.
(d) A encomenda veio.

(2) Atente nas seguintes frases:

(a) As farmácias vendem medicamentos mediante a apresentação de receitas.
(b) Quem dá e torna a tirar, ao Inferno vai parar.

Ambas são aceitáveis, apesar de não estarem explícitos todos os argumentos internos requeridos pelos predicadores verbais vender, *dar* e *tirar*. Como se poderia explicar esta omissão que não gera agramaticalidade?

2. Tempo

(1) Analise as frases que a seguir se apresentam e indique a relação entre o ponto de referência e o intervalo de tempo em que se localiza a situação descrita:

(a) Fiz anos ontem.
(b) Quando for grande, vou ser aviador.
(c) Ao meio-dia, o João tinha acabado o exame.

(2) Marque com um asterisco as sequências anómalas e explicite as incompatibilidades semânticas encontradas:

(a) Em 2002, haverá moeda única na Europa.
(b) Amanhã, tive medo.
(c) Actualmente, não havia televisão.

3. Aspecto

(1) Caracterize, do ponto de vista da estrutura temporal interna, as situações descritas nas seguintes frases:

(a) O Rui nadou durante duas horas.
(b) O Rui nadou até ao barco.
(c) A Ana reconheceu o velho amigo de infância.
(d) O António tem olhos azuis.

Oficina de Gramática – Tópicos de Semântica Frásica   183

(2) Relacione tipos de situação com tipos de texto (pense, por exemplo, no tipo de situações que um texto narrativo privilegia. Confronte o texto narrativo com o texto descritivo, à luz de uma tipologia aspectual de situações).

4. Modalidade

(1) Construa enunciados que expressem um valor modal de obrigação (i) num registo informal, (ii) num registo formal.

BIBLIOGRAFIA

CAMPOS, M.H.C. e Xavier, F. (1991) – *Sintaxe e Semântica do Português*, Lisboa, Universidade Aberta.

DUARTE, I. (2000) – *Língua Portuguesa. Instrumentos de análise*, Lisboa, Universidade Aberta.

OLIVEIRA, F. et al. (2001) – "O lugar da Semântica nas gramáticas escolares: o caso do tempo e do aspecto", in Fonseca, F.I. *et al.* (org.). *A Linguística na formação do professor de Português*, Porto, CLUP, 65-82.

PERES, J. e Móia, T. (1995) – *Áreas críticas da língua portuguesa*, Lisboa, Caminho.

O ENSINO DO PORTUGUÊS COMO LÍNGUA ESTRANGEIRA
Da "flexibilidade cognitiva" à auto-aprendizagem –
o multimédia dentro e fora das aulas de língua

ANABELA FERNANDES
e ANTONINO SILVA
Universidade de Coimbra

Introdução

Na área da didáctica das línguas, em geral, e das línguas estrangeiras, em particular, o uso de novas tecnologias de informação esbarra frequentemente contra a impossibilidade que temos, enquanto professores, de elaborarmos nós mesmos os materiais que gostaríamos de ver utilizados na sala de aula, segundo perspectivas pessoais e pontos de análise que julgamos mais importantes ou adequados ao contexto de ensino-aprendizagem.

O acesso passivo dos professores a materiais multimédia – geralmente CD Rom – não constitui, por isso mesmo, uma estratégia muito recorrente, acrescendo ainda a essa impossibilidade a escassez de equipamentos apropriados para a exploração do multimédia nas salas normais de aula.

Colocando em prática alguns pressupostos da teoria da flexibilidade cognitiva propusemo-nos, nesta oficina, proceder à desconstrução de um programa de *software* que permite uma gestão dos conteúdos equilibrada e adequada ao nível linguístico dos alunos e aos objectivos pedagógicos do professor.

Em última análise o professor é o gestor de tudo aquilo a que o aluno tem acesso, o que, em termos práticos significa que o papel do professor é preponderante em toda a fase de preparação das sequências de aprendizagem, se bem que, posteriormente, o aluno aceda isoladamente aos materiais que o professor ordenou.

A exploração do programa Didaktos (Moreira, A. 1996) na versão disponível para a sessão assenta essencialmente em pressupostos de carácter tecnológico e pedagógico.

Na realidade é necessário considerar e conhecer minimamente as potencialidades que o multimédia hoje oferece na sala de aula para podermos tirar os máximos resultados. Ao aliarmos a apresentação convencional dos textos nas diferentes janelas à audição de ficheiros áudio e ao visionamento de ficheiros de vídeo, permitimos ao aluno a possibilidade de se questionar a si mesmo e questionar os documentos de que dispõe, quase até ao limite do possível. Tudo depende do trabalho prévio do professor que, neste caso concreto, também se torna um programador, no sentido pedagógico e didáctico da palavra.

A flexibilidade cognitiva

By cognitive flexibility, we mean the ability to spontaneously restructure one's knowledge, in many ways, in adaptive response to radically changing situational demands...This is a function of both the way knowledge is represented (e.g., along multiple rather single conceptual dimensions) and the processes that operate on those mental representations (e.g., processes of schema assembly rather than intact schema retrieval). Spiro & Jehng (1990, p. 165)

A teoria que aqui se apresenta tem como princípio o construtivismo e a complexidade do mundo real. A Teoria da Flexibilidade Cognitiva (Spiro et al., 1987) refere-se à capacidade de reestruturação multivariada de conhecimentos que se possuem, respondendo a exigências situacionais que variam de caso para caso.

Associada a esta teoria está a metáfora atribuída a Wittgenstein (1985) presente no prefácio da obra *Investigações Filosóficas* e que resulta da tentativa de expor as suas ideias de modo coerente e linear. Este autor constatou que tal tentativa deturpava o seu pensamento, pelo que optou por escrever uma obra onde as suas ideias se apresentariam como uma paisagem complexa construída a partir da elaboração de pequenos esboços de dados locais, de enfoques diferentes, revisitando-os várias vezes.

Existem diferentes aspectos nos actos cognitivos onde processos mentais construtivos têm lugar. Em primeiro lugar, considera-se que a compreensão vai além da informação apresentada. Por exemplo, para compreender um texto assiste-se a uma construção de sentido: o texto é uma impressão preliminar. A informação contida no texto deve ser combinada com informação fora dele, incluindo o conhecimento prévio do aprendente para formar uma representação completa e adequada do sentido do texto.

A Teoria da Flexibilidade Cognitiva considera a existência de uma fase entre a aprendizagem de aspectos introdutórios de um dado mínimo e a obtenção de conhecimento especializado no mesmo domínio, onde tem lugar a aquisição do conhecimento complexo. Os alunos deveriam ser capazes de transferir o conhecimento de modo flexível e relevante para novas situações, em diferentes contextos.

O sistema educativo hipertexto baseado na Teoria da Flexibilidade Cognitiva caracteriza-se por:

- analisar um domínio em termos de temas ou perspectivas conceptuais múltiplas de âmbito lato;
- utilizar exemplos baseados em casos que, por sua vez, se subdividem em unidades denominadas de mini-casos, sendo, na maioria das situações, segmentos curtos de texto e/ou imagens;
- analisar e codificar um vector temático para cada mini-caso composto por uma subcategorização dos temas possíveis do domínio;
- possibilitar um cruzamento temático ou uma exploração baseada em temas dos mini-casos.

Concretizam-se, deste modo, algumas directrizes inerentes à instrução, como:

- o ensino deve ser multifacetado;
- os materiais concebidos de forma clara a darem conta do primeiro aspecto;
- o aluno é um agente activo;
- o professor tem a função de guia;

Contexto de aplicação

O contexto de aplicação que considerámos para esta oficina foi o contexto linguístico de imersão, ou endolingue, não sendo necessário que o aluno esteja na sala de aula ou que esteja *in praesentia* do professor. A componente autodidacta é relevante na aplicação deste modelo.

Também é um ponto assente que a flexibilidade dos níveis de aprendizagem e dos interesses dos alunos não é um entrave ao modelo em causa, pois cabe ao professor, enquanto programador, escolher o percurso do aluno, definindo-lhe as sequências a seguir e os documentos a aceder.

Momentos de elaboração

A elaboração de uma lição (ou sessão de trabalho) com o recurso ao Didaktos exige que o professor programador defina rigorosamente o domínio da sua apresentação, os tópicos e os tipos de tópicos para, num segundo momento, proceder à recolha e selecção dos materiais.

Depois deste trabalho prévio deve proceder à inserção de dados e elaborar as sequências em função dos alunos a quem as sessões de apresentação se destinam.

Relato de trabalho

A oficina de formação comportava três momentos distintos: a apresentação do suporte teórico da aplicação prática, a apresentação de uma aplicação previamente elaborada por nós e a construção na oficina de uma apresentação por parte dos participantes.

O trabalho decorreu como estava previsto, na primeira e segunda partes; contudo, na última delas, um factor imprevisto levou a que os participantes apenas pudessem cumprir um dos momentos de programação da sessão de trabalho. Depois de terem inserido e preparado as diferentes cenas a explorar, o sistema do programa não permitiu que se inserissem os casos, pelo que tal tarefa teve que ser feita apenas no computador central. De qualquer modo, a eficácia da oficina não ficou comprometida, porque este computador central estava ligado a um projector de vídeo que permitia acompanhar, passo a passo, os diferentes momentos da criação de um caso e da elaboração de sequências.

Além disso, e uma vez que todos os ficheiros de texto, imagem, vídeo e som a serem utilizados estavam incluídos na pasta de trabalho, os participantes na oficina puderam visionar e ouvir tais ficheiros, ainda que não integrados nos casos que deveriam ter concluído. (Apresentamos os textos disponíveis em anexo).

Como avaliação final, os participantes mostraram-se receptivos ao modelo e discutiram animadamente as potencialidades e limitações do mesmo, inclusive para aulas de língua materna. Além disso, consideraram que é fundamental que nas práticas pedagógicas actuais se abram perspec-

O ensino do português como língua estrangeira   189

tivas novas e se adira às novas tecnologias de informação sem, com isto, se pôr em causa o papel do professor enquanto catalisador de todo o processo de ensino-aprendizagem.

Apresenta-se, em anexo, um guião de instruções do programa Didaktos que elaborámos, de modo a que os participantes executassem os diferentes momentos da oficina num tão breve espaço de tempo.

GUIÃO DE EDIÇÃO DE CASOS E TEMAS

---

1. No **Menu Principal** escolha a opção <u>modificar/editar temas</u>.

1.1. No menu seguinte escolha <u>editar categorias</u>

Sugestão: Apague as categorias que já existam e escreva, para a 1ª categoria ou categoria A "Estético-cultural"; para a 2ª ou B "Histórica"; para a 3ª ou C "Social"; para a 4ª ou D "Linguística".

Depois de concluído faça <u>OK</u>
Em seguida escolha <u>adicionar</u>
1.2. À pergunta *"Qual a categoria do tema?"*, devemos seleccionar uma a uma (A B C D), começando pela primeira. Depois de seleccionada, respondemos à pergunta *"Qual o novo tema?"* com uma breve expressão ou frase.
Sugerimos para cada categoria mais de um tema, como no quadro que surge em baixo. Deve-se seleccionar sempre a mesma categoria enquanto se introduzem os temas todos que lhe pertencem. Por exemplo, depois de introduzir o tema "Arte sacra" na categoria Estético-cultural, deve escolher-se de novo a mesma categoria para introduzir o tema "Arte da cantaria." Não esquecer de fazer OK no **V** depois de introduzido cada um dos temas.

CATEGORIA	TEMA	DESCRIÇÃO DO TEMA
Estético-cultural	A arte sacra	Arte relacionada com o culto e as religiões. Desde sempre a pedra foi o material mais utilizado.
	A arte da cantaria	Trabalho da pedra lavrada ou aparelhada em formas geométricas para decoração e utilizada na construção.
Histórica	A romanização	Expansão do Império romano nos territórios da bacia do Mediterrâneo. Os principais vestígios deste período observam-se em Portugal nas calçadas e nas pontes construídas em pedra.
	Os castelos	Construções fortificadas em pedra com uma torre central e rodeadas por uma muralha. Eram baluartes de defesa e de fixação em determinados territórios de fronteira.
	Os pelourinhos	Coluna em pedra trabalhada levantada em lugar público onde antigamente se expunham e castigavam os criminosos. Era também símbolo da autonomia da administração dos concelhos na idade média.
Social	Êxodo rural	Movimento migratório do campo para a cidade que resulta na desertificação e despovoamento das aldeias e povoações do interior do país.
	Fixação geográfica	Nas zonas montanhosas de Portugal a fixação das populações resulta em pequenos aglomerados populacionais junto aos rios e zonas mais férteis dos vales. São geralmente povoações pobres e pequenas.
	Romaria	Cerimónia de carácter religioso que consiste numa peregrinação ou ida a um local religioso, geralmente uma ermida no alto de um monte.
Linguística	Derivação sufixal	Adjunção de sufixos a uma forma derivante (radical ou palavra).
	Derivação prefixal e sufixal	Adjunção de prefixos e de sufixos a uma forma derivante (radical ou palavra).

O *ensino do português como língua estrangeira* 191

Quando se concluir esta tarefa, procura-se a barra de navegação e escolhe-se **Menu** na letra **M** duas vezes, para voltar ao **Menu Principal**.

1.3 Selecciona-se agora <u>modificar/editar casos</u>.
Clique em <u>Adicionar</u>
Dê um nome ao caso e faça a respectiva descrição.

> Sugerimos "A SERRA E A PEDRA". Depois da descrição "Aspectos da cultura portuguesa não urbana" fazer **V**

1.4. Dê depois um nome à 1ª cena. ***Sugerimos "Nascido da pedra"*** e faça **V**

Aparece então a cena para construir e introduzir o multimédia. Para melhor interpretação dos símbolos da barra de ferramentas sugerimos a consulta da p. 6 do texto de apoio.

Para a construção desta cena dispõe de 2 vídeos, ***sugerimos por agora o de Penha Garcia,*** um texto escrito com o título "Nascido da pedra", um ficheiro de som com o mesmo título e diversas imagens. Pode introduzir texto (por inteiro, ou apagar algumas partes), imagem (uma por cena), vídeo e som. Os filmes e os sons não se podem cortar. Para isso têm que ser digitalizados previamente em fragmentos com títulos diferentes, mas relacionados.

1.4.1. Para fazer a **descrição** da cena clique no **D** do lado direito e escreva ou importe o texto onde explica o que se vê, lê e/ou ouve.

> Sugerimos que aqui escreva "Texto de prosa poética sobre Penha Garcia. O vídeo e a imagem também oferecem imagens dessa região de montanha, onde as rochas dominam a paisagem."

Depois de escrever, feche a janela de diálogo no **X** e passe à inserção do **contexto**.

1.4.2. Para tal deve seleccionar a letra **C** do lado direito e proceder do mesmo modo como fez para a descrição. Agora invente e diga de onde é que este texto foi retirado, porque nós não sabemos (um segredo: foi inventado!). Feche a janela no **X**.

1.4.3. Vamos em seguida analisar a cena:
Clicar em **T** e depois na cruz dentro da circunferência ao lado da palavra **+ TEMAS**. Seleccione agora com o rato o tema da categoria.

(Recorde as categorias e os temas que introduziu. Ver ponto 1.1. para saber quais as categorias que correspondem a cada letra.) Os temas aparecem nos respectivos lugares.

Seleccione o tema da lista (a cinzento) e depois de aparecer em cima, na lista de temas associados, clique aí para escrever a análise do lado esquerdo. Depois disso deve fazer OK no botão **V**.

Neste caso concreto, o tema que se associa a esta cena é sem dúvida o êxodo rural, e a fixação geográfica, na categoria C (social). Para cada um dos temas deve escrever a respectiva análise e fazer **OK**. Quando terminar, feche tudo no lado direito, na cruz **X**.

1.5. Pode agora voltar a editar uma nova cena.

No fundo do ecrã, no lado direito aparece-lhe a seta **>**. Clique em cima dessa seta.

Cumpra agora todos os passos da construção como na cena anterior, mas com as orientações propostas a seguir.

1.5.1. *Dê-lhe o nome de "A pedra e o tempo".*

Escreva um texto ao qual dá o título de "A pedra e o tempo" e o vídeo "Monsanto". Não há som correspondente.

Introduza uma imagem de uma ponte romana, de uma calçada, de um castelo, de um pelourinho ou de uma igreja.

Se tiver tempo, corte o texto em sequências para associar diferentes imagens, ainda que com o mesmo vídeo, pois o texto apresenta uma perspectiva histórica dos usos da pedra. Ao fragmentar o texto, cada parte vai constituir uma cena diferente, pois só assim poderá introduzir uma nova imagem por cada cena. Pode até manter o mesmo texto, mas cada imagem por si só apenas pode aparecer numa nova cena.

Por outras palavras: qualquer mudança de um dos ficheiros introduzidos obriga a mudar para nova cena.

1.5.2. Para poder seleccionar e apagar texto ou editá-lo tem de clicar na primeira folha (a do lado esquerdo) que aparece na barra de ferramentas do fundo. Depois de realizar as alterações que julgue pertinentes só necessita de clicar na folha do meio e o texto volta a ficar inacessível (aparece uma mão sobre ele)

1.5.3. Para a cena "A pedra no tempo" sugerimos que na **Descrição** e no **Contexto** experimente agora importar texto, se bem que escrever directamente acabe por ser mais rápido. Os ficheiros de texto são "A pedra e o tempo – descrição" e "A pedra e o tempo – contexto"

1.5.4. Na análise da cena sugerimos, na categoria Estético-cultural

O ensino do português como língua estrangeira 193

A, o tema "Arte sacra" (com imagens de cruzeiros); na Histórica B, todos os três temas, na Social C, o tema "Romaria" (quando introduz a imagem das ermidas), e na Linguística D, todos os temas.

1.5.4.1. Nesta última categoria tem de trabalhar com o texto. Para isso, quando escreve ou introduz o texto pela primeira vez deve colocar a mão sobre cada uma das seguintes palavras "empedradas", "empedramentos" e "pedreiros". Depois clique em baixo no **B**, de *bold*, para a palavra aparecer a negrito e destacada. Na lista de temas associados seleccione derivação sufixal ou derivação sufixal e prefixal, consoante o caso e escreva do lado esquerdo, por exemplo, *"pedreiro" – é uma palavra derivada por sufixação. O sufixo –eiro assume aqui o valor de profissão ou actividade. Pode ainda representar...."*

1.6. Quando terminar a inserção das cenas que deseja, clique no canto inferior direito na seta para cima ∧ e aparece-lhe o **Menu Principal** de novo. Veja agora o trabalho que realizou.
Para isso:
2. Seleccione então **VER CASOS**.
2.1. Ver um caso sequencialmente.
2.2. Seleccionar o caso e avançar pelas cenas com consulta da descrição, do contexto, das análises dos temas associados, etc.
É este o interface ao qual o aluno tem acesso enquanto utilizador.

3. Se desejar pode também ter acesso ao **Glossário**. Basta Clicar na Letra **G** que aparece no fundo do ecrã.

4. O **Registo** e as **Transcrições** não são agora muito importantes, pois apenas servem para controlarmos o acesso dos alunos aos conteúdos do CD.

5. Construção de sequências especiais:
Se não activar esta opção, o acesso ao multimédia faz-se na ordem pela qual foram inseridas as cenas e os casos.
Se desejar pode limitar o acesso a alguma informação ou fornecer outra que julgue pertinente.
5.1. No **Menu Principal** seleccione Construir sequências especiais. Em seguida, no ecrã esquerdo, seleccione o caso e à direita escolha a cena. Em baixo, no lado esquerdo, aparece a selecção feita e então podemos tomar as seguintes opções:

Seleccionar o **Menu** – a cena aparece por si só, sem Descrição, sem Contexto e sem Tema;

Seleccionar o **D** e a cena aparece com a Descrição acessível, apenas, sem Contexto e sem Tema;

Seleccionar o **C** e a cena aparece sem Descrição, mas com Contexto e sem Tema,

5.2. Surge sempre o controlo da sequência das cenas com as palavras "não" e "sim" para sabermos aquilo que está acessível.

5.3. Quando terminar a sua sequência dê-lhe um nome e grave clicando no círculo com bola e siga para a elaboração de outra sequência.

5.4 Se desejar apagar a selecção que fez coloque o rato sobre a cena da sequência e quando surgir o ícone de lupa está pronto para apagar.

Texto A *Oliveiras*

As árvores ajoelham e rogam ao homem a recolha dos frutos túrgidos de promessas de tempero e de luz.

O ritual repete-se sem que o tempo perdoe a passagem do tempo.

A cama faz-se no chão e a violência da fustiga é feita com todo o carinho, porque para o próximo ano é preciso mais.

Os frutos que nascem verdes e morrem negros padecem os tormentos dos condenados para se fazerem azeite da candeia ou da almotolia.

É assim esta relação de gozo e dor renovada cada inverno, prometida cada ano.

Texto B *Nascido da Pedra*

A terra esventrou-se e dela saiu o homem da Serra. O mesmo torrão que é mãe, também é madrasta. O homem só come o que a terra dá, ... e é pouco.

A míngua alimenta a fartura de amor pelo solo, que é chão e tecto, parede e contraforte. É uma terra de pedra, expulsa do centro do mundo, como se mais ninguém a quisesse a não ser o serrano.

É ele quem a rega com bagos de suor maduro à espreita e com a esperança na alma de receber em dobro aquilo que dá. Só que a mãe madrasta paga-lhe pela metade e acena com a promessa de outro tanto para o ano.

Não importa rasgar ou varrer o chão; porque debaixo da pedra só há pedra. Talvez seja esta certeza de fidelidade que atrai e prende o homem da serra às suas raízes e à terra que chama sua porque mais ninguém a cobiça.

Os outros, os de fora, são loucos e inconstantes pois não sabem o que é ser-se filho de mãe eternamente amante que dá pouco de cada vez, mas dá sempre.

Texto C *Open de Parapente*

Foi realizado entre 1 e 7 de Agosto, na serra da Estrela, mais exactamente em Linhares da Beira, o 8º Open de Parapente que integrou o campeonato mundial da especialidade e que contou com a participação de especialistas de todo o mundo.

Uma vez mais foram atraídos para a localidade serrana milhares de visitantes – entusiastas ou simples admiradores – e os céus da Serra encheram-se com o colorido dos atletas e respectivos parapentes quando estes cruzavam os ares.

A organização disse-nos que este ano as inscrições e participações ultrapassaram todos os números anteriormente registados. Num total de 235 participantes, registou-se a presença de 53 atletas do sexo feminino, contando-se, entre elas, a já famosa vice-campeã da especialidade, a Norueguesa Anne Kromer.

Quando deu uma entrevista ao nosso jornal, a atleta confessou-nos que, relativamente ao ano passado, a iniciativa deste ano tinha melhorado imenso, quer na organização das diferentes mangas e largadas, quer na participação mais equilibrada de atletas do mesmo nível em cada uma das largadas, se bem que dominassem as classificações os atletas europeus.

Ela tinha já participado nos anos anteriores e aquando da prova de 1988 obtivera um destacado 1º lugar, com mais de 7 pontos de avanço sobre a segunda classificada.

Por outro lado, todos os participantes e organizadores se congratularam com o tempo espectacular que fez durante toda a semana, destacando os dias de sábado e domingo, porque foi nesses dois dias que a afluência de visitantes foi maior.

Embora não estivesse muito calor, as manhãs não registaram qualquer nebulosidade que comprometesse a visibilidade, pelo que todas as largadas ocorreram na sequência prevista e foram cumpridas todas as eliminatórias do dia.

Jorge Costa Vieira, o presidente da comissão organizadora e vice-presidente do Parapente Clube de Portugal pensa já na elaboração do próximo open de 2000. Contudo, confessou-nos, espera maior colaboração de entidades oficiais e de empresas que promovam patrocínios.

BIBLIOGRAFIA

JONASSEN, D., Ambruso, D . & Olesen, J. (1992). "Designing hypertext on transfusion medicine using cognitive flexibility theory". *Journal of Educational Multimedia and Hypermedia*, 1(3), 309-322.

MOREIRA A. (1996). *Desenvolvimento da flexibilidade cognitiva dos alunos-professores: uma experiência em didáctica do inglês.* Tese de doutoramente em (Didáctica das Línguas) apresentada à Universidade Aveiro. Aveiro.

SPIRO, R.J., Coulson, R.L., Feltovich, P.J., & Anderson, D. (1988). "Cognitive flexibility theory: Advanced knowledge acquisition in ill-structured domains." In V. Patel (ed.), *Proceedings of the 10th Annual Conference of the Cognitive Science Society*. Hillsdale, NJ: Erlbaum. [Reprinted in Ruddell, R.B. & Ruddell, M.R. (1994). *Theoretical Models and Processes of Reading* (4th Ed.). Newark, DE: International Reading Association.]

SPIRO, R.J., Feltovich, P.J., Jacobson, M.J., & Coulson, R.L. (1992). "Cognitive flexibility, constructivism and hypertext: Random access instruction for advanced knowledge acquisition in ill-structured domains." In T. Duffy & D. Jonassen (Eds.), *Constructivism and the Technology of Instruction*. Hillsdale, NJ: Erlbaum.

SPIRO, R.J. & Jehng, J. (1990). "Cognitive flexibility and hypertext: Theory and technology for the non-linear and multidimensional traversal of complex subject matter." D. Nix & R. Spiro (eds.), *Cognition, Education, and Multimedia*. Hillsdale, NJ: Erlbaum.

O TEXTO DRAMÁTICO NO 3.º CICLO DO ENSINO BÁSICO

GLÓRIA BASTOS
Universidade Aberta

1. Introdução

Em contexto escolar, um dado facilmente confirmado consiste no reduzido espaço atribuído a um trabalho com o texto dramático. Muitas vezes, os alunos só contactam com a especificidade discursiva própria a esse modo literário quando chegam ao 9.º ano de escolaridade, e se deparam com textos de leitura obrigatória, no domínio do dramático. Por outro lado, a leitura escolar do texto dramático – concretamente na disciplina de português, aquela onde os diferentes modos do discurso deverão ser explorados – está excessivamente colada às abordagens da narrativa, tendo raramente em atenção certas particularidades discursivas que possibilitam um trabalho analítico extremamente motivador. Entre essas particularidades, que não cabe explanar neste espaço, destacaríamos os seguintes aspectos que nos vão merecer, noutras secções, alguns comentários mais circunstanciados:

- existência de um texto primário (dito) e um texto secundário (não--dito): importará reflectir sobre as possíveis relações entre essas duas instâncias;
- predomínio do diálogo, da fala entre as personagens: importará reflectir sobre as formas como esse diálogo se constrói;
- presença de signos de origem diversa (verbais e não verbais): importará reflectir sobre as suas funções respectivas.

Esta oficina procurou assim promover um debate sobre o papel do texto dramático na aula de português – sobretudo ao nível do 3.º ciclo do ensino básico, mas remetendo, pontualmente, para outras situações – e desenvolver propostas metodológicas orientadas para certas questões e aspectos que nos parecem importantes mas que são, geralmente, pouco ou nada trabalhados. Foram os seguintes os objectivos da sessão:

- Debater a especificidade do texto dramático e as suas implicações numa didáctica do texto dramático.
- Explorar novos materiais para utilização em aula e formas diversificadas de abordar o texto dramático.
- Explorar articulações possíveis entre texto dramático/outros textos.
- Ampliar a leitura do texto dramático, numa possível interacção com o fenómeno espectacular/teatralização.

2. Breve reflexão sobre o lugar do texto dramático na aula de português

No 3º ciclo do ensino básico encontramos, para o 7.º e 8.º anos de escolaridade, vários textos dramáticos nas propostas de leitura da obra integral, facto este significativo, quer pela abertura a outras formas de escrita, quer pelas potencialidades de trabalho oferecidas. Todavia, na maioria das escolas esses textos não são escolhidos, já que se continua a preferir a narrativa, sobretudo quando se trata de ler uma obra na sua totalidade.

Em relação aos autores e textos propostos, não se pretende questionar aqui a sua relevância. Reconhecemos que haja alguma dificuldade na procura de textos dramáticos para as faixas etárias em causa. A esse nível, e porque um dos maiores problemas reside no desconhecimento das obras existentes, consideramos que, mais do que a indicação de um ou dois autores/títulos, seria de toda a utilidade a existência de uma listagem de obras possíveis, com uma breve apresentação e talvez um pequeno excerto representativo[1]. Em função do grupo de trabalho, e com um conhecimento mais efectivo das diferentes possibilidades, o professor poderia então apresentar várias sugestões à turma, escolhendo-se a(s) mais adequada(s) ao seu perfil e preferências.

---

[1] Recordemos, a este propósito, o exemplo do *Boletim Cultural* da Fundação Calouste Gulbenkian, com um número dedicado exactamente aos "Tesouros de Teatro na Literatura Portuguesa para Crianças", VII Série, Junho de 1992.

No que se refere aos objectivos enunciados nos programas em vigor, para os três anos deste ciclo, podemos identificar alguns aspectos que vão ao encontro de algumas perspectivas de trabalho que reputamos importantes. Logo à cabeça temos "<u>ler</u> e <u>ver</u> peças de teatro, ou extractos de peças seleccionadas" (p. 28), o que inequivocamente remete para a dupla dimensão do texto dramático. Também as operações de "visualização" da representação estão aí contempladas: "Imaginar ou reconstituir espaços a partir de indicações cénicas ou de informações contidas em réplicas" (p. 29), no 7.º e 8.º anos; "descobrir ou reconstituir o retrato físico e psicológico das personagens a partir das réplicas e indicações cénicas", "identificar ou imaginar o espaço e o tempo da acção" (p. 29), no 9.º ano. Temos aqui remissões para dois dos passos essenciais na abordagem do texto dramático. Por um lado, uma análise textual que dê conta de uma especificidade discursiva que já destacámos; por outro, a pesquisa de elementos criados pelo próprio autor, a sua "visão" da potencial e possível dimensão espectacular daquele texto. Um outro aspecto visa o imaginário do leitor, colocando-o no papel de autor de uma possível "mise en scène".

Significa isto que alguns dados estão lançados nos próprios programas ainda em vigor. Nomeadamente, pensar no texto dramático enquanto fenómeno literário mas também como praxis teatral em potência. Isto não significa que se vai fazer teatro na aula de Português, mas sim que a abordagem do texto dramático se pode tornar realmente mais "viva" e consentânea com o tipo de texto que é.

Mas outras dimensões poderão igualmente ser analisadas (até em articulação com outros pontos programáticos), como sejam elementos que se prendem com a dimensão dialógica do texto dramático ou uma reflexão sobre a função dos signos diversos convocados no texto para teatro.

3. Propostas metodológicas

3.1 *De âmbito geral*

Uma vez compreendida a especificidade do texto dramático, é evidente que se requer uma igual especificidade nos métodos a adoptar para a sua leitura e análise, sobretudo em contexto escolar, onde devemos evitar a mera transferência de instrumentos operatórios utilizados na abordagem de outros modos discursivos.

Em que aspectos se poderá, desta forma, alicerçar a prática pedagógica? Muitas e variadas podem ser as formas de abordar o texto dramático, trilhando-se este ou aquele caminho, seguindo-se esta ou aquela tendência, utilizando-se até novas ciências e tecnologias que vêm de algum modo facultar novos instrumentos para a análise textual (por exemplo, a lexicometria). A forma como se lê o texto dramático, em contexto escolar, deve, pois, revestir alguma variedade, uma vez que estamos a lidar com uma "fala escrita".

Enumeramos em seguida alguns aspectos metodológicos, apresentados de forma sintética, mas que poderão ser desenvolvidos em adequação com o texto trabalhado e a turma.

- A estrutura do texto dramático presta-se bem a desmontagens diversas, até através do próprio acto de leitura. Se aceitarmos que a forma como iniciamos um texto comporta alguma descontinuidade, podemos então estabelecer percursos dificilmente aceitáveis noutro tipo de texto, como sejam:
  – pegar numa só personagem e ler apenas as suas falas, tentando chegar a traços da sua caracterização, colocados depois em paralelo com as restantes personagens com que se relaciona;
  – ler apenas as didascálias, tentando antecipar, a partir daí, aspectos da intriga.

- Tratando-se, como já sublinhámos, de um texto que, em potência, remete para a sua representação, a integração textual de apontamentos sobre espaço cénico, movimentação, luminotecnia, etc., não serão elementos espúrios, dos quais passaremos ao lado numa leitura interpretativa, mas com uma significação precisa e determinante na criação do "clima" e propósitos essenciais da intriga. Recordemos, a título exemplificativo, duas situações:
  – o modo como surge a figura do "Avejão", na peça homónima de Raul Brandão e a incidência em termos orientados para um determinado campo semântico (os sublinhados são nossos): "No fundo mais <u>negro</u> agita-se a <u>sombra</u> da lamparina, e nessa <u>escuridão</u> remexe logo outra <u>sombra</u> maior, que pouco a pouco toma corpo".
  – o modo como se introduz a história de encaixe de *O que é que aconteceu na terra dos Procópios?*, de Maria Alberta Menéres, em que dois planos dramáticos são distinguidos pelo recurso a iluminação diferenciada: "Escurece a cena. Cena de repente com fraca iluminação. Aproxima-se um rapaz com uma cadeira de

O texto dramático no 3.º ciclo do ensino básico 201

palha às costas. Durante algum tempo ele atravessa o palco, como se atravessasse o mundo." Para além do informante de luz, repare--se que temos uma indicação de teor proxémico – deslocação no espaço da cena –, e um elemento que se aproxima mais do imaginário da literatura que do teatro.

- Sensibilização para aspectos do discurso dramático – importância da acção e do diálogo, conjugação de diversas linguagens, etc. – através de diferentes recursos. Por exemplo, a comparação entre a forma narrativa e a dramática, sobretudo a partir de uma transformação realizada pelo próprio autor, como acontece com o texto de Maria Rosa Colaço, *O espanta-pardais* (Anexo 1), que permitirá uma reflexão sobre aspectos como a condensação dramática e o papel do narrador, num caso, e do diálogo das personagens, no outro. Também o recurso a determinados textos poéticos, em que elementos da "teatralidade" sejam evidentes, pode suscitar o diálogo reflexivo sobre essas questões. Na oficina, trabalharam-se poemas de Mário Henrique Leiria, Cecília Meireles, António Gedeão e Alexandre O'Neil.

3.2 *De âmbito específico*

No âmbito de um trabalho mais minucioso com o texto dramático, gostaríamos de destacar, em particular, dois percursos possíveis para uma leitura do texto dramático, partindo exactamente de características que lhe são inerentes: o texto didascálico e o facto de se fundamentar numa forma discursiva que é o diálogo.

3.2.1 *Texto didascálico e progressão dramática*

No texto dramático, as didascálias remetem para a matéria textual que não se destina a ser dita pelos actores, fornecendo elementos para uma possível encenação e ajudando o leitor a imaginar e a compreender a acção. Podem agrupar diferentes tipos de elementos, por exemplo a lista inicial das personagens ou informações sobre o espaço e o tempo em que a acção se situa; a identidade das personagens, antes de cada fala ou as grandes separações dramatúrgicas (didascálias "funcionais, segundo Pruner); ou ainda indicações sobre a maneira como o texto é "dito" (didascálias "expressivas").

202 *Glória Bastos*

É sobre estas últimas que pretendemos chamar aqui a atenção, na medida em que podem, só por si, fornecer dados importantes sobre a progressão da intriga. Podem, por exemplo, dar conta da evolução de uma personagem, ao longo de uma peça ou numa determinada sequência, mesmo sem se proceder à leitura das respectivas falas. Vejamos dois exemplos concretos.

No anexo 2 temos o levantamento, não exaustivo, das didascálias expressivas respeitantes ao texto de António Torrado, "Vem aí o Zé das moscas", do livro *Teatro às três pancadas*. A personagem central, Zé das Moscas, vai contracenando com várias figuras, e o texto didascálico dá exactamente conta da posição "baixa" (em termos da análise conversacional) que ocupa nas diversas sequências ou interacções. Podemos igualmente identificar uma espécie de escala social nos diversos interlocutores que enfrenta, até finalmente surgir um juiz, perante o qual se dá um *volte-face* na situação até aí desenvolvida. Importará ainda reflectir sobre as relações entre estes elementos e as falas das personagens, descortinando aproximações ou oposições entre as duas instâncias, processos de organização das interacções e progressão dramática.

O anexo 3 diz respeito apenas a uma cena do texto de Almeida Garrett, do 1.º acto, em que Madalena contracena e dialoga com Telmo. Se é importante analisar o conteúdo das falas das personagens, nem sempre se acede com facilidade à intensidade e ao tumulto de emoções de Madalena: é o texto didascálico que mais claramente mostra esse tumulto, revelando as fortes oscilações nas atitudes/emoções da personagem, sinal de que esta interacção é fulcral no desenvolvimento subsequente da acção.

Dar uma maior atenção ao texto didascálico parece-nos, pois, um passo importante no sentido de se promover uma compreensão mais próxima e mais profunda do texto dramático.

3.2.2 Diálogo dramático e leitura tabular

Sendo o texto dramático – fora algumas excepções, sobretudo na produção mais recente – constituído essencialmente pelo diálogo entre as personagens, parece natural que se deverá atribuir uma atenção particular à forma como se processam as "situações de conversação" aí encenadas. Neste sentido, certos conceitos e instrumentos operatórios da linguística do discurso e da análise conversacional (cf., por exemplo, Kerbrat--Orecchionni) revelam um interesse especial na leitura do texto dramático, já que permitem uma apreciação ao nível da maneira como se processam as interacções entre as personagens. Apesar das conversações naturais diferirem das ficcionais, em vários aspectos, como sejam, a existência de menor número de hesitações, repetições ou frases pouco claras, é também verdade que as "regras" de funcionamento que se poderão identificar em diálogos reais estão presentes nas 'simulações de conversas' que caracterizam o modo dramático. Certos princípios estruturais e funcionais são comuns aos dois discursos, e é na medida em que cumpre esses princípios que o diálogo ficcional será compreendido pelo leitor/espectador, cujas expectativas têm exactamente como ponto de referência as formas de organização e as convenções dos diálogos reais, mesmo que um(a) determinado(a) situação/texto se construa com base na quebra dessas convenções.

Em sala de aula poder-se-á atender a alguns destes elementos que, sendo pertinentes num determinado texto, poderão ajudar na compreensão dos sentidos mais profundos que a obra constrói. Enumeramos em seguida alguns aspectos mais relevantes, neste contexto:

- analisar questões como a tomada de iniciativa, a distribuição das falas e a respectiva extensão;
- identificar quem domina a interacção, e quais os processos que utiliza;
- identificar os actos de fala mais frequentes e como se distribuem;
- analisar a forma como se introduzem novos tópicos/temas na conversa;
- identificar formas de tratamento e suas implicações na interacção;
- etc.

Dado também o tipo de estrutura externa do texto dramático, apresentando geralmente divisões em quadros, cenas ou actos, uma leitura tabular, segundo a proposta de Jean-Michel Adam (1991), pode constituir um precioso auxiliar da análise. Não se trata de tomar a elaboração de um quadro só por si, segundo a estrutura da obra, mas de construir um instrumento que permite descortinar, de forma mais evidente, o jogo de personagens, dando conta, nomeadamente, da sua distribuição ao longo da peça e da atribuição de falas, do sistema de presenças e ausências.

No Anexo 4 apresenta-se um quadro elaborado sobre uma das peças recomendadas para o 8.º ano de escolaridade, *Falar verdade a mentir*, de

Almeida Garrett. A análise dos dados contidos nesse quadro (que pode perfeitamente ser realizado pelos alunos) permitirá, em conjunto com os alunos, chegar mais facilmente a algumas evidências e também a conclusões interessantes:

- Existindo dezoito cenas, nem todas têm o mesmo grau de importância, funcionando algumas como mero elemento de transição entre os episódios ou as interacções mais significativas na economia da peça.
- Relativamente a situações de domínio da interacção, verifica-se que a personagem Duarte domina, em termos da frequência (e também da extensão) das suas intervenções, as interacções em que participa. Todavia, este aspecto merece um comentário, já que à extensão das suas falas (princípio de quantidade) não corresponde um critério de verdade (princípio de qualidade).
- Uma das personagens que menos intervém – Amália – é afinal a principal beneficiária de toda a acção. Também é a que mais fala verdade, caracterizando-se, assim, por uma situação inversa à de Duarte.

Outros comentários poderiam resultar de uma análise detalhada do levantamento efectuado. E um processo semelhante, com as devidas adequações, poderá ser aplicado a outros textos. Pretende-se apenas sublinhar que, pensamos, esta constitui uma forma não só de ultrapassar uma abordagem mais convencional do texto dramático, mas permitindo, sobretudo, desenvolver uma leitura mais próxima daquilo que é próprio ao texto dramático.

BIBLIOGRAFIA

ADAM, Jean-Michel (1991), *Langue et littérature*, Paris: Hachette.

BASTOS, Glória; VASCONCELOS, Ana Isabel (1997), "O texto dramático na aula de Português", *Discursos*, 8.

BIRCH, David (1991), *The language of drama*, London: Macmillan.

BOBES NAVES, Maria del Carmen (1997), *Semiología de la obra dramática*, Madrid: Arco/Libros.

KERBRAT-ORECCHIONNI, Catherine (1984), "Pour une approche pragmatique du dialogue théâtral", *Pratiques*, 41.
— —- (1996), *La conversation*, Paris: Seuil.
Programa de Língua Portuguesa, vol. II, Ensino Básico, 3.º ciclo, DGEBS, 1992.

PRUNER, Michel (1998), *L' analise du texte de théâtre*, Paris: Dunod.

RYNGAERT, Jean-Pierre (1992), *Introdução à análise do teatro*, Porto: Asa.

WALLIS, Mick; SHEPHERD, Simon (1998), *Studying plays*, London: Arnold.

ANEXO 1

Era um boneco humilde que vivia no meio da seara.

Tinha dois grandes braços sempre abertos à espera que alguém os fechasse com Amizade, um casaco aos remendinhos de todas as cores, um cachecol muito comprido e um chapéu preto com uma flor lá no alto.

A única coisa que o Espanta-Pardais desejava era poder caminhar um dia na Estrada-Larga. Palavra que não desejava mais nada! E digam lá se ele não tinha razão: não é tão triste uma pessoa nascer e morrer no mesmo sítio?

Às vezes passava o seu amigo Vento e falava-lhe de praias de ondas azulinhas com pássaros gaivotas que voavam sobre os barcos como se fossem lenços a acenar, praias onde os meninos descalços, a rir faziam castelos de conchinhas e areia, onde os barcos dormiam, à tarde, como se fossem grandes peixes e onde os pescadores conversavam fumando grandes cachimbos.

Tanta coisa, que o Espanta-Pardais nunca vira nem podia, por isso, imaginar bem como era.

Maria Rosa Colaço, *O espanta-pardais*, 1961

* * *

Era um boneco humilde que vivia no meio da seara.

Tinha dois grandes braços sempre abertos à espera que alguém os fechasse com ternura, um casaco aos remendinhos de todas as cores, um cachecol muito comprido e um chapéu preto com uma flor lá no alto.

ESPANTA-PARDAIS – E é isto a minha vida: dias e noites, noites e dias no meio da seara, sem ver nada de novo, sem saber o que se passa para além da Estrada.

Ai, que tristeza! Uma perna que não anda, dois braços sempre abertos sem ter ninguém a quem dar um abraço de amizade...

ZÉ VENTO – Olá, Espanta-Pardais!

ESPANTA-PARDAIS – Olá, amigo Zé Vento! Bons olhos te vejam!

Por onde tens andado que há tanto não te via aqui pela seara?

ZÉ VENTO – Tenho andado para aí... Neste tempo de Verão entretenho-me mais junto ao mar. Os meninos gostam do mar com ondinhas, vou até lá e brinco com eles.

ESPANTA-PARDAIS – Disseste o mar? Como será o mar?

Maria Rosa Colaço, *O espanta-pardais*, 1981

ANEXO 2

VEM AÍ O ZÉ DAS MOSCAS

Didascálias Expressivas

ZÉ DAS MOSCAS	MÉDICO
Humilde obedece (5x) Preocupada cabisbaixo	interrompendo-o (3x) impaciente indiferente
	COMANDANTE DA POLÍCIA
assustado muito abatido	à-vontade murro na secretária (3x)
	ADVOGADO
humilde (2 x) cabisbaixo ...	enfadado enfadado ...
	JUIZ ...
feliz ar triunfante indignado	os tropeções cambaleante foge

ANEXO 3

FREI LUÍS DE SOUSA
- CENA II – diálogo entre Madalena e Telmo Pais

despertando suspira com as lágrimas nos olhos quase ofendida sorrindo rindo	assustada desata a chorar enxuga os olhos, e toma uma atitude grave e firme aterrada possuída de grande terror chega à varanda e olha para o rio olha para o retrato com amor

ANEXO 4

FALAR VERDADE A MENTIR

LEITURA TABULAR

Personagens	C-I	C-II	C-III	C-IV	C-V	C-VI	C-VII	C-VIII	C-IX
BRÁS			19						
FERREIRA			(1 frase)	11	1	3	20	1	2
AMÁLIA		12	4	8	1				
DUARTE			19	16	3	9	20	1	3
JOSÉ FÉLIX	14	8				11			3
JOAQUINA	14	11	7				5	1	
GENERAL LEMOS									

Personagens	C-X	C-XI	C-XII	C-XIII	C-XIV	C-XV	C-XVI	C-XVII
BRÁS								
FERREIRA	8	1			2	10	11	6
AMÁLIA	2						1	3
DUARTE	8	2					15	7
JOSÉ FÉLIX	4							7
JOAQUINA		2	1	4	2		2	
GENERAL LEMOS				4		11	5	8

LEITURAS DA OBRA LITERÁRIA E ENSINO DA LITERATURA. PROCESSOS SIMBÓLICOS EM *LEVANTADO DO CHÃO*

ANA PAULA ARNAUT
Universidade de Coimbra

1. Parece ser ponto generalizado e assente por pais e educadores que hoje em dia a leitura é relegada para segundo plano – os pais queixam-se que os filhos não lêem, nem as obras seleccionadas no Programa nem essas outras que, constituindo também o nosso legado cultural, resistem à integração curricular; os professores reclamam que, além disso, os seus alunos não sabem ler. De entre os vários motivos apontados para esta ausência de motivação e de competências interpretativas é frequente destacar, essencialmente, o crescente interesse pela navegação na internet ou, sinal da evolução dos tempos, a não menos crescente oferta de outros entretenimentos de índole diversa (maior liberdade para frequentar ambientes nocturnos, por exemplo).

Cenário apocalíptico, sem dúvida, mas que, no entanto, não cremos corresponder à total realidade que temos encontrado. Com efeito, julgamos que a apreciação quantitativa e qualitativamente negativa do público leitor se deve a essa espécie de tendência tipicamente pessimista que, desde sempre, nos tem caracterizado. Aceitando embora a existência de um segmento de alunos que, de facto, afirmam não revelar qualquer apetência pelo manuseamento do livro, a verdade é que acreditamos que a maioria do público escolar (do ensino básico ao ensino universitário) acaba por se inserir em dois grupos distintos que correspondem a outras tantas concepções do termo e do conceito 'leitura'.

Assim, num primeiro grupo, que podemos apodar de grupo dos leitores passivos (esse que parece fomentar a ideia de que não se lê nem se sabe ler), encontramos aquele aluno que lê a obra procurando apenas o simples desenrolar dos acontecimentos. Este limita-se a seguir a linha que conduz as personagens do princípio ao fim, não se preocupando em enveredar por possíveis desvios que vão sendo sugeridos ao longo da leitura da obra; interessa-lhe apenas saber o que aconteceu, ser informado do destino das personagens; em suma, empreender "a leitura de uma obra na expectativa de que o autor lhe 'conte' algo de interessante da zona da sua experiência" (Ingarden, 1973:268). Neste caso, como sublinha Maurice Blanchot, "la lecture ne fait rien, n'ajoute rien; elle laisse être ce qui est" (*apud* Reis, 1982:5).

Num segundo grupo que, por contraste com o anterior, podemos chamar de grupo dos leitores activos, encontramos o tipo do que não se limita a aceitar as imposições do autor da obra que lhe é dada ler; pelo contrário, através de um processo de reflexão paralelo à leitura, ele tenta descodificar e/ou construir possíveis sentidos. Agora, "le lecteur ne travaille pas comme un récepteur en face d'un émetteur, il n'est pas le destinataire d'un message, il ne se préoccupe pas des intentions de l'auteur: il est coproducteur du texte, en ce qu'il rassemble une série d'effets de sens" (Jean Bellemin-Noël, *apud* Reis, *idem*:5).

Digamos que, na primeira situação, o leitor/aluno tenta apenas sair do labirinto gráfico que a obra apresenta, eventualmente causando, assim, a impressão de desinteresse, de não leitura, enquanto na segunda situação ele tenta encontrar os processos que levaram à/e resultam da construção desse labirinto. Tal acontece porque este tipo de leitor adquiriu já as devidas competências ou, se quisermos, a disponibilidade intelectual necessária à descodificação/interpretação, página após página, dos elementos que julga relevantes para atingir o(s) sentido(s) do texto examinado (Todorov, 1986:6).

A existência destes dois grupos de leitores/alunos não se deve, com toda a certeza, a um mero acaso. Se é verdade que, como prosaicamente se diz, ninguém nasce ensinado, não é menos verdade também que ninguém nasce com a aversão pela leitura. Algumas causas que se podem apontar para esta divisão entre 'bons' e 'maus' leitores, entre aqueles que fazem "a leitura válida e a leitura arbitrária" (Coelho, 1976:10), ou entre os que lêem e os que treslêem, dizem respeito essencialmente ao facto de, no início do processo ensino-aprendizagem, terem, ou não, frequentado aulas a cargo de professores interessados e informados; terem, ou não, frequentado escolas que dispusessem de uma boa biblioteca que, desse modo, permitiria um contacto contínuo com os livros.

A existência ou a ausência destas condições pode fazer a diferença entre o bom e o mau aluno na disciplina de Português, principalmente nos 10º, 11º e 12º anos. Nestas, devido às exigências programáticas, o problema da leitura surge de forma mais premente e, se concordamos em que "um bom leitor é um bom aprendiz" (Bamberger, 1986:23), não podemos deixar de lembrar que nem todos possuem a mesma apetência e as mesmas competências, sendo, por isso, mais fácil ensinar a uns do que a outros.

Mas como ensinar literatura, principalmente no âmbito mais englobante da leitura da obra integral? De notar que, como afirma Jacinto do Prado Coelho, "A literatura não se fez para ensinar: é a reflexão sobre a literatura que nos ensina (Coelho, *idem*:46), não esquecendo que "liberto do autor, o texto ganha uma vida própria (...). Tem a vida que lhe empresta a subjectividade de cada leitor" (*ibidem*:8). Assim, "O professor de literatura terá que ser um bom crítico, o que equivale a dizer um 'bom amador' e alguém que se arrisca a emitir juízos» (Matos, 1987:14).

Acima de tudo, o professor terá que desempenhar o papel de orientador e de mediador das várias leituras que podem surgir numa turma. Contudo, antes disso, ele terá que ser o 'sedutor' dos alunos que fazem parte do grupo dos leitores passivos, moldando-os em leitores activos, por forma a que nas aulas "se comungue no amor da literatura" (Coelho, *idem*:45). O problema parece residir nos métodos e nas estratégias a adoptar neste processo de 'sedução'. Que fazer, então?

Uma possível solução será despender algum tempo a abordar a própria problemática da leitura: por exemplo, cada aluno que afirme não gostar de ler deverá tentar descortinar as razões para tal aversão; outros alunos poderão falar da sua apetência e ao professor caberá explicar o(s) processo(s) de leitura activa, servindo-se, entre outras ilustrações possíveis, de uma muito sugestiva metáfora entre o acto de ler e uma sessão de *strip-tease*, ancestralmente enraizada na dança dos sete véus protagonizada por Salomé (extensionalmente poderá ser aconselhada uma pesquisa sobre esta personagem):

> The dancer teases the audience, as the text teases its readers, with the promise of an ultimate revelation that is infinitely postponed. Veil after veil, garment after garment, is removed, but it is the delay in the stripping that makes it exciting, not the stripping itself; because no sooner has one secret been revealed than we lose interest in it and crave another (...). To read is to surrender oneself to an endless displacement of curiosity and desire from one sentence to another, from one action to another, from one level of the text to another. The text unveils itself before us, but never allows itself to be possessed; and instead of striving to possess it we should take pleasure in its teasing (Lodge, 1984, 26).

Julgamos que o carácter sedutor, porque interditamente quase 'picante', da metáfora ajudará os alunos a compreender e a desenvolver um maior interesse pelos conteúdos a leccionar; conteúdos que, no caso, se prendem com a leitura da obra integral e com a análise de excertos exemplificativos das suas linhas mestras (outros textos sobre a problemática da leitura encontram-se, por exemplo, em *Escrever*, de Vergílio Ferreira: fragmentos 83, 89, 102 ou 132). A verdade é que, muitas vezes, o aluno não gosta de ler porque não interiorizou ainda em que consiste o processo. Além disso, é um pouco como se o carácter obrigatório da leitura de várias obras integrais o impedisse de fruir do prazer que, porventura, colhe da leitura de obras que ele próprio escolhe. Numa asserção ainda hoje pertinente, Maria Bernardette Herdeiro escreveu, a propósito:

> se é certo que a escola se afirma como o tempo e o espaço onde o prazer não tem lugar, radicalizando-se, assim, a oposição Escola/Tempos Livres, é certo que este segundo termo é marcado por uma quase ausência e por uma falta de estruturas a que uma política cultural não tem dado a merecida atenção. Os meios de comunicação social, as diversas instituições ligadas à cultura, desenvolvendo, embora, algumas actividades dedicadas aos jovens, não têm sabido, ou não têm podido levar a cabo programas coerentes de orientação para a leitura (Herdeiro, 1980:37-38).

Cabe, pois, ao professor de Português/Literatura assumir, como já referimos, quer o papel de orientador e de mediador no incentivo à leitura, quer na leitura propriamente dita, até porque "Aquilo que se visa é sobretudo um contágio: do gosto pela leitura, da capacidade de a fazer. Trata-se portanto (...) de despertar as capacidades adormecidas ou desconhecidas do aprendiz-leitor" (Matos, *idem*:19).

Pretende-se com o exposto que o professor não faça das suas aulas um palco onde ele é a única personagem a representar para um público silencioso que acata, submisso, os discursos do 'mestre' que, por vezes, pode cair no erro de transformar o ensino da literatura numa listagem das características deste ou daquele período, deste ou daquele género literário. Mais grave ainda, pode incorrer na tentação de apresentar uma leitura, a sua ou a que bebeu em outrem, como sendo a única possível.

O professor de literatura não pode arrogar-se o direito de ser o detentor de uma verdade absoluta no que diz respeito à leitura/análise de uma obra. Ele é apenas o mediador das várias leituras feitas pelos alunos. A obra de arte literária é uma teia de possibilidades facultada pelo autor, uma construção de mundos possíveis cujos sentidos deixam de lhe pertencer integralmente logo após a sua publicação. Com efeito, a partir deste momento, e dado que ela será lida por múltiplos receptores, ela passa a ser moldada em diferentes objectos imaginários já que os receptores são, indubitavelmente, diferentes entidades históricas, sociais e culturais.

A obra de arte literária é, por natureza, apelo e diálogo, não é fechada em interpretações inultrapassáveis. Como sublinha Roman Ingarden, "a obra literária nunca é apreendida plenamente em todos os seus estratos e componentes mas sempre parcialmente, sempre, por assim dizer, apenas numa apreciação perspectivista" (Ingarden, *idem*:366). Assim, a leitura de uma obra integral não é uma leitura integral da obra pois, mesmo pondo a hipótese de ser possível preencher todos os pontos de indeterminação, descodificar todos os sentidos ocultos, haveria sempre alguém que, preenchendo embora todas as mesmas indeterminações, chegaria a uma outra leitura: "A leitura é um tecido, se não de fios, de palavras. E essa leitura nunca é definitiva, como provisório fora, por três longos anos, o trabalho da prudente Penélope" (Coelho, *idem*:11).

No entanto, se a obra é por natureza aberta, no sentido de não se encontrar acabada, nem formal nem semanticamente, cabendo ao leitor colaborar na reconstrução de formas e de sentidos deixados em 'suspenso' (Eco, 1968:62), esta acepção não é um convite a um acto de radical recriação. Como bem afirma Carlos Reis, ela não autoriza necessariamente uma qualquer leitura, mas antes um complemento que tenha em conta os vectores semânticos e formais passíveis de serem caucionados pela globalidade da obra (Reis, 1995:130-131).

O professor, deve, pois, ensinar a ler no sentido de facultar instrumentos mentais de análise. Isto não implica reduzir a leitura a uma sobreposição de factos e à eliminação total quer do autor, quer do tempo-espaço em que a obra foi escrita. O professor de literatura deverá ter em conta que a leitura da obra requer a explicitação da sua relação dinâmica com o devir da evolução literária, isto é, terá que contextualizar a obra em apreço, tendo em conta a história literária do autor e da geração a que pertence, evitando contudo tornar-se um mero 'papagueador' de conteúdos programáticos.

Esta tendência pode ser atenuada se o professor se consciencializar que não é possível fazer a leitura integral de uma obra, não só no sentido acima referido, mas também na verdadeira acepção da palavra. Por outras palavras, o professor não pode, não deve de modo algum pensar que o seu dever é percorrer linha a linha, parágrafo a parágrafo, todo o material ortográfico que compõe a pauta da obra.

A solução reside, pois, na selecção de textos representativos das linhas mestras da obra a estudar, na selecção de excertos que permitam não só a compreensão global da acção mas que também ilustrem e atestem o que aproxima, ou afasta, esse autor de outros autores: como constrói a sua narrativa, de que recursos lança mão, como veicula a sua ideologia. Em suma, textos que captem a atenção do leitor/aluno quer porque se aproximem de outros textos já seus conhecidos, quer porque, pelo contrário, causam estranheza, pois,

> O texto é um objecto fétiche e **esse fétiche deseja-me**. O texto deseja-me através de toda uma disposição de telas invisíveis, de chicanas selectivas: o vocabulário, as referências, a legibilidade, etc.; e, perdido no meio do texto (não por **detrás** dele à maneira de um deus de maquinaria), há sempre o outro, o autor (Barthes, s./d.:66).

O texto "É uma determinada prática significante que se isenta das condições normais de comunicação e significação e institui um espaço específico onde se redistribui a ordem da língua e se produz uma determinada significância" (Coelho [Eduardo], *Prefácio* a Barthes, s./d.:23).

2. Brevemente explicitados os conceitos de leitura e de texto, parece-nos ser agora o momento de avançar com uma proposta de aplicação para a leitura de uma obra integral. Seleccionámos, para tal, o romance *Levantado do Chão*, de José Saramago, ou melhor, seleccionámos um excerto passível de ilustrar o que acabámos de expor. Não se trata, como sabemos, de um romance que faça parte do Programa de qualquer nível do Ensino Secundário, mas, afinal, serve tão bem como qualquer outro, ou melhor, para a exemplificação-modelo que nos propomos fazer e que, por vezes esquematicamente, passamos a apresentar.

TEXTO

> O latifúndio é um mar interior. Tem seus cardumes de peixe miúdo e comestível, suas barracudas e piranhas de má morte, seus animais pelágicos, leviatãs ou mantas gelatinosas, uma bicheza cega que arrasta a barriga no lodo e morre sobre ele, e também grandes anéis serpentinos de estrangulação. É mediterrânico mar, mas tem marés e ressacas, correntes macias que levam tempo a dar a volta inteira, e às vezes rápidos surtos que sacodem a superfície, são rajadas de vento que vem de fora ou desaguamentos de inesperados fluxos, enquanto na escura profundidade se enrolam lentamente as vagas, arrastando a turvidão da nutriente vasa, há quanto tempo isto dura. São comparações que tanto servem como servem pouco, dizer que o latifúndio é um mar, mas terá sua razão de fácil entendimento, se esta água agi-

Leituras da obra literária e ensino da literatura... 215

tarmos, toda a outra em redor se move, às vezes de tão longe que os olhos o negam, por isso chamaríamos enganadamente pântano a este mar, e que o fosse, muito enganado vive quem de aparências se fia, sejam elas de morte.

(...)

A este mar do latifúndio chegam ressacas, pancadas, empurrões das águas, é quanto às vezes basta para derrubar um muro, ou simplesmente saltá-lo, como em Peniche soubemos que aconteceu, por aqui se vê como sentido tem virmos nós falando de mar, que Peniche é porto de pescadores, e forte prisional, mas fugiram, e deste fugimento muito se irá falar no latifúndio, qual mar, qual nada, o que isto é, é terra as mais das vezes seca, por isso é que os homens dizem, Quando será que matamos a sede que temos, e a outra que tiveram os nossos pais, e mais a que debaixo desta pedra se prepara para os filhos que havemos de ter, se assim será. Chegou a notícia que não foi possível ocultar, e o que os jornais não disseram não faltou quem explicasse, debaixo deste sobreiro nos sentemos, esta é a informação que tenho. É a ocasião de levantarem mais alto voo os milhanos, gritam sobre a grande terra, quem os entendesse muito haveria de contar, por agora baste-nos esta linguagem de homens. Por isso é que dona Clemência pode dizer ao padre Agamedes, Acabou-se o sossego que nunca houve, parece uma contradição, e contudo nunca esta senhora foi tão certa no seu falar, são os tempos novos que estão a vir muito depressa, Isto parece uma pedra a rolar pela encosta do monte, assim lhe respondeu o padre Agamedes porque não gosta de empregar as palavras próprias, ficou-lhe o hábito do altar, mas enfim tenhamos nós a evangélica caridade de o entender, quer ele dizer na sua que se não se afastarem do caminho da pedra, sabe Deus o que acontecerá, perdoemos-lhe esta nova negaça, bem se vê que não é preciso esperar por Deus para saber o que acontece a quem se deixar ficar no caminho da pedra que rola, nem cria musgo nem poupa Lamberto.

José Saramago, *Levantado do Chão* (pp.319-320).

1) Troca de impressões sobre a problemática da leitura.

2) Perfil literário do autor (a. apresentação, por exemplo, de um trabalho de pesquisa previamente marcado, b. solicitação de informações dispersas – o que cada aluno sabe sobre o recente Nobel). A partir daqui é, com toda a certeza, possível delinear as grandes linhas temáticas e ideológicas que percorrem a produção literária de José Saramago: ateísmo bastas vezes confesso; defesa dos oprimidos; denúncia da repressão política, da censura, e concomitante exposição dos valores de liberdade, igualdade e fraternidade; presença da temática histórica (História por vezes submetida a peculiar tratamento – paralelo com o romance histórico do século XIX).

3) *Strip-tease* do texto – descodificação dos vectores temáticos e formais apresentados no excerto/relação com a globalidade do romance (remissão para outras passagens).

Os sentidos implícitos na primeira parte do excerto apresentam-se sob a forma de uma alegoria em que a vida no latifúndio é veiculada através da imagem do mar interior. Neste encontramos:

- cardumes de peixe miúdo e comestível – trabalhadores
- barracudas e piranhas – latifundários (os -bertos), feitores
- animais pelágicos, leviatãs ou mantas gelatinosas – representantes da igreja/guarda (criada e sustentada para bater no povo)

Esse **mar**/latifúndio contém, enfim,:
"uma bicheza cega que arrasta a barriga no lodo e morre sobre ele" – manutenção do quadro social opressivo –

e

"também grandes anéis serpentinos de estrangulação" – duplo sentido: **opressão** exercida pelos senhores e seus acólitos/**revolta** que vai germinando no seio da classe trabalhadora (a. cenário/tensão de enquadramento neo-realista – menção susceptível de originar novos trabalhos de pesquisa, a fim de estabelecer semelhanças e diferenças com as coordenadas estético-ideológicas desse movimento literário; b. em termos estilístico-formais, pode ainda notar-se a intertextualidade com a prosa de António Vieira, no caso, a proximidade com os jogos cultistas e conceptistas).

"É mediterrânico mar (...) há quanto tempo isto dura" – referência ao processo de maturação da consciência dos trabalhadores: tempo longo – note-se que a acção percorre 4 gerações dos Mau-Tempo, desde antes da Primeira República até à Revolução de Abril de 1974 e consequente ocupação das terras onde, anteriormente, se trabalhava de sol a sol.

Note-se, no entanto, como bem afirma o narrador, que, na impossibilidade de falar de todos aqueles que sofreram na pele a indignidade de um tratamento sub-humano (*Levantado*, p.152), é em João Mau-Tempo que se centra a ilustração dessa tomada de consciência político-social.

É ele o símbolo de todo um povo-bonifrate que, antes de se consciencializar de que a união faz a força, unindo-se em "cardumes de peixe--miúdo" que sacudirão as águas do latifúndio pela oposição aos senhores sem rosto (p.96), parece ter sido feito "para viver sujo e esfomeado" (p.73), para viver oprimido pela santíssima trindade (igreja, estado e latifúndio, pp.223-224 e 119) num longo espaço-tempo em que, apesar de tudo, se verificam "marés e ressacas, correntes macias que levam tempo a dar a volta inteira, e às vezes rápidos surtos que sacodem a superfície". Surtos de revolta passiva, como a que decorre nos encontros clandestinos na Terra Fria (pp.205-213); surtos de revolta mais activa, como a que ocorre por altura da república (pp.33 ss) ou como a protagonizada por Manuel Espada, Augusto Patracão, Felisberto Lampas ou José Palminha (p.103 ss) e por causa da qual "virá a guarda buscá-los pelas orelhas e a pontapé no rabo" (p.104), por causa da qual, também, não arranjarão patrão nem trabalho (p.108); ou, ainda, como a que ocorre em Montemor em 23 de Junho (pp.313-316).

O mar do latifúndio não foi, nunca, pois, um pântano, os "cardumes de peixe miúdo" encarregam-se de agitar as águas, de mudar as marés e de, progressivamente cortando os fios que os controlavam, perseverantemente, trazer novos ventos a esse opressivo e hipócrita *continuum* espácio-temporal.

É notório que a manutenção dos "anéis serpentinos de estrangulação" exercida pelos opressores é manifestamentamente dada através da repetição das condições de vida dos trabalhadores. Mas, além disso, o poder dos que controlam os homens tornados bonifrates é passível de ser lido simbolicamente através do exercício de uma estratégia bem peculiar:

1. O nome dos latifundiários apresenta o mesmo segundo elemento: -berto (Norberto, Alberto, Dagoberto, Sigisberto, Adalberto, Ansberto, Gilberto, Contraberto, Angilberto, Floriberto, ou, tão somente, Berto – pp.139, 196 -), assim dando a ideia que, mudando embora a pessoa, mantêm-se os traços característicos desse primeiro Lamberto Horques Alemão, "alcaide de Monte Lavre" (p.24), que, quinhentos anos antes, obrigara uma donzela a deitar-se com ele (Silva, 1989:204). Por isso se nomeiam espaços e situações do passado recente com vocábulos que remetem para um espaço-tempo de um passado remoto. Assim acontece quando, na insurreição de 23 de Junho, em Montemor, se "ouve gritar do <u>castelo</u>" o "Matem-nos a todos" (p.315); assim acontece, também, quando, já depois da revolução, se refere estar "toda a dinastia de Lamberto Horques" "reunida em cortes, ou sentada ao redor de suas távolas redondas" (p. 354).

1.1. às mulheres dos -bertos, as que brincam à caridadezinha e à santa compaixão à quarta-feira e ao sábado, é atribuído o mesmo irónico nome – Clemência. De uma dona Clemência diz o narrador ser a "esposa e o cofre de virtudes desde Lamberto ao último Berto" (note-se que, no caso, a relação de superioridade é simbolicamente lida no facto de a esmola distribuída vir de um nível superior àquele em que se encontram as crianças que pedem, através de uma lata pendurada por um cordel; além disso, o narrador sublinha que a caridadezinha praticada decorre mais do desejo de assegurar a salvação da alma do que propriamente de razões humanitárias (pp.187-189);

2. de modo semelhante, também o padre mantém o nome inalterado – Agamedes era na geração de Domingos, Agamedes continua a ser na geração de João e de Maria Adelaide Mau-Tempo (a confirmação, praticamente desnecessária, vem do próprio narrador na p.219);

3. o mesmo parece acontecer com um dos representantes do poder estatal, na pessoa do tenente Contente, zeloso defensor dos latifundiários no início do século e não menos zeloso repreendedor do povo em geração posterior à de Domingos (pp.34, 162, 311, por exemplo).

A história contada por Sigismundo Canastro (pp.228-229) no casamento de Manuel Espada com Gracinda Mau-Tempo acaba por poder ser lida como a metáfora das tensões entre opressores e oprimidos, entre os dois sentidos que atribuímos aos "anéis serpentinos de estrangulação". O esqueleto do cão Constante, com o nariz esticado, a pata levantada a marrar o esqueleto da perdiz retrata a perseverança dos trabalhadores na sua luta.

Esta perseverança é provocada por uma progressiva tomada de consciência de que é necessário passar de um estado de submissão a um estado de rebelião, de que é essencial acabar com o sossego "que nunca houve", provocar a vinda dos "tempos novos", qual pedra que rola encosta abaixo sem criar musgo nem poupar Lamberto. Referência que, claramente, remete para o desfecho da acção, para esse dia "levantado e principal" da ocupação das terras; o mesmo dia em que João Mau-Tempo porá "o seu braço de invisível fumo por cima do ombro de Faustina", acompanhando assim tantos "outros de quem não sabemos os nomes, mas conhecemos as vidas (...), os vivos e os mortos" (pp.365-366), unidos na tentativa de fazer cumprir o seu tempo...

Antes que chegue, contudo, a ocasião de "levantarem mais alto voo os milhanos", João Mau-Tempo, como já dissemos o representante dos "cardumes de peixe miúdo e comestível", o cão que marra contra a perdiz, deverá passar por um processo lento e difícil de heroicização, de aquisição de uma consciência social e política:

a. embrionariamente dentro da personagem que, pela sua vivência no mar do latifúndio dos senhores sem rosto, sente na pele a indignidade de um tratamento que não mata a sede que, vinda do passado, se estende pelo presente e se projecta no futuro – por isso desalentadamente o narrador momentaneamente subverte o sentido da alegoria inicial e passa a afirmar que "o que isto é, é terra as mais das vezes seca" (p.320);

b. continua e completa-se pela informação, e também pela formação que recebe dos papéis que lê e do que ouve nos encontros clandestinos.

Assim,

1º falta de forças para discordar do poder, sendo, por isso, arrastado na carga a granel para o comício a favor dos nacionalistas espanhóis (pp.90, 95);

2º o gérmen da revolta instala-se ao comparar os dizeres inflamados do padre Agamedes a favor do latifúndio com o que leu e ouviu nos encontros com outros trabalhadores (pp.119-120);

3º ponderadas as coisas, a revolta é assumida quando da reivindicação da jorna de trinta e três escudos (p.141) – reacção consciente, reacção verbal, logo assumida (Arnaut, 1996:33-34);

4º activação e desenvolvimento de processos de reivindicação e de revolta; começa a 'saltar-se o muro' na tentativa de o derrubar (p.312-318).

Paralelamente ao tratamento da temática da opressão exercida pela santíssima trindade, da consequente revolta dos trabalhadores e da não menos consequente exposição dos valores de liberdade e de igualdade, outras linhas temáticas se consubstanciam no excerto apresentado. Referimo-nos, agora, quer à denúncia da **censura** existente no regime ditatorial quer ao **ateísmo** tantas vezes confesso de José Saramago.

A problemática englobante da censura, ou, se preferirmos, dos diversos tipos de censura obliquamente denunciada ao longo do romance através dos vários modos da repressão exercida, aflora claramente no excerto apresentado a propósito dessa "notícia que não foi possível ocultar", mesmo não tendo os jornais fornecido as informações devidas.

A notícia, clandestinamente explicada sob um qualquer sobreiro (p.320), é a da fuga de Álvaro Cunhal (e de outros militantes da esquerda oposicionista ao regime de Salazar) do Forte prisional de Peniche, em 3 de Janeiro de 1960. Um 'saltar do muro' que não se pretende noticiado com demasiados pormenores, pois a sobrevivência do sistema opressivo/de exploração social passa pelo facto de se manter o trabalhador alienado, na ignorância – "A grande e decisiva arma" (p.72) – de que, algures, outros lutam também para trazer novas marés e novos ventos ao país.

Menos claro no excerto, mas subliminar e ironicamente apresentado na globalidade da tessitura narrativa é a crítica a um Deus e a uma religião que, ao invés de se colocar ao lado dos mais desfavorecidos, se posiciona do lado dos poderosos. Relembre-se a convivência do padre Agamedes com os -bertos, note-se o comentário à ausência de necessidade de esperar por Deus "para saber o que acontece a quem se deixar ficar no caminho da pedra que rola" (p.320); registe-se a desalentada e irónica constatação de que "a prova de que Deus não existe é não ter feito os homens carneiros, para comerem as ervas dos valados, ou porcos para a bolota" (p.79).

A presidir a este e a outros comentários afins que, de diversas maneiras, tentam provar a supremacia do poder do Homem sobre o poder divino, encontra-se um narrador claramente preocupado em pautar o romance quer por alusões a personagens e entidades reais (Salazar, Germano Santos Vidigal, a PIDE), quer por efemérides acreditadas pela História oficial (a implantação da República, as duas Grandes Guerras ou a Revolução de Abril de 1974). Este facto, corroborando a constante preocupação do autor em enraizar a narrativa no real, permite ainda, sem dúvida, a inserção de *Levantado do Chão* no grupo dos romances históricos.

Tal como acontece em outros romances do autor, também neste é a 'arraia miúda' que sobe para primeiro plano. O que de facto parece interessar é dar voz aos mais desfavorecidos, seja directamente, seja por via dos comentários de um narrador ideologicamente empenhado em **contar o outro lado da História**, até porque, "tudo isto pode ser contado de outra maneira" (p.14). E nesta outra maneira contam-se os triviais pormenores que não interessariam à História oficial. De acordo com o próprio autor, corrige-se a História, não no sentido de "corrigir os factos da História, pois essa nunca poderia ser tarefa do romancista, mas sim de introduzir nela pequenos cartuxos que façam explodir o que até então parecia indiscutível: por outras palavras, substituir o que foi pelo que poderia ter sido" (Saramago, 1990:19).

BIBLIOGRAFIA

ARNAUT, Ana Paula, *Memorial do Convento – história, ficção e ideologia*. Coimbra: Fora do Texto, 1996.

BAMBERGER, Richard, *Como incentivar o hábito da leitura*. 2ª ed. São Paulo: Ática, 1986.

BARTHES, Roland, *O prazer do texto*. Lisboa: Ed. 70, s./d.

Leituras da obra literária e ensino da literatura...

COELHO, Jacinto do Prado, *Ao Contrário de Penélope*. Amadora: Bertrand, 1976.

ECO, Umberto, *Obra Aberta*. São Paulo: Perspectiva, 1968.

FERREIRA, Vergílio, *Escrever*. Lisboa: Bertrand, 2001.

HERDEIRO, Maria Bernardette, "Dimensão Pedagógica da Leitura" in Jacinto do Prado Coelho *et alii, Problemática da leitura,* Lisboa, INIC, 1980, pp. 35-47.

INGARDEN, Roman, *A obra de arte literária*. Lisboa: Fund. Calouste Gulbenkian, 1973.

LODGE, David, *Small World*. London: Martin Secker & Warburg, 1984.

MATOS, Maria Vitalina Leal de, "Reflexões sobre a Literatura e o seu ensino", in *Ler e Escrever*. Lisboa: IN-CM, 1987.

REIS, Carlos, *Construção da Leitura*. Lisboa: INIC, 1982.

REIS, Carlos, *O Conhecimento da Literatura*. Coimbra: Almedina, 1995.

SARAMAGO, José, "História e ficção", in *Jornal de Letras*, 6-12 Março, 1990.

SARAMAGO, José, *Levantado do Chão*. 3ª ed. Lisboa: Caminho, 1982.

SILVA, Teresa Cristina C. da, *José Saramago. Entre a história e a ficção: uma saga de portugueses*. Lisboa: Dom Quixote, 1989.

TODOROV, Tzvetan, *Poética*. Lisboa: Teorema, 1986.

CONFERÊNCIA DE ENCERRAMENTO

SERÁ QUE A LINGUÍSTICA GENERATIVA PODE SER ÚTIL AOS PROFESSORES DE PORTUGUÊS?

JOÃO COSTA
Universidade Nova de Lisboa

1. Introdução

É comum debater-se se a aquisição de conhecimentos sobre modelos de linguística teórica é fundamental no processo de formação inicial e contínua dos professores de Língua Portuguesa.

O objectivo deste artigo é discutir que papel abordagens formais da linguística podem e/ou devem assumir na formação inicial e contínua de professores de Língua Portuguesa. Será usado como exemplo de abordagem formal a teoria da gramática generativa chomskyana.

Será defendido que é útil e essencial para a formação de professores de língua uma formação sólida em linguística teórica.

O artigo tem a seguinte estrutura:

i) serão brevemente discutidos alguns aspectos que permitem distinguir diferentes modelos gramaticais, mostrando-se que, mais do que concorrentes, os vários modelos pretendem responder a questões de natureza diferente;

ii) serão enunciadas as questões centrais da Gramática Generativa, reflectindo-se sobre a sua pertinência numa perspectiva de aplicação directa ao ensino;

iii) será apresentado um caso empírico, baseado em problemas de concordância sujeito-verbo com uma classe específica de verbos, tentando mostrar que os instrumentos de uma teoria formal como a linguística generativa podem ser importantes para um papel normativo;

iv) finalmente, far-se-á uma breve discussão sobre a (im)possibili-
dade de introduzir, pelo menos ao nível do ensino secundário,
conceitos teóricos que requeiram um grau de abstracção mais
elevado por parte dos alunos.

Apesar de ser usado o modelo da gramática generativa como exemplo
da utilidade da linguística teórica para fins didácticos, não é de forma alguma objectivo deste artigo defender que este modelo em particular é o mais
adequado para a formação de professores de Língua Portuguesa. O que se
pretende é apresentar argumentos para a necessidade que deve ser sentida
pelos docentes de se actualizarem permanentemente sobre conceitos de
natureza teórica que, à primeira vista, podem não ter aplicação directa ao
ensino, independentemente das especificidades dos vários quadros teóricos
existentes. Parece-me fundamental uma reflexão a este nível, dado que é
muitas vezes sentido ao nível da formação inicial de professores que os conceitos transmitidos não têm ligação prática com o ensino de língua.

2. Diferentes perspectivas sobre gramática: norma, descrição e explicação

Sendo a gramática um objecto de estudo que pode ser passível de
receber abordagens completamente distintas, surgem por vezes debates
que tentam apresentar como concorrentes modelos de gramática como o
normativo, o descritivo e modelos formais como o da gramática generativa. Contudo, só faz sentido pensar nestas perspectivas como concorrentes se elas procurarem responder a questões idênticas. Se o objectivo de
cada um dos modelos for diferente, se as questões a que tentam responder
são de natureza diferente, se os dados que constituem objecto de estudo
são diferentes, este debate torna-se vazio.
Observemos então separadamente cada um dos modelos, para tentar
entender as questões fundamentais para cada um deles.

2.1. *Gramática normativa*.

O objectivo central da gramática normativa, ou prescritiva, é o de
ditar quais as formas correctas de uso da língua, independentemente do
uso feito pelos falantes. Por exemplo, todos os falantes do português usam
produtivamente as frases em (1):

(1) a. Eu tenho de ler este livro.
b. Eu tenho que ler este livro.

Em termos de uso e de gramaticalidade, ambas as frases são aceitáveis. Contudo, de acordo com a norma, apenas a frase em (1a) é aceitável.

Um exemplo semelhante pode ser construído com casos de concordância com sujeitos pós-verbais coordenados. Todos os falantes do português produzem frequentemente frases como a de (2):

(2) Eu disse que se fartou de rir o Pedro e o João.

Se o uso legitima a falta de concordância entre o sujeito e o verbo, a gramática normativa explicita que a única forma considerada correcta será aquela em que existe concordância plena entre o sujeito e o verbo, como em (3):

(3) Eu disse que se fartaram de rir o Pedro e o João.

A utilidade da gramática normativa é incontestável. Esta perspectiva sobre a gramática é útil para:

a) o domínio da forma culta da língua, que deve ser obrigatoriamente usada em contextos formais;

Tomemos como exemplo a necessidade de escrever uma carta formal ou de redigir um qualquer documento, ou de fazer uma exposição oral em qualquer contexto. É fundamental respeitar as normas da gramática para o sucesso de qualquer uma destas actividades.

b) o reconhecimento social dos indivíduos como falantes instruídos, que conhecem e dominam a forma padrão da língua;

Sendo a língua um objecto usado em comunidade, é frequente que o uso da língua seja usado como instrumento de avaliação do grau de instrução de um falante. Se bem que seja verdade que ninguém fala como escreve, uma vez que as propriedades do discurso oral e escrito são diferentes, não deixa de ser verdade que um uso da língua nas suas variantes feito de uma forma que segue o que é prescrito pela gramática normativa contribui para o reconhecimento social do grau de instrução dos seus utilizadores.

c) a interpretação correcta de enunciados;

Há inúmeros contextos em que determinados enunciados são passíveis de receber múltiplas interpretações. Um exemplo claro disto ocorre na interpretação de leis. Conhecer a norma gramatical é uma ferramenta indispensável para que a interpretação de determinados enunciados possa ser feita com base num conjunto pré-definido de critérios.

d) o ensino.

É óbvio que a gramática normativa tem uma ligação directa com o ensino da língua. A maior parte dos erros cometidos por alunos que estudam a sua língua materna decorre de processos de sobregeneralização de regras, ou seja, da sua aplicação em contextos em que não devem ser aplicados. Por exemplo, o erro frequente exemplificado em (4):

(4) Tu falastes.

deriva de uma sobregeneralização sobre o estatuto do morfema –s como marca de segunda pessoa do singular. Sendo o pretérito perfeito excepcional por não ter o morfema –s como marca de segunda pessoa do singular, o erro decorre de uma extensão deste morfema a este contexto excepcional.

O professor de língua, ao corrigir os vários erros produzidos pelos alunos, quer no oral, quer no escrito, assume um papel necessariamente normativo. Sendo finalidade do ensino da língua materna que os alunos adquiram competências ao nível de conhecimentos sobre norma gramatical, cabe ao professor ensinar gramática normativa, na medida em que ensina explicitamente uma lista de contextos em que determinadas regras não podem ser aplicadas.

Como é que o professor assume este papel normativo?

Poderá fazê-lo explicitando conceitos de natureza gramatical, que fazem parte dos programas de língua portuguesa. Será esse o caso para lidar com erros como o exemplificado em (2). Trabalhando as noções de sujeito, coordenação e concordância, é possível formular uma regra que postule que o sujeito e o verbo devem concordar sempre, independentemente do facto de o sujeito ser coordenado. Esta regra permitirá explorar alguns conceitos da gramática, mas não deixará de ser uma regra normativa, uma vez que vai ser formulada em função daquilo que é reconhecido como correcto, em detrimento do que é de facto usado.

Há também casos de verdadeira excepcionalidade, em que a formulação de uma regra se torna mais difícil, porque a base para a postulação da norma é a tradição culta, independentemente da naturalidade do erro. Assim, para casos como os listados em (5), deve ser imposto que há um contexto em que o sujeito não concorda com o verbo (5a), em que deve ser usado *de* e não *que* (5b), em que o morfema –*s* não pode ser usado como marca de segunda pessoa do singular (5c), ou em que o pronome é excepcionalmente colocado em posição proclítica (5d):

(5) a. Era uma vez três porquinhos.   (vs *Eram uma vez três porquinhos*)

    b. Eu tenho de ler este livro.   (vs *Eu tenho que ler este livro*)

    c. Tu chegaste.   (vs *Tu chegastes*)

    d. Eu te digo!   (vs *Eu digo-te!*)

Para muitos destes contextos, a norma tem de ser aprendida, recorrendo-se a processos de memorização, mais do que através da formulação de regras.

2.2. Gramática descritiva.

Ao contrário da gramática normativa, a perspectiva descritiva da gramática preocupa-se em descrever o funcionamento da língua, independentemente da existência de uma norma. À primeira vista, parece haver uma incompatibilidade entre esta perspectiva da gramática e uma perspectiva normativa, uma vez que:

a) A gramática descritiva interessa-se pela língua tal como ela existe;
b) A gramática normativa interessa-se pela língua tal como ela deve existir de acordo com uma norma pré-estabelecida.

Fazendo um paralelo com uma área de estudo diferente, é fácil entender a diferença entre estas duas perspectivas. Suponhamos que havia biólogos descritivos e normativos. O biólogo descritivo preocupar-se-ia em descrever o comportamento de uma determinada espécie animal, enquanto o biólogo normativo ditaria regras sobre como se deveria comportar essa espécie. Esta comparação parece caricaturar o papel da gramática normativa, mas, reconhecendo-se que a língua e o seu uso de acordo com a norma influencia mecanismos de aceitação e reconhecimento social, percebe-se por que motivo faz sentido a existência de uma gramática normativa, não fazendo sentido a existência de uma biologia normativa.

Fazendo-se uma pequena lista de vários fins para os quais a gramática descritiva pode ser bastante útil, é fácil apercebermo-nos de que a incompatibilidade entre estas duas perspectivas da gramática é apenas superficial. Na medida em que se aplicam a fins completamente distintos, não faz sentido falar-se de incompatibilidade ou estabelecer comparações de cariz qualitativo entre ambas. Assim, a gramática descritiva pode ser útil para:

a) elaboração de gramáticas e dicionários;

Quer as gramáticas, quer os dicionários, têm como objectivo primordial a transmissão de informações sobre o uso de uma determinada língua. Se estes instrumentos de trabalho não tiverem na base uma descrição cuidada da língua, correm o risco de serem incompletos ou enganadores.[1]

b) trabalhos em linguística aplicada;

Qualquer aplicação da linguística, por exemplo, um trabalho em linguística computacional, deve ter na base uma descrição adequada do funcionamento da língua, independentemente de explicações sobre a forma como a língua funciona. Se se pretender, por exemplo, desenvolver uma determinada ferramenta informática que vise reproduzir comportamentos linguísticos, esta ferramenta só será bem sucedida, se o comportamento-alvo estiver bem descrito e delimitado.

c) estudos científicos sobre línguas (mais ou) menos conhecidas;

Os trabalhos em linguística formal são geralmente de natureza empírica. Como tal, devem ter na base uma descrição adequada do fenómeno linguístico que se pretende estudar. É completamente inútil um trabalho científico com uma aplicação perfeita de um determinado modelo teórico, se este visar explicar dados que não são reais, que correspondem a uma má descrição. Quando se trabalha sobre línguas pouco conhecidas,

---

[1] Interessa clarificar que as chamadas "gramáticas normativas" correspondem a uma descrição da língua enquanto norma-padrão.

os resultados dos trabalhos em gramática descritiva são fundamentais, uma vez que constituem a única ferramenta de acesso aos dados empíricos.

d) o ensino.

Se o trabalho de descrição da língua é crucial para a criação de ferramentas de trabalho sobre a língua, a perspectiva descritiva da gramática é obviamente útil para a criação de materiais de apoio ao ensino da língua.

Na secção anterior, vimos que o professor de Língua Portuguesa é um agente normativo. Contudo, funciona também como agente descritivo, o que mostra desde já que não existe incompatibilidade inerente entre estas duas perspectivas. Ao disponibilizar os materiais de apoio ao estudo da língua e na tarefa de identificação de categorias linguísticas, o professor está a *descrever* aos alunos como funciona a língua que eles falam.

Por exemplo, na tarefa de descrição de vários registos ou variedades do português que podem estar presentes na sala de aula, o professor, por comparação, descreve o português padrão. Suponhamos que um aluno cuja língua materna é o português angolano produz a frase (6) e não (7), que é característica do português europeu:

(6) Eu lhe vi.

(7) Eu vi-o.

Ao comparar com a frase (7), do português europeu, o professor obriga os alunos a uma tomada de consciência implícita sobre a forma de funcionamento da sua língua através de uma descrição comparativa das duas variedades.

De igual modo, quando o professor ensina que, nas frases (8) e (9), a palavra *chorar* funciona como nome e como verbo, respectivamente, está a obrigar os alunos a tomar conhecimento de que uma forma igual pode ter funcionamentos distintos consoante o contexto em que ocorre:

(8) O <u>chorar</u> da criança acordou-me.

(9) Não comeces a <u>chorar</u>.

Esta tarefa de identificação de categorias linguísticas obriga o aluno a tomar conhecimento, sob uma perspectiva descritiva, da forma como a

232 João Costa

sua língua é usada. Há aqui um distanciamento face a uma perspectiva normativa, uma vez que, para a norma, não é fundamental o processo de categorização.

O funcionamento do professor como agente descritivo é, portanto, complementar e não incompatível face ao seu papel normativo. Enquanto agente descritivo, fornece ferramentas para a formulação de regras normativas.

2.3. Gramática generativa.

Das várias perspectivas teóricas e formais sobre a gramática, referirei aqui o modelo generativo da gramática, tal como proposto por Chomsky (1957, 1959). Tendo constituído uma ruptura paradigmática face a outras abordagens da gramática, este modelo foi muitas vezes criticado por oposição a perspectivas normativas ou descritivas da gramática. De novo, se observarmos atentamente quais as questões para as quais este modelo da gramática procura dar resposta, é fácil observar que o debate que opõe perspectivas normativas, descritivas e generativas é vazio.

A gramática generativa é um modelo que tem como objectivo primeiro explicar como é adquirida a linguagem, partindo-se do princípio fundamentado empiricamente[2] de que, quando a criança nasce, vem equipada com um dispositivo cognitivo vocacionado especificamente para a linguagem, que lhe permite vir a adquirir uma língua, desde que exposta a uma língua-*input*, que é falada no ambiente em que cresce. Esta perspectiva sobre a aquisição da linguagem tem várias implicações para a perspectiva da gramática e para o que se torna o objectivo dos linguistas. Em primeiro lugar, a linguística tomada desta perspectiva torna-se uma área de interface com as ciências cognitivas, distanciando-se de uma relação necessária com a filologia ou com as ciências literárias. Torna-se objectivo dos linguistas tentar encontrar essa base comum que permite que

---

[2] Chomsky apresenta como argumentos que favoreçem a hipótese inatista da linguagem factos como os seguintes: i) as crianças produzem enunciados nunca ouvidos; ii) o desenvolvimento da linguagem é sequencial e universal; iii) o *input* que as crianças recebem é desorganizado e não-estruturado, mas ainda assim, chegam a um conjunto de regras que gera estruturas bem-formadas; iv) as crianças não reagem a correcções de uma forma sistemática; v) os erros das crianças correspondem de uma forma geral à sobre-aplicação de regras; vi) não é dada informação às crianças sobre quais são as estruturas agramaticais de uma língua e, ainda assim, qualquer falante de uma língua sabe avaliar a gramaticalidade de enunciados.

qualquer humano possa vir a falar, aquilo que é geralmente designado Gramática Universal, entendido como um órgão biológico vocacionado para a linguagem. Para fazer a caracterização correcta desse órgão, o linguista interessa-se por saber o que existe em todas as línguas e os domínios em que há variação. Os factores de variação são cruciais, porque cabe ao linguista que assume esta perspectiva explicar por que motivo existe variação, ou seja, por que motivo nem todas as línguas são iguais. Para tal, constitui base de trabalho da linguística generativa a consciência linguística dos falantes, que lhes permite avaliar a gramaticalidade de enunciados.

Temos assim como exemplo de questões que interessam à gramática generativa casos como:

I – Contrastes de gramaticalidade:

Um tipo de questão a que os linguistas generativistas tentam responder é como os falantes do português sabem que uma construção como (10) é gramatical enquanto (11) é agramatical, sem que a existência deste tipo de contraste lhes tenha sido ensinada explicitamente:

(10) Chegados os meninos, a festa começou.

(11) *Ridos os meninos, a festa começou.

II – Questões de aquisição:

As crianças produzem enunciados como os de (12) e (13):

(12) a. Eu fazi.
      b. Eu sabo.

(13) Eu não vi-o.

Este comportamento das crianças corresponde, em grande parte dos casos, à aplicação de regras gerais a casos excepcionais. Isto é particularmente óbvio nos casos de (12), em que as crianças regularizam os radicais de *fazer* e *saber* como *faz-* e *sab -*, juntando-lhes os morfemas regulares de primeira pessoa do singular do pretérito perfeito do indicativo e de primeira pessoa do singular do presente do indicativo, respectivamente. Os linguistas generativistas interessam-se por saber que mecanismos as crianças de 2, 3 anos de idade usam para aplicar este tipo de regras e produzir este tipo de enunciados, que não podem ser fruto de imitação, uma vez que estas formas não estão presentes na língua que lhes serve de *input*.

III – Questões de variação interlinguística:

Como foi referido acima, a perspectiva generativa da gramática interessa-se por determinar o que é universal e o que é variável na linguagem, para melhor entender o que será a sua base biológica comum. Assim, torna-se relevante saber, por exemplo, por que motivo algumas línguas podem ter sujeitos nulos, como o português (cf. 14), enquanto outras não os admitem, como o francês (cf. 15), apesar de todas as línguas terem sujeitos nulos obrigatórios em contextos de oração não finita (cf. 16):

(14) a.__ Fumamos.
      b.__ Estás aqui.

(15) a.*__ Fumons.*(vs Nous fumons)*
      b.*__ Es ici.*(vs Tu es ici)*

(16) a. Eu quero __ fumar.
      b. Je veux __ fumer.

Entendendo o tipo de questões que interessa à gramática generativa, é fácil observar que os fins que esta pode servir são de natureza completamente diferente dos fins que a gramática normativa e descritiva podem servir. A gramática generativa surge como um modelo que é útil para:

a) interagir com as ciências cognitivas;

Se o objectivo primeiro deste modelo é explicar o conhecimento implícito que cada falante tem da sua língua e descrever o processo de aquisição da linguagem que culmina num sistema de conhecimento, este modelo é claramente um modelo de interface com as demais ciências cognitivas.

b) compreender o funcionamento da mente;

Ao assumir-se uma hipótese inatista e mentalista sobre a linguagem, no âmbito da qual a língua não é um objecto estranho ao funcionamento da mente, compreender a forma como a língua funciona é também contribuir para uma percepção de como funciona o nosso cérebro. Obviamente, o entendimento alcançado, como noutras áreas das ciências cognitivas é ainda modelar e parcial, dado que ainda há muito trabalho a ser desenvolvido sobre a forma como o nosso conhecimento é processado em termos neurofisiológicos.

c) compreender os "porquês" da gramática.

O linguista generativista quer explicar contrastes de gramaticalidade, quer saber por que motivo uma determinada construção é impossível. Há aqui uma postura diferente da postura descritiva, que observa o que existe, ou da postura normativa, que postula o que deve existir. A perspectiva generativista da gramática preocupa-se em explicar o que existe em função daquilo que não é reconhecido como estrutura possível de uma língua. Para atingir este objectivo, há aqui uma tentativa explícita de responder à pergunta: porque é que a língua funciona desta forma? Retomando o paralelo feito acima com o biólogo, vimos que o biólogo descritivo seria aquele que descreve o comportamento de uma determinada espécie, o (presumível) biólogo normativo seria aquele que impõe a essa espécie um determinado tipo de comportamento em detrimento do que é observado, o biólogo generativo seria aquele que, em função da descrição do comportamento da espécie em causa, se preocuparia em explicar esse comportamento.

Fica em aberto a questão que serve de tema a este artigo: e o ensino? Será que a linguística generativa pode ser útil para o ensino? Consequentemente, será que a linguística generativa pode ser útil para os professores de português?

À primeira vista, a resposta a esta pergunta é negativa. Se foi dito acima que o professor deve ter um papel normativo para tornar os alunos utilizadores competentes da sua língua nos seus registos padrão e formal, não parece fazer muito sentido que a linguística generativa deva fazer falta quer na formação dos alunos, quer na formação inicial e contínua de professores. Na secção seguinte, tentarei mostrar que esta resposta negativa é falsa e que, para cumprir eficientemente o seu papel normativo, o professor deve ter conhecimentos sólidos de gramática formal.

3. A linguística formal pode ser útil aos professores de português.

Nas secções anteriores, tentei demonstrar que três perspectivas diferentes da gramática, a normativa, a descritiva e a generativa, não devem ser tomadas como incompatíveis. A eventual incompatibilidade deriva do facto de o objecto de interesse de cada uma destas perspectivas ser diferente:

- a gramática normativa interessa-se pelo que deve existir na língua
- a gramática descritiva interessa-se pelo que existe na língua
- a gramática generativa interessa-se pelo que existe e pelo que não existe na língua

Contudo, mostrei que esta incompatibilidade é apenas aparente, uma vez que as questões a que estes modelos/perspectivas tentam responder são de natureza diferente. Nesta secção, defenderei que as três perspectivas não só não são incompatíveis, como podem ser complementares, quando colocadas ao serviço de fins didácticos, nomeadamente no trabalho do erro com os alunos.

Exemplificarei o argumento que pretendo desenvolver através de um tipo de erro frequente em português usado com um tipo de verbo intransitivo, de que é exemplo o verbo *chegar*. Para tal, será necessário fazer um pequeno parêntesis sobre o que a gramática generativa propõe sobre a classificação de verbos intransitivos.

3.1. Verbos intransitivos na tradição generativa.

Tradicionalmente, os verbos são divididos em duas classes: transitivos, se têm complementos, e intransitivos, se não têm complementos. Assim, verbos como *rir, afundar, nascer, nadar* são intransitivos, enquanto verbos como *ler, comer, ver* são transitivos.

Sabe-se também que há construções nas quais apenas o complemento directo pode estar envolvido. Por exemplo, se tomarmos a frase (17), que contém um sujeito e um complemento directo, apenas este pode surgir em construções participais absolutivas (18), predicativas (19) ou em particípios passados adnominais (20):

(17) O João leu o livro.

Será que a linguística generativa pode ser útil aos professores... 237

(18) *Construção participial absolutiva:*
Lido o livro, o João foi à praia.

(19) *Construção predicativa:*
Quando cheguei, o livro já estava lido

(20) *Particípio passado adnominal:*
Vi o livro lido por toda a gente.

Se o sujeito da frase fosse utilizado nestas construções, o resultado seria agramatical, conforme ilustrado nos seguintes exemplos:

(21) *Construção participial absolutiva:*
*Lido o João, nunca mais ninguém o visitou.

(22) *Construção predicativa:*
*Quando cheguei, o João já estava lido

(23) *Particípio passado adnominal:*
*Vi o João lido.

Dado que, em (17), estamos perante uma frase em que é clara a distinção entre sujeito e objecto, estas construções parecem servir como testes fiáveis para se saber quando estamos perante um objecto.

Retomando agora a distinção entre transitivos e intransitivos, espera-se que estes, não tendo complementos, nunca possam ocorrer nas construções listadas acima. Se tomarmos como exemplo, uma frase como (24), essa predição é confirmada:

(24) O João nada.

(25) *Construção participial absolutiva:*
*Nadado o João, a Maria foi à praia.

(19) *Construção predicativa:*
*Quando cheguei, o João já estava nadado.

(20) *Particípio passado adnominal:*
*Vi o João nadado.

Este sujeito é de tal forma semelhante ao sujeito da frase (17) que, em ambos os casos, é possível nominalizar o verbo através do sufixo *-or*:

(26) a. O rapaz que lê o livro é o <u>leitor.</u>
 b. O rapaz que nada é o <u>nadador.</u>

Alguns linguistas, como Perlmutter (1978) e Burzio (1986), notaram que, dentro da classe dos verbos intransitivos, nem todos se comportam como o verbo *nadar*. Exemplo desses verbos são os listados em (27):

(27) chegar, partir, morrer, nascer, afundar, crescer, cair,...

A observação feita por estes autores foi a de que os sujeitos destes verbos ditos intransitivos apresentam comportamento semelhante ao de objectos. Tal observação é atestada no seu comportamento nas construções participial absolutiva, predicativa e em particípios passados adnominais.[3] O facto de estes sujeitos não terem um comportamento típico de sujeito é atestado ainda pelo facto de não ser possível fazer a nominalização com o sufixo *-or*. Observe-se isto nos próximos exemplos:

(28) a. O navio chegou.
 b. O navio partiu.
 c. O homem morreu.
 d. O bebé nasceu.
 e. O navio afundou.
 f. O homem caiu.

(29) *Construção participial absolutiva:*
 a. <u>Chegado o navio</u>, o João foi à praia.
 b. <u>Partido o navio</u>, o João foi à praia.
 c. <u>Morto o homem</u>, o João foi à praia.
 d. <u>Nascido o bebé</u>, o João foi à praia.
 e. <u>Afundado o navio</u>, o João foi à praia.
 f. <u>Caído o homem</u>, o João foi à praia.

---

[3] Outra diferença de comportamento, não-testável para o português, reside no facto de, apenas estes verbos seleccionarem o verbo *ser* como auxiliar em francês e italiano, tal como acontece em construções passivas, i.e., em construções em que o complemento se realiza como sujeito:
 (i) Il est/*a mort. vs (ii) Il a/*est nagé.

(30) *Construção predicativa:*
    a. Quando cheguei, <u>o navio estava chegado (ao outro)</u>.
    b. Quando cheguei, <u>o homem já estava morto</u>.
    c. Quando cheguei, <u>os bebés já eram nascidos</u>.
    d. Quando cheguei, <u>o navio já estava afundado</u>.
    e. Quando cheguei, <u>o homem já estava caído</u>.

(31) *Particípio passado adnominal:*
    a. Vi <u>o navio chegado</u> naquele dia.
    b. Vi <u>o navio partido</u> naquele dia.
    c. Vi <u>o homem morto</u> naquele dia.
    d. Vi <u>o bebé nascido</u> naquele dia.
    e. Vi <u>o navio afundado</u> naquele dia.
    f. Vi <u>o homem caído</u> naquele dia.

(32) *Nominalização em -or:*
    a. * O navio que chega é um <u>chegador.</u>
    b. * O navio que parte é um <u>partidor.</u>
    c. * O homem que morre é um <u>morredor.</u>
    d. * O bebé que nasce é um <u>nascedor.</u>
    e. * O navio que afunda é um <u>afundador.</u>
    f. * O homem que cai é um <u>caidor.</u>

A observação da existência de dois tipos de comportamentos dentro da classe dos intransitivos levou os autores citados acima a proporem que esta classe fosse subdivida em duas classes:

(33) Se o sujeito de um verbo intransitivo se comporta como o sujeito de um verbo transitivo, então o verbo é <u>intransitivo.</u>
Se o sujeito de um verbo intransitivo se comporta como o **complemento** de um verbo transitivo, então o verbo é <u>inacusativo.</u>

Tentando resumir a análise ao mínimo necessário para os fins deste artigo,[4] a ideia base é a de que um verbo inacusativo é uma espécie de verbo passivo, ou seja, é um verbo com um complemento directo, que surge realizado como sujeito. Isto explica que o seu sujeito tenha comportamento de complemento directo.

---

[4] Ver Eliseu (1984) e Raposo (1992) para os detalhes da análise.

3.2. Inacusativos na sala de aula!

Tendo explicado sumariamente a distinção entre intransitivos e inacusativos, podemos retomar a questão de saber até que ponto distinções como a ilustrada neste caso podem ser relevantes para o ensino e para o professor de português, verificando a compatibilidade entre as várias perspectivas sobre a gramática.

O primeiro aspecto a ter em conta é de natureza descritiva. Os alunos fazem frequentemente um erro de concordância com sujeitos pós-verbais não-coordenados (tipicamente indefinidos, mas não necessariamente) com verbos **inacusativos**. Crucialmente, este erro não ocorre com **intransitivos**. Vejam-se alguns exemplos em (34) e (35):[5]

(34) a. Ali **cabe** 10 litros de gasolina.
b. Nos voos de ontem **chegou** tantas pessoas que não se podia estar no aeroporto.
c. **Nasce** cada vez mais bebés em África.
d. Quando faz muito vento, **cai** árvores.

(35) a. */@Ali **nada** dez atletas da equipa.
b. */@Nos voos de ontem **espirrou** tantas pessoas que não se podia estar no aeroporto.
c. */@**Corre** cada vez mais gazelas em África.
d. */@Quando faz muito vento, **telefona** pessoas.

Este erro, específico da classe verbal dos inacusativos, começa a ser frequente no português coloquial.[6] Enquanto agente **descritivo**, o professor deve notá-lo. A existência deste erro, que constitui um desvio à norma, cujo conhecimento é objecto de ensino do professor de português, deve suscitar uma preocupação **normativa**: o professor deve corrigir o erro, de forma a que este não seja produzido pelos alunos em contexto escrito ou

---

[5] Utilizo aqui o sinal @ para codificar 'enunciado não-atestado'. Para uma análise generativa destas construções, ver Costa (2001).

[6] Este caso de concordância com argumentos pós-verbais em contextos inacusativos serve também para ilustrar de uma forma clara como aquilo que é considerado erro não decorre muitas vezes de nada inerente à gramática, mas apenas de convenções sociais. Note-se que a construção em causa, julgada como erro em português, faz parte da norma-padrão do francês:

(i)   Il est arrivé deux hommes. vs   (ii)   *Il sont arrivés deux hommes.

Será que a linguística generativa pode ser útil aos professores...

em contextos orais formais. Aqui coloca-se a questão: como pode este desvio à norma ser corrigido?

Cada professor será certamente capaz de realizar exercícios adequados aos vários níveis de escolaridade, contudo, se o professor não conhecer a distinção entre **intransitivos** e **inacusativos**, corre o risco de realizar exercícios muito bem feitos, mas em que está a trabalhar apenas a primeira classe de verbos, não atingindo assim o seu objectivo normativo. Por outras palavras, para que seja possível a correcção efectiva do desvio à norma ilustrado em cima, é imprescindível que, no seu percurso de formação, o professor tenha adquirido os instrumentos que lhe permitem identificar e classificar correctamente o erro em questão, para que possa construir materiais didácticos adequados.

3.3. Inacusativos dentro da sala de aula?

Até aqui, defendi que a formação sólida em linguística teórica é fundamental para o sucesso do professor enquanto agente descritivo e normativo, tendo recorrido ao quadro da gramática generativa para fundamentar a minha argumentação. Parece-me oportuno, neste momento, levantar uma questão: sendo reconhecido que, de facto, os verbos intransitivos não têm um comportamento homogéneo e que a distinção entre intransitivos e inacusativos parece explicar as suas diferenças de comportamento, não poderão os próprios alunos adquirir estes conceitos?

É verdade que a compreensão deste tipo de diferenças requer alguma capacidade de abstracção. No entanto, será que os nossos estudantes do secundário não têm capacidade de abstracção suficiente para compreender as diferenças entre estas subclasses verbais? Se fizermos a comparação com o programa de outras disciplinas, parece que há áreas em que é requerida da parte dos alunos uma capacidade de abstracção bastante elevada. Tomo como exemplo o primeiro ponto do programa de Química do 12º ano actualmente em vigor, que aqui transcrevo:

Química – 12º ano – 1º ponto do programa

1. **Progredindo no estudo da estrutura de átomos e moléculas.**

1.1. **Suporte experimental para a estrutura electrónica de átomos e moléculas.**

1.1.1. **Métodos espectroscópicos**

1.1.2. **Métodos de difracção**
2. **A Mecânica quântica e o estudo da estrutura electrónica dos átomos**
2.1. **Números quânticos e orbitais-nuvem no átomo H**
2.2. **Átomos polielectrónicos**
2.3. **Orbitais moleculares**
2.3.1. **Orbitais moleculares ligantes e antiligantes**
2.3.2. **Regularidades nas fórmulas de estrutura das moléculas**

Tendo em conta estes conteúdos e a abstracção inerente à Mecânica Quântica, não me parece que a distinção entre transitivos e inacusativos seja mais difícil de entender do que isto. Deixo, então, a hipótese de se considerar a possibilidade de transmitir aos alunos, pelo menos, ao nível do secundário, os resultados da investigação em linguística teórica, aliás, compatíveis em termos de raciocínio requerido com os objectivos cognitivos gerais e específicos do ensino da gramática propostos em Duarte (1998).

4. Conclusões.

Dos argumentados apresentados neste artigo, retiro as seguintes conclusões:

a) As perspectivas normativa, descritiva e generativa sobre a gramática não são concorrentes, procuram antes responder a questões de natureza diferente;
b) As várias perspectivas sobre a gramática podem complementar--se quando colocadas ao serviço de fins didácticos;
c) O professor de Língua Portuguesa deve ter uma formação sólida em linguística teórica não-normativa para poder desempenhar eficazmente o seu papel de agente normativo;
d) A explicitação de conteúdos da linguística formal talvez seja possível, pelo menos ao nível do ensino secundário, tendo em conta a complexidade semelhante ou superior de conteúdos transmitidos noutras disciplinas.

REFERÊNCIAS BIBLIOGRÁFICAS:

Burzio, L. 1986. *Italian Syntax. A government-binding approach.* Kluwer, Dordrecht.

Costa, J. 2001. Postverbal subjects and agreeement in unaccusative contexts in European Portuguese. in *The Linguistic Review*, 18:1, 1-17.

Chomsky, N. 1957. *Syntactic structures.* Mouton, Haia.

Chomsky, N. 1959. A review of B. F. Skinner's *Verbal Behavior.* in *Language*, 35, 26-58.

Duarte, I. 1998. Algumas boas razões para ensinar gramática. in *A língua-mãe e a paixão de aprender. Homenagem a Eugénio d'Andrade.* Areal editores, Porto.

Eliseu, A. 1984. *Verbos ergativos do português: descrição e análise.* Trabalho de síntese para Provas de Aptidão Pedagógica e Capacidade Científica, Universidade de Lisboa.

Perlmutter, D. 1978. Impersonal Passives and the Unaccusative Hypothesis. in *Proceedings of the 4th Annual Meeting of the Berkeley Linguistics Society*, 157-189, University of California, Berkeley.

Raposo, E. 1992. *Teoria da Gramática. A faculdade da linguagem.* Editorial Caminho, Lisboa.

ÍNDICE

APRESENTAÇÃO... 5

CONFERÊNCIA DE ABERTURA

HISTÓRIA LITERÁRIA E ENSINO DA LITERATURA
José Augusto Cardoso Bernardes 15

1.ª MESA REDONDA
NOVOS PARADIGMAS CIENTÍFICOS E SUAS INCIDÊNCIAS
NO ENSINO DA LÍNGUA E DA LITERATURA PORTUGUESAS

DA RESISTÊNCIA À LITERATURA
Manuel Gusmão 43

MENSAGENS & MASSAGENS, LDA – UMA LEITURA (TAMBÉM) PÓS-COLONIAL DA *MENSAGEM* DE FERNANDO PESSOA
Osvaldo manuel Silvestre 55

COMPLEXIDADE SINTÁCTICA: IMPLICAÇÕES NO ENSINO DA LÍNGUA MATERNA
Inês Duarte... 67

2.ª MESA REDONDA
O ENSINO E A PRÁTICA DA ESCRITA

TIPOLOGIAS DO ESCRITO: A SUA ABORDAGEM NO CONTEXTO DO ENSINO-APRENDIZAGEM DA ESCRITA NA AULA DE LÍNGUA MATERNA
José António Brandão Carvalho 89

O PROCESSO DE ESCRITA E RELAÇÃO COM A LINGUAGEM
Luís Barbeiro 101

3.ª MESA REDONDA
TECNOLOGIAS EDUCATIVAS –
POSSIBILIDADES DE APLICAÇÃO PEDAGÓGICA

A APLICAÇÃO BARTHES (BASE DE APRENDIZAGEM RELACIO-NAL TEMÁTICA: HERMENÊUTICA, ESTILÍSTICA E SIMBOLOGIA)
António Moreira 119

LITERATURA E TELEVISÃO – PRIMEIRAS REFLEXÕES
Eduardo CintraTorres 139

INTELIGÊNCIA ARTIFICIAL, TEXTO AUTOMÁTICO E CRIAÇÃO DE SENTIDO
Pedro Barbosa 147

OFICINAS

A GRAMÁTICA NO ENSINO BÁSICO
Isabel Pereira 161

OFICINA DE GRAMÁTICA – TÓPICOS DE SEMÂNTICA FRÁSICA
Ana Cristina M. Lopes 171

O ENSINO DO PORTUGUÊS COMO LÍNGUA ESTRANGEIRA. DA "FLEXIBILIDADE COGNITIVA" À AUTO-APRENDIZAGEM – O MULTIMÉDIA DENTRO E FORA DAS AULAS DE LÍNGUA
ANABELA FERNANDES e ANTONINO SILVA 185

O TEXTO DRAMÁTICO NO 3.º CICLO DO ENSINO BÁSICO
GLÓRIA BASTOS 197

LEITURAS DA OBRA LITERÁRIA E ENSINO DA LITERATURA. PROCESSOS SIMBÓLICOS EM *LEVANTADO DO CHÃO*
ANA PAULA ARNAUT 209

CONFERÊNCIA DE ENCERRAMENTO

SERÁ QUE A LINGUÍSTICA GENERATIVA PODE SER ÚTIL AOS PROFESSORES DE PORTUGUÊS?
JOÃO COSTA 225

ÍNDICE 245